大学生の
学びをつくる
New Basics for
Collegiate Learning

99％のための
経済学入門
第2版

マネーがわかれば社会が見える

山田博文 著

大月書店

第2版への序文

　幸いなことに，本書の第2版が刊行されることになった。2012年9月の初版以降も，本書で取りあげ検討してきた諸問題が，ますます顕在化しているからであろうか。

　実際のところ，今日では72億人の世界人口のわずか1％の富裕層の保有する金融資産が，残りの99％の人々の保有する金融資産と同額になるほど，貧富の格差が拡大している。1％対99％の貧困格差の構造は，いまやはっきりとデータで示され，世界の大企業・富裕層・首脳たちの課税逃れを報じた「パナマ文書」の衝撃が1％を震撼させている。99％のための経済社会をめざす本書が主張する世界はその対極にある。

　時代の流れに沿ったのか，本書はネット書店の経済学入門書部門の販売でもトップ100位に入りつづけ，何度か1位にもなった。現代の経済社会は，戦後史的というよりも，数世紀にまたがる激動と転換の時代に入ったようだ。そのような事態に，多くの方々が関心を示し，理解する上で本書がいくばくかのお役に立てば著者として幸甚である。

　第2版では，データを更新し，異次元金融緩和政策とアベノミクス，武器輸出と経済の軍事化，ウォール街の動向や再興するアジア経済圏，メディアの話題をさらった若者たちの社会運動などの新しい問題も取りあげた。さらに末尾には補章として，「経済学の古典から現代資本主義を読む」を追加し，最先端の金融経済現象を『資本論』などの古典から読み解く視点を提供した。

　ただし，初版の「はじめに」と「あとがき」は，本書を上梓することになった目的と動機を示しており，かつその意義もいまだ有効であると判断したので，そのまま掲載することにした。読者のご賢察を期待する。

はじめに——1％のための経済学から，99％のための経済学へ

　ニューヨークの金融街・ウォール街では，2011年9月頃から，貧富の格差に抗議する若者たちの集会やデモが続いた。手にするプラカードは，「ウォール街を占拠せよ（Occupy Wall Street）」「われわれは99％だ（We are the 99%）」とアピールする。
　2008年9月の「リーマン・ショック」後のアメリカでは，家を失い，職を失った無数の国民がいる一方で，政府の公的資金の援助を受けつつ数十億円のボーナスを手にする銀行経営トップなどの富裕層がいる。こうした不公平を，若者たちは「1％ vs. 99％」の対立と表現したのだった。
　ふり返って，経済成長のために走りつづけた日本社会は，そこに生きる99％の人々に豊かでゆとりのある生活をもたらしただろうか。私たちは，ドイツの人たちよりも年に3カ月間（500時間）も多く働くことで，世界第2位の経済大国になり，世界最大の貿易黒字国となり，対外資産大国になった。
　だが，その成果として豊かな生活と安心して暮らせる社会がやってきたとはいいがたい。むしろ，不安定雇用，生活不安，貧困と所得格差は拡大し，生活苦などから自ら命を絶つ人が年間3万人に達する。経済成長のための電力を供給してきた原発は，取り返しのつかない事故を起こし，「安全神話」は崩壊した。なぜこんな社会になってしまったのだろうか。
　そうこうするうち，第2位の経済大国の地位は，2010年，アジアの隣国である中国にバトンタッチされた。国内では，天文学的な財政赤字を抱え，公的サービスは低下し，若者の働く場所も，中高年の老後の生活にも，暗雲が立ちこめる。99％の人々が苦労を強いられているのは，アメリカだけではない。
　日本を代表する大企業や金融機関は，バブル崩壊後の厳しい経済状況下でも，「リストラ」によって人件費を抑え込み，特別減税や公的資金にサポートされることで，世界ランキングの上位に駆け上がり，350兆円を超える内部留

保金を保有する。株式投資に精を出す富裕層は，証券減税と巨額の配当金の恩恵に浴している。企業も個人も，1％への富の集中が進み，残りの99％の中小零細企業や個人との貧困・格差は拡大する一方だ。

　経済のグローバル化で海外進出した企業は，国内の失業者数300万人を大幅に上まわる550万人の現地労働者を雇用している。仮に，海外進出した企業が帰国し，同数の労働者を国内で雇用するなら，失業問題は解消し，労働力不足すら問題になるだろう。

　市場原理主義的な金融経済を主導したアメリカと，そのアメリカに追随した日本で，2009年に新しい政権があいついで誕生した。だが，この新政権のもとで，従来の経済社会システムが改革され，豊かでゆとりのあるシステムが整備されつつあるとはいいがたい。

　となると，こうした課題は，ふたたび主権者である私たち99％に向けられる。私たちが経済社会のできごとやしくみの真相を知り，その問題点を発見し，地道にできる範囲でその改革に踏み出すなら，遠まわりのようでも，大きな力を発揮するに違いない。歴史を書き換えてきたのは99％の総意だからだ。

　経済学は本来，「経世済民」（「世の中を治め，人民の苦しみを救うこと。経国済民」『広辞苑』第6版）の学問である。決して市場経済や企業経営の学問でなく，まして相場の予測やカネもうけのための，1％の「勝ち組」になるための学問ではない。「経済学を学ぶのは，経済学者にだまされないためだ」との警句への自戒と，「経世済民の学」のルネサンスを願い，本書は書かれている。

　ともあれ，私たち99％が，「平和で民主的な国家及び社会の形成者」（教育基本法第1条）であることを自覚し，国民主権の担い手として，自分の国の経済や社会のしくみを知り，その運営に影響力をもつようになるなら，「健康で文化的な最低限度の生活」（憲法第25条）はまちがいなく実現する。

　本書が，そのような課題にアプローチする上で，いくばくかの助けになれば幸甚である。

著　者

目次

第2版への序文　3
はじめに——1％のための経済学から，99％のための経済学へ　5

第1章　経済学って，なに？

1-1　自分たちの社会と経済を知ること …………… 15
- 投資教育でなく，公民教育としての経済教育 …………… 15
- 経済学とは，「経世済民」の学である …………… 17

1-2　生まれたときから経済の担い手 …………… 18
- 衣食住なしでは生きていけない
  ——消費者としての私たち …………… 18
- 生活するにはお金が必要——労働者としての私たち …………… 19

1-3　われわれは99％だ …………… 20
- 主権の担い手として経済ニュースを見る …………… 20
- 99％の一人として社会を運営する …………… 21

コラム1　市場原理主義の経済学の群像　23

第2章　なんのために働くのか？

2-1　労働者と雇用システム …………… 25
- 二重の意味の自由人 …………… 25
- 雇用システムの変容 …………… 26
- 就活環境の改善を訴える学生たち …………… 28

2-2　商品価格・労働時間・安全な消費生活 …………… 29
- 価格はどうやって決まるのか …………… 29
- 労働時間の短縮と余暇・生活時間の拡大 …………… 30
- 安全な消費生活のために …………… 32

コラム2　働くこと（労働）の深い意味　35

第3章 グローバル化は何を変えたのか?

3-1 激動するグローバル経済 ……………………………… 37
- 経済の国際化とグローバル化の違い ……………………… 37
- 多国籍企業と国民経済との利害衝突 ……………………… 38
- 時間と空間を超越した金融ビジネス ……………………… 39

3-2 21世紀のグローバル経済の課題 ……………………… 40
- 不安定化する国民経済 ……………………………………… 40
- 世界中の格差拡大をどう解決するか ……………………… 41
- 大企業・富裕層の租税回避の阻止 ………………………… 42

> コラム3　グローバル化の推進主体とアメリカ化　44

第4章 好況と不況はなぜ生まれるのか?

4-1 資本主義経済のしくみ ………………………………… 45
- 利潤追求を最優先する経済体制 …………………………… 45
- 自由競争から独占資本主義へ──巨大独占企業の出現 …… 47

4-2 景気循環と金融肥大 …………………………………… 50
- 過剰生産と恐慌 ……………………………………………… 50
- 肥大化する金融経済とカジノ型金独占融資本主義 ……… 51

4-3 経済主体と経済モデル ………………………………… 53
- 三つの経済主体──家計・企業・政府 …………………… 53
- 経済モデルの特徴と選択──ヨーロッパ・アメリカ・日本 …… 55

> コラム4　資本主義 vs. 社会主義　58

第5章 日本の経済成長とはなんだったのか?

5-1 戦後処理・経済民主化と高度経済成長 ……………… 59
- 戦後の経済民主化とハイパーインフレーション ………… 59
- 高度経済成長の基盤 ………………………………………… 60
- 高度成長の矛盾──公害・環境破壊・二重構造 ………… 61

5-2　低成長経済への移行と円高不況 …… 63
- スタグフレーションの発生 …… 63
- 低成長下の経営合理化と集中豪雨的輸出 …… 64
- プラザ「合意」と円高不況 …… 65

5-3　バブル経済の膨張と崩壊,「失われた歳月」へ … 67
- バブル経済の膨張メカニズム …… 67
- バブル崩壊と平成大不況——その責任の所在 …… 68
- 「構造改革」と貧困・格差社会の到来——「失われた歳月」 …… 70

　コラム5　トリクルダウン経済の誤り　74

第6章　経済大国日本で, なぜ貧困と格差が拡大するのか?

6-1　世界の最高水準にある日本の貧困率 …… 75
- 「1億総中流社会」から貧困・格差社会へ …… 75
- OECD加盟国のなかでトップレベルの日本の貧困率 …… 76
- 市場原理主義政策と貧困問題の深刻化 …… 78
- 雇用重視から株主重視へ …… 79

6-2　不安定雇用の拡大と貧弱なセーフティネット … 80
- 「年越し派遣村」と増大する非正規社員 …… 80
- 自己責任では解決不能の貧困問題 …… 83
- 穴の空いているセーフティネット …… 86

6-3　縮まらない男女格差 …… 86
- 男女の賃金格差は100対70 …… 86
- 男女平等度で145カ国中101位 …… 88

　コラム6　貧困解消は国民の権利・国の義務(憲法第25条) …… 90

第7章 「金融」は世の中を豊かにしたのか？

7-1 マネーの役割と金融のしくみ …… 91
- 現代のマネーと金融のしくみ …… 91
- 金融機関の業務と投資家の動向 …… 93
- 日本版金融ビッグバンと「金融番犬」の不在 …… 94

7-2 膨張する金融市場とリスク社会 …… 96
- ハイリスク・ハイリターン型ビジネスの台頭 …… 96
- 金融・証券市場の膨張と変容 …… 98
- アメリカ型モデルの導入と拡大する格差 …… 101

7-3 金融政策と暮らしの金融リテラシー …… 103
- ゼロ金利・量的金融緩和政策の導入 …… 103
- 「異次元金融緩和政策」のリスク …… 104
- マイナス金利の導入 …… 105
- 超低金利政策と家計部門の損失 …… 107
- 日本銀行の国債引受とハイパーインフレーション …… 108

コラム7 経済構造の変化と経済の金融化　112

第8章 日本の財政は破綻するのか？

8-1 財政赤字とリスク転嫁 …… 113
- 財政赤字と国債バブルの共存 …… 113
- ソブリンリスクと消費税の引き上げ圧力 …… 115
- 経済成長優先政策への固執と破綻 …… 118

8-2 公共事業より社会保障による景気対策 …… 120
- 公共事業を上まわる福祉の経済効果 …… 120
- 建設国債の発行とマネーゲームの舞台 …… 121

8-3 民営化株式の発行と超金融緩和政策 …… 123
- 民営化のねらいと背景 …… 123
- 超金融緩和政策と銀行救済・国債大量発行 …… 125

> コラム8　1％の富裕層がもっと富裕になるしくみ——不公平税制　129

第9章 アメリカと日本の経済は一体なのか？

9-1　金融のグローバル化と外国資本の対日進出 …… 131
- アメリカ系金融機関と寡占化する国際金融・証券市場 …… 131
- 激増する外国人投資家の持ち株比率 …… 134

9-2　アメリカ・ドルへの従属と増大するリスク …… 137
- 為替相場に振りまわされる日本経済 …… 137
- 円高＝ドル安で損失の拡大する日本の対外資産 …… 139
- ウォール街発の世界金融恐慌と日本の経済社会 …… 140

> コラム9　「金融の未来」地図　142

第10章 ウォール街はなぜ破綻したのか？

10-1　パックス・アメリカーナ時代の転換点 …… 143
- 国際金融センターの機能麻痺 …… 143
- 消滅したアメリカの大手投資銀行 …… 144

10-2　新金融商品の開発と巨大投機市場 …… 145
- バブル経済と証券化金融商品 …… 145
- アメリカ型金融モデルの台頭と崩壊 …… 148

10-3　経済のグローバル化・情報化・金融化 …… 150
- 現代経済の三大潮流 …… 150
- 金融危機から世界大不況へ …… 152

> コラム10　ウォール街の主役と利益共同体　154

第11章 戦争は経済と関係するのか？

11-1　「平和国家」から「戦争する国家」へ …… 155
- 軍需経済と憲法第9条 …… 155

- 防衛装備庁と国際兵器市場への参入 ……………… 156

11-2　世界の軍事費と日本の軍需産業 …… 159
- 世界の軍事費の35%はアメリカ ……………………… 159
- 防衛費と日米軍需産業 ……………………………… 161

11-3　宇宙基本法と新型戦争システム …… 163
- 宇宙基本法とミサイル防衛 …………………………… 163
- アメリカの国防予算と軍産学複合体 ………………… 164

11-4　志願兵制の基盤になる貧困 ………… 165
- 生活苦から志願兵として戦場へ ……………………… 165
- 軍縮に踏み出した欧米 ……………………………… 167

> コラム11　軍産複合体（military-industrial complex）　170

第12章　日本は東アジアで孤立するのか？

12-1　激変する世界経済地図 ……………… 171
- 21世紀の世界経済を主導する東アジア経済 ………… 171
- G7からBRICs、そしてThe Next Elevenへ ………… 173

12-2　アジア経済圏と中国経済の成長 …… 175
- アジア・ヨーロッパ・アメリカ経済圏 ………………… 175
- 「世界の工場」＝「世界の市場」になったアジア ……… 177

12-3　緊密化する日中経済関係 …………… 179
- 日本最大の貿易相手国となった中国 ………………… 179
- 東アジア経済共同体 ………………………………… 181
- 東アジア経済連合と日本の選択
　——アメリカ一極支配後の世界 …………………… 185

> コラム12　「ふたたび勃興する」アジア経済　188

第13章　私たちはどんな経済社会をめざすのか？

13-1　大企業・金持ち減税の廃止と所得の再分配 …… 189

- 規制緩和と市場原理主義政策からの脱却 ……………… 190
- 富裕層増税に乗り出す欧米 …………………………… 191

13-2　景気対策の転換・社会保障で雇用創出 ……… 194
- ハコモノづくりから福祉充実へ ……………………… 194
- マネーの地域循環型経済システムの確立 …………… 196

13-3　外需依存・ドル依存からの脱却 …………………… 198
- 外需依存型経済の転換と国内需要の育成 …………… 198
- アメリカ・ドル依存と「悪魔の循環」からの脱却 …… 200

13-4　環境問題をどう解決するか ………………………… 201
- 宇宙船「地球号」の未来 ……………………………… 201
- チェルノブイリからフクシマへ ……………………… 202

13-5　まとめ ……………………………………………… 203

　(コラム13)　脱原発と持続可能な経済社会　207

補章　経済学の古典から現代資本主義を読む

1　落ちるナイフをつかむ …………………………………… 210
- 数万分の1秒で稼ぐ …………………………………… 210
- HFT業者の市場支配 …………………………………… 211
- ウォール街の巨額報酬 ………………………………… 212

2　政府債務の累積と金融収奪 ……………………………… 213
- 国債の本質と機能 ……………………………………… 214
- 大投機市場の国債市場 ………………………………… 215
- 債務の政治経済学 ……………………………………… 216

3　金融資本と金融寡頭制の時代 …………………………… 218
- 独占資本主義の成立と展開 …………………………… 218
- グローバル市場と金融寡頭制 ………………………… 219
- 「カジノ型金融独占資本主義」………………………… 222

まとめ──1％対99％ ………………………………………… 224

あとがき　　228
参考資料一覧　　229
索引　　231

第 1 章

経済学って，なに?

　「経済学」と聞くと，なにかとても複雑で近寄りがたいものに感じて，身構えてしまわないだろうか。

　でも，私たち一人ひとり，誕生間もない乳幼児でさえ，実は経済活動の立派な担い手であることに気づけば，経済はぐっと身近なものになる。揺りかごから墓場まで，いろんなものを買って消費し，また成人になると財やサービスを生産する，私たちの生活と密接に関係した学問が経済学なのだ。

　そう考えれば，そもそも経済学を難しい学問に仕立てていること自体がおかしいことに気づくだろう。99％の人々が理解でき，納得のいく経済学でなければ，経済学であることの意味もなくなってしまう。

　テレビニュースなどでは，あまりにも"1％のための経済"を代表するコメントが多すぎる。円・ドル相場や株価について，金融業界や投資家の利害の視点からのコメントよりも，生活を営んでいる99％の人たちの立場に立った，生活を擁護するためのコメントのほうがずっと大切なはずなのだ。というのも，本来，経済学は，1％の富裕層と「勝ち組」のための学問ではなく，99％の生活者のための学問であるからだ。

1-1　自分たちの社会と経済を知ること

投資教育でなく，公民教育としての経済教育

　経済学を学ぶことの大切さはどこにあるのだろうか。周知のように，あらゆる教育の目的を定めた「教育基本法」は，「第1条（教育の目的）教育は，人格

の完成を目指し，平和で民主的な国家及び社会の形成者として必要な資質を備えた心身ともに健康な国民の育成を期して行われなければならない。」と規定している。ここにいう「平和で民主的な国家及び社会の形成者」になるために必要とされる素養のひとつとして，経済学の学習があげられる。

　というのも，経済は，社会の土台であり，この経済という土台の上に政治や文化などが築かれている。社会のしくみを知るには，その土台にあたる経済のしくみを知ることが不可欠だからである。経済や社会のしくみを知ることで，「平和で民主的な国家及び社会の形成者」に成長し，国民主権の担い手として，これらのしくみに参加し，それを自ら運営していくことができる。

　このように，経済学を学ぶことは，決して金もうけや経営者になるノウハウを学ぶことではなく[1]，社会のしくみを知り，国民主権の担い手に成長するためである，といえよう。

　最近の日・米・中・韓の4カ国の中高生を対象にした意識調査（図表1-1）が示すところでは，日本の中高生の場合，他の国と比較して，社会や政治への参加，主権者としての自覚が極端に低い。「私個人の力では政府の決定に影響を与えられない」という悲観的・消極的な見解について「全くそう思う」と答えた日本の中高生は38.2％（中学生），40.1％（高校生）と最高の割合を示している。これに対して，アメリカ・中国・韓国の中高生は10％台にとどまっている。

　別の調査項目でも，日本の中高生ほど「自分をダメな人間だと思う」割合が高い中高生はいないといった結果が示され[2]，日本の高校生65.8％，中学生56.0％が「自分はダメな人間だと思う」と意識しているが，中国やアメリカでは高校生で12.7〜21.6％，中学生では11.1〜14.2％にすぎない。

　中高生のこうした現状は，現代日本社会と学校教育の時代閉塞的な状況を映し出しているといえよう[3]。この国の未来を担う主権者の中高生のこうした現状をどう打開していくのかは，経済学の学びの内容と方法にもかかわる問題でもある。経済知識の一方的な詰め込み，株式ゲームなどの投資教育でなく，一人ひとりが社会の主人公であり，国民主権の担い手であることを自覚できる経済教育が求められている，といえる。

図表1-1　私個人の力では政府の決定に影響を与えられない

■ 全くそう思う　■ まあそう思う　□ あまりそう思わない　▨ 全くそう思わない　■ 無回答

		全くそう思う	まあそう思う	あまりそう思わない	全くそう思わない	無回答
韓国	高校生	13.4	41.8	33.6	10.3	0.9
	中学生	11.7	40.2	36.3	9.4	2.4
中国	高校生	19.1	24.7	34.1	21.5	0.6
	中学生	14.0	19.1	38.6	25.6	2.7
米国	高校生	14.6	28.3	26.6	26.3	4.2
	中学生	15.3	19.0	23.4	24.2	18.1
日本	高校生	40.1	40.6	11.9	5.5	1.9
	中学生	38.2	33.8	16.1	7.9	4.0

（出所）『中学生・高校生の生活と意識調査報告書』（財団法人日本青少年研究所 2009年3月）より作成

経済学とは，「経世済民」の学である

　では，経済学とはどんな学問なのか。それは，先に述べたように「経世済民」の学である。「経世済民」とは，「世の中を治め，人民の苦しみを救うこと」（『広辞苑』第6版より）である。

　つまり，国民一人ひとりが，平和で民主的で，豊かな生活の営める社会をつくり，運営することができるようになるための学問分野のひとつが経済学である，といってよい。

　たしかに現代の学問は，専門的に細分化している。経済学も，さまざまな専門分野から構成されている。その上，多様な分析手法や学説が自分たちの正当性を競っている。こうした経済学そのものの学説の学問的な検討はさておき，いま必要なことは，自分たちが生活している足もとの経済そのものを学ぶこと，経済のしくみ・社会のしくみを学ぶことである[4]。そのために必要な経済学の基礎知識を学ぶことである。

第1章　経済学って，なに？

私たちの経済活動は，経済学という学問が登場するずっと以前からおこなわれてきた。大切なことは，いま自分たちのいる経済社会はどんなしくみで動き，それが自分たちにどうかかわっているのかを知ることにある。もちろん，経済学説や理論を身につけ，より詳細に経済を見る目を養えば，より広く深く経済を見通す手助けになる。

　自明のことがらであるが，経済が安定していなければ，私たち自身の生活も不安定になる。衣食住といった生存に不可欠な財やサービスが生産されず，消費できなくなった社会では，私たちは生きていけない。

　したがって，経済学の学びの基本は，もっぱら経済学の学説や専門知識を学ぶことではなく，一人ひとりがいま生活している足もとの経済やそのしくみ・社会のしくみについて学ぶことである。この点は，社会人としてはじめて経済学に接する人々にも妥当する。

1-2　生まれたときから経済の担い手

衣食住なしでは生きていけない——消費者としての私たち

　「経済はわからない，難しい」という前に，まず私たち一人ひとり，誕生間もない乳幼児でさえ，実は経済活動の立派な担い手であるという事実から始めよう。

　生命を維持していくためには，まず食べなくてはならない。食事をし，体重1kgにつきおよそ30kcalのエネルギーを摂取しないと生きていけない。この世に誕生すると，誰もがまずミルクを飲む。少し大きくなるとご飯，パン，みそ汁，野菜，魚や肉などを摂取する。食べることを止めるのは，死を意味する。一人ひとりは，ゆりかごから墓場まで，食糧の消費者でありつづける。

　食だけではない。衣類も，住居も，私たちが生きていくには必要不可欠である。つまり，生きるとは，衣食住をはじめ生存に必要なもの（財・サービス）を営々と消費しつづけることである。人は誰もがみな，この世に誕生すると，

まず消費者としての経済活動を担ってきた。

　経済について考えたり知ったりすることは，実は自分自身のいまと将来を見つめ直すことでもある。これが経済や経済学についての学びの出発点であり，同時に終着点でもある。なぜなら，経済学とは，自分を含めた経済の担い手の一人ひとりが幸せに暮らせることを探求する学問だからである。

生活するにはお金が必要——労働者としての私たち

　現代社会では，ほとんどの人々は，必要な物を自分で生産し消費する自給自足的な経済生活をしていない。自分たちの生存に不可欠の衣食住ですら，お金を支払って買わなければならない。つまり，他人が生産した衣類・食糧・住宅に対して，お金（以下，マネーという）を支払い，商品として買い取って，自分たちの所有物にしてはじめて消費でき，生きていける。

　では，衣食住を買うためのマネーはどうやって手に入れるのか。それは，働くこと，労働することによって，給与（賃金）として受け取るのがもっとも一般的だ[5]。現代日本社会では，6350万人ほどの人々がそうやってマネーを受け取っている。

　高校生や大学生になると，アルバイトで多少のマネーを受け取った経験があるかもしれない。だが，それ以外の生活費のほとんどは父母や保護者の働いて得たマネーによっている。

　「お金は大切」といわれるのは，現代社会では，衣食住など生活に必要な物のほとんどが商品として売買されるので，マネーなしではそもそも生存すらできないからである。そしてそのマネーは，家族の誰かの労働によって得ている。

　働く人が受け取る給与（賃金）は，自分とその家族の衣食住が満たせる金額でなければならないし，さらに，その時代のその社会において，自分とその家族が健康で文化的な生活水準を維持するのに必要な金額が必要とされるが，現実には，それぞれの働く職場の環境や条件によって異なっている。

　とまれ，働くことは，このような生活費を稼ぎ出すことを第一の目的としている。

1-3　われわれは99％だ

主権の担い手として経済ニュースを見る

　新聞やテレビなどの各種メディアから発せられる経済ニュースは，実は経済学の生きた素材にほかならない。近年，学校教育の教材に新聞記事を取り入れる試み（Newspaper in Education：NIE）が広がっている。これは経済教育においてとくに重視される。というのも，経済学は，目前の生きた経済を正確に知ることから始まるからである。

　現代日本には，ほぼ6350万人（雇用者ほぼ5680万人＋自営業主・家族従業者ほぼ640万人，他に完全失業者ほぼ210万人。2016年2月現在）の人々が日々働いている。働くことは賃金というマネーを得ることであり，そうして得たマネーを，衣食住などの消費に向けることで生活が営まれている。

　働くといっても，正社員として働くか，それともパート・アルバイト・派遣などの非正社員として働くかによって，受け取る賃金は大きく変化する。21世紀の初頭では，一生涯に受け取る賃金の総額は，正社員の場合2億円ほどだが，非正社員の場合は5000万円ほどとされ，4倍ほどの大きな格差が存在する。

　働きつづけても貧困な生活から脱却できないワーキングプア（働く貧困層）が増大し，世界第3位の「経済大国日本」の所得格差問題は深刻化してきている（第6章参照）。

　「平和で民主的な国家及び社会の形成者」になること，国民主権の担い手として成長することは，机上の問題や知識の問題ではない。まさにいま自分たちの目前で発生しているさまざまな社会問題や経済問題に，自分自身がどう対応するのか，という現実的・具体的な問題である。国民主権の担い手としての対応は，日々試されているといってよい。

99％の一人として社会を運営する

　経済学の学びの出発点は，日常生活から乖離(かいり)した経済学の知識，まして特定の意図をもった投資や経営のための経済知識を学ぶことではなかった。自身の生存そのもの，日々の身近な生活に根ざした経済的事実とその意味を理解することであった。経済学の学びが，このような自分自身の生存にとって不可欠の経済的な営みから出発するなら，「経済は難しい」「経済は暗記科目だ」といった誤解は氷解する。

　このような経済学の学びを通じて，私たち99％の一人ひとりが社会や経済のしくみを正確に知ることができ，したがってまたそのしくみを主体的に運営できるような自覚的な主権者に成長していくことになろう。

　グローバル化した経済を理解し，地球の未来を展望する上でも，その基本的な出発点は，まず自分自身の生活とかかわってさまざまな経済問題を理解し，意思決定をすることである。

　ネットや携帯などの身近な情報通信技術（Information and Communications Technology：ICT）が発展した現代では，遠隔地の友人・知人との意思疎通はもちろんのこと，不特定多数の人々との情報交換さえ，いつでも，どこからでも可能になった。

　事実，欧米の主要都市に広がった「ウォール街を占拠せよ（Occupy Wall Street）」「われわれは99％だ（We are the 99%）」「貪欲をやめろ（Stop greed）」といった抗議行動の発端は，2011年7月，ある雑誌のウェブサイト上での呼びかけだった。富を独り占めする金融界やそこから献金を受ける政界への抗議のためのウェブサイトが開設されると，このサイトからツイッター（Twitter）やソーシャル・ネットワーキング・サービス（SNS）などを通じて，ニューヨークなどの大都市の活動内容が紹介され，さらに世界中に広がっていった。

　ウェブサイトからの呼びかけが短期間のうちに世界を動かすこのようなできごとは，インターネットの出現前の時代では考えられなかったことである。99％の中の一人であっても，自分の身近な街や国内だけでなく，世界のあり方にも直接影響を与えることができる時代がやってきたといってよい。

(1) アメリカの高校生向けの教科書では，経済教育のスペースが多くとられているが，市場経済と投資教育に重点が置かれていて，国民主権の担い手としての公民教育が軽視されている点が特徴的である。
(2) 『朝日新聞』2009年4月5日。
(3) 同上紙の記事では，「日本の教育制度とは受験勉強制度でしかない……入学試験に合格したら，それで学校教育の役目はおしまい。そんな教育でまともな人間が育ちますか」といった劇画原作者の声を紹介している。
(4) この点は重要である。社会科学の基礎知識や社会生活の経験もなく，ゆがんだ受験競争のなかで，体系だった経済学の学習など不可能なうちに，中高生に詰め込み式に経済学を注入しようとするとどうなるか。それは各種アンケートや筆者の毎年のゼミ生たちの以下のような生の声によって証明されている。「経済学は暗記科目」「覚えるだけでつまらない」「株式ゲームをやったがたくさん損をした」「自分たちとは関係ない授業だった」「歴史なら人物などの偉人伝があるが，経済学は味気ない」……そのようなことの結果として，「経済を嫌いになった」という。
(5) 金融資産や経営報酬とはほとんど無縁である国民の多数にとって，生存のために必要なマネーは，働くこと，労働することによってしか手に入らない。マネーは，学齢期には，父母をはじめとした家族や保護者の労働によって，自立すると，自身の労働によって獲得される。確かに，株式の売買や各種の金融商品の運用などに向かっている巨額のマネーもあるが，それは生計や設備投資など財・サービスの生産と消費に必要なマネーからははみ出た，余剰のマネーである。

COLUMN 1　市場原理主義の経済学の群像

　経済学の内容が,「世の中を治め, 人民の苦しみを救う」という「経世済民」の考え方を弱体化させ,「社会福祉は国家による窃盗だ」「公衆衛生も無用」といった市場原理主義の経済学を支配的な潮流にしていったのは,「強いアメリカ」を掲げた1980年代のレーガン政権下であった。

　公共の営みを否定するこのような市場原理主義の経済学は, インフレ, 財政赤字, 貿易赤字が深刻化しはじめた1970年代において, アメリカのシカゴ大学のミルトン・フリードマン（Milton Friedman）をリーダーにした「シカゴ学派」として, 経済界に大きな影響力をもつことになった。

　ちょうどこの時期に同じシカゴ大学で経済学を教えていた宇沢弘文氏（東京大学名誉教授）は, シカゴ学派の経済学者たちの人となりを, 内橋克人氏（経済評論家）との対談で以下のように伝えている。

　市場原理主義の政策がアメリカから最初に輸出された国は南米のチリであったが, この政策のブレーンになり実施していったのは, シカゴ学派に洗脳された「シカゴ・ボーイズ」たちであった。彼らは, 自分たちの政策を拒んだ革新的なチリのアジェンデ政権が転覆され, 1973年9月11日（当日, 宇沢氏はシカゴにいた）,「アジェンデ虐殺のニュースが入ったとき, フリードマンの流れをくんだ市場原理主義者たちが歓声をあげたのです。私は以後一切シカゴ大学とは関係しないと決意した」（『世界』2009年4月号, 38-39ページ）。

　宇沢氏へ返答した内橋克人氏は「市場原理主義という信教をもって, あたかも市場が人間を超えたものであるかのごとく正当化する論理を築き上げ, 時の体制に奉仕してきたのが『経済学』だったのではないでしょうか。人間を超える市場など本来あってはならないし, あり得ないと思う」と指摘する（同40ページ）。

　アジェンデを虐殺したピノチェ軍事政権は, 市場原理主義の経済政策を徹底し, 国営企業を民営化し, 金融機関をアメリカの金融機関の管理下に置き, 労働組合を弾圧し, 秘密警察によって10万人の市民を虐殺した。2006年12月に亡くなったピノチェの葬儀で, 彼の孫（陸軍大尉）は, 祖父のことを「ミルトン・フリードマンの新自由主義へと目を開かせたチリ史上最高の功労者だ」と讃えたが, 犠牲者の遺族からの強い抗議により, 陸軍大尉を免官された。

第2章
なんのために働くのか？

　いま，多くの学生たちは，「働くこと」「就職すること」に大きなプレッシャーを感じている。

　かつては，学窓を巣立って就職すると，その会社で定年まで働き，その間は毎年少しずつ給与が上がり，多くの人々が「自分は中流」と感じられたような時代もあった。

　だが，現代日本の経済社会は，働く者にとって大きく変質した。学生たちは卒業する前から就職活動（就活）に精を出し，それでも希望の就業先を見つけるのは難しくなった。就活の最中に何回も面接を受け，何回も落とされると，まるで自分の人間性が否定されたようで，気分は落ち込む。

　たとえ就職できても，非正規雇用で働いていると常に解雇される不安がつきまとい，正規雇用だと成果主義で競争させられ，ストレスの中で長時間会社に縛られ，プライベートな時間もなかなかとれない。なぜ，こんなにまでして働かなければならないのか。働くことになったとしても，快適な職場環境とプライベートな時間が両立する生活はできないのだろうか。

　広く世界を見わたせば，日本よりも小さな経済規模の国でも，豊かでゆとりある生活を送っている国は存在する。どうして日本はそうならないのだろう。

2-1　労働者と雇用システム

二重の意味の自由人

　現代日本の就業者約6350万人（雇用者約5680万人＋自営業主・家族従業者約

640万人）の人々[1]は，企業などに就職し，労働者として雇用されるか，家族で自営業を営んでいる。労働者とは，企業に自分の労働する能力（機械を操作する，営業や接客をする，帳簿や伝票を記入する，企画や設計をする……などなどの肉体的・精神的な能力）を企業に時間決めで売って，賃金を得て生計を営む人々である。

　歴史的には，16世紀から18世紀のイギリスで，封建制から資本制生産様式に移行するなかで，自給自足できた田畑などの生産手段を奪われ，ロンドン，マンチェスターなどの都市に移住させられ，工場で働き賃金をもらって生活する人々の群れが創り出されたこと（資本の本源的蓄積[2]）がその始まりである。

　こうして登場した労働者は，かつての自営農民と違い，田畑などの生産手段に縛りつけられない自由——この自由は同時に「飢える自由」でもある——を獲得した。また封建領主などへの人格的従属から解放された，人格的な自由を獲得した。労働者はこのような二重の意味での自由（人格的な従属と生産手段からの自由）な存在となった。

　生産手段を持たない者が飢え死にしないためには，工場やオフィスなどの生産手段の所有者である企業（資本家）に自分の労働力を売って，賃金を得て衣食住を購入しなければならない。つまり，賃金とは，労働力という商品の価格であり，雇用とは，労働力を時間決めで売買する契約関係である。

雇用システムの変容

　高度経済成長期の日本の雇用システムの特徴は「終身雇用」であり，一度その企業に就職すれば定年退職するまでその企業で働きつづける，安定した雇用システムが存在していた。確かに，このような「終身雇用」は，実際には大企業の労働者に限られた雇用システムであり，すべての労働者に該当してはいなかった。

　だが近年，このような「終身雇用」はほとんど崩壊させられ，ごく限られた労働者だけに適用されるようになった。大企業も「リストラ」という名前で大規模な解雇を断行する。そもそも雇用システム自体が，「終身雇用」に該当す

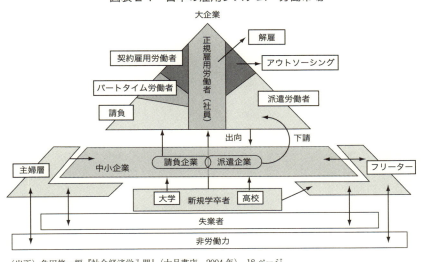

図表2-1　日本の雇用システム・労働市場

(出所) 角田修一編『社会経済学入門』(大月書店, 2004年), 18ページ

る大企業のごく少数の正規雇用労働者と, それ以外の多数のパートタイム, アルバイト, 派遣社員, 契約社員などの非正規雇用労働者に分裂させられ, 雇用形態は多様化されてきた (図表2-1)。

　日本経営者団体連盟 (現在の日本経済団体連合会) は, 1995年, 労働者を三つのタイプに区分する新しい雇用システムを提唱し, 実行してきた。すなわち,「終身雇用」に該当する正規雇用の「長期蓄積能力活用型グループ」と, それ以外の多数の非正規労働者群である「高度専門能力活用型グループ」および「雇用柔軟型グループ」であった[3]。

　このような雇用システムの導入は,「グローバル化した企業間競争に勝ち抜くため」という名目で, 固定的な人件費を最低水準に押し込めようとする経済界の意思が反映されている。

　このような雇用システムが浸透するにつれて, 労働者の雇用は不安定化してきた。リストラがくりかえされ, 非正規雇用の場合, 一定の契約期間が過ぎると雇用関係が解消されたりするため, 失業者数も増大してきた。他方で, 正規

雇用の労働者には過酷な労働が強要され、少なからぬ人々がなんらかの病や精神障害に苦しみ、過労死・過労自殺者も増大してきた。企業は人件費の高い正規雇用の枠を減らすため、フリーター層などの不安定な非正規雇用者も増加の一途をたどる。「フリーター」が労働者が自分の都合に合わせ自主的に選び取った就労形態でないことは、フリーターの7割が正規雇用を希望していることからも明らかである。

　労働する能力をもち、雇用機会を求めている若年層をフリーターに追いやり、失業させておくような雇用システムは、この国の未来にも暗い影を落としている。

就活環境の改善を訴える学生たち

　2012年春の大学生の就職内定率は、過去3番目に低い80.5%であった。就職活動中の大学生の有志は、参院議員会館で集会を開き、「就活」に振りまわされる学生の苦しい現状を改善するため、企業の採用活動のルール化などを求めた[4]。

　実行委員長の法政大学3年生の男子学生は、就職に悩み自殺する学生が年間50人以上もいることを挙げ、「学生の能力や自己責任ではなく、就活の制度や環境にこそ問題があるのではないか」と指摘した。また、9割以上の学生が登録する大手就職サイトの企業掲載料が数十万から数百万円もするために、採用情報が大手企業に偏重している現状や、「滝に打たれると内定が出る」などと宣伝し学生をあおる悪質な「就活ビジネス」が横行していることが報告された。集会では、これらの是正や制限を求めた。

　「未来の大学生のためにここに来ました」と発言した早稲田大学3年生の女子学生は、「なぜ大学最後の2年間を就活によって奪われなくてはいけないのか。大学生が4年間しっかり学び、学問を尊ぶ気持ちを就活によって阻害されないように、この状況を一緒に考えてほしい」と訴えた。

　法政大学の児美川孝一郎教授は「いまの就活では、企業もコストと時間を費やすだけで"勝者"にはなれない。こんなことを続けていると社会の持続可能性がなくなってしまう」と話し、就活への社会的規制を求めた。

2-2　商品価格・労働時間・安全な消費生活

価格はどうやって決まるのか

　私たちは，生活に必要な衣食住のほとんどを買って生活している。購入する商品は，すべていくらかの価格がつけられている。商品の価格動向は，私たちの生活に大きな影響を与える。

　給与（賃金）は伸びないのに，商品価格が2倍や3倍にも高くなったら生活は破綻してしまう。逆に，給与（賃金）が伸びなくても，商品価格がそれ以上に安い状態が続けば，いままで以上の商品を購入でき，消費できるので，生活は楽になり，豊かになる。

　身のまわりの商品価格は高価なものから安価なものまで，実に多様な価格がつけられている。このような多様な商品価格はどうやって決まるのだろうか。

　まず，商品が生産される生産現場では，その商品（原材料や部品等も含む）を生産するために費やされた社会的平均的な労働時間の長さによって，生産価格が決定される。どれだけ労働時間をかけてその商品を生産したかによって商品の生産価格は決定されるのである。

　だが，店頭に並ぶ商品の価格は，この生産価格にいろいろな要因が加わって決定される。なかでも，その商品の需要と供給の関係が大きく影響する。

　その商品が売買される店頭では，その商品の需給関係，つまり，マネーを支払ってその商品を欲しがる人々の欲望の大きさ（需要）と，売るために市場に搬入される商品の量（供給）との相互関係（需要と供給）から価格が決定される。このような商品の価格を市場価格という。

　人気のある商品ほど価格は高くなるが，誰も買おうとしない商品の価格は下がり，やがてそのような商品は市場からなくなる。他方，人気のある商品は価格が高くてもある程度売れつづけ，やがて次の新しい商品に取って代わられるまで市場にとどまる。

商品価格に影響を与えるのは，このような現実の需要と供給の関係だけではない。商品の価格変動を利用して金もうけをしようとする投機的な経済行動によっても，商品価格は大きな影響を受ける。その商品の実際の需要を上まわって過剰なマネーが買い向かっていった場合，ターゲットになったその商品は信じられないほど値上がりする。

　「バブル経済」とは，そのような投機的な経済行動が支配的になった経済を意味するが，1980年代後半の日本では，株価や地価などが空前の金額まで暴騰した。東京銀座の鳩居堂前の地価は，左右の足で踏みしめる程度の面積で100万円ほどに暴騰し，正常な経済活動を阻害した。

　最近の例では，原油バブルの発生とガソリン価格の高騰である。これもまた実際の原油の需給関係とは無関係に，投機的なマネーが引き起こしたものだった。ガソリンを入れるたびに多額の出費を強いられるので，地方社会のようにクルマが生活手段になっているところでは出費がかさみ，生活を困難にする。運輸業者の流通コストの上昇は，商品の価格に上乗せされ，物価を押し上げる。物価の上昇は，人々の生活を直撃する。

労働時間の短縮と余暇・生活時間の拡大

　生活費を得るために，私たちは，何時間かの労働に従事せざるをえない。誰もがみな1日24時間を与えられている。だが問題は，この24時間がどのように使われるか，いや使えるかである。

　現代人は，多くが給与（賃金）を得て生活している。もし，給与（賃金）が極端に低く，それを得るための労働時間に規制がなく，無制限に働かされるなら，1日中会社にしばりつけられることになり，健康で文化的な生活は望めない。その上，自分の労働時間の管理者は会社の上役や経営者であり，自分の自由にできないのでストレスもかかり，各種の病気，場合によっては「過労死」の不幸も起こりうる。

　国際労働機関（International Labour Organization：ILO）は，1日の労働時間を8時間，1週間では48時間を超えてはならないと規制し，時間外労働（残業）

は厳しく制限されている。この規制は各国の事情で必ずしも守られているわけではないが，働く人々の多くは，1日のうち8時間働くことで生活に必要な給与（賃金）を得て，8時間ほどを体力の回復をはかる睡眠時間にあて，そして残りの8時間ほどを食事や余暇などの生活時間にあて，自分たちの生活と健康を維持している。

多少の個人差があるとはいえ，国際労働機関の定める労働時間に関する条約を批准した国々では，働く人々の時間管理は以上のように規定されている。だが，ドイツやフランスではさらに労働時間の短縮がすすみ，1週間で35時間である。それを超えるなら，さらに従業員を雇わなければならない規制があるので，一人あたりの労働時間の短縮は，社会全体では雇用機会を拡大することにもなる。

だが，先進工業国といわれ，世界に冠たる経済大国の日本は，この国際労働機関の定める労働時間に関する条約を批准していない。その結果，年間労働時間が2000時間を超える長時間労働の国になっている。これはドイツよりも年500時間ほど多く，平均的な日本人はドイツ人よりほぼ3カ月間も多く働いている計算になる。残業が日常化し，しかもただ働きのサービス残業までもさせられ，最悪の場合，過労死になるような先進国は，日本だけといってよい。

これでは「健康で文化的な生活」など望めそうにない。どうして政府は，労働時間に関する条約を批准しないのか。経済界の圧力や政治献金が影響しているなら，それは主権者である国民の権利や利益を損なっているといわざるをえない。

それに対抗するためには，多くの働く人々は，憲法（28条）で認められている貴重な労働三権，つまり，労働者が経済的な地位向上のために団結して労働組合をつくる団結権，労働組合が賃金や労働条件の改善のために経営者と交渉する団体交渉権，労働組合が要求を実現するためにおこなう争議権，などを積極的に行使し，さまざまな労働問題に取り組み，豊かな生活や権利を実現していく必要があろう。

正社員，非正社員，男女にとらわれずに同一価値労働同一賃金を実現し，各

種の賃金格差を解消すること，育児・介護休業の充実，採用・配置・昇進などでの差別の禁止などなど，「健康で文化的な生活」を阻害する各種の障害を取り除いていくことが重要となる。

　労働時間を短縮し，余暇と生活時間を拡大することが，豊かでゆとりある暮らしの第一歩となる。経済規模（GDP）では日本の3分の2ほどのドイツ，それ以上に規模の小さいフランスで，日本よりも年に3カ月（500時間）も労働時間が短縮できているのだから，日本にできないはずはない。

　1週間の労働時間が35時間を超えて働かせることはできないので，もっと働いてもらおうとする経営者は，労働者をもう1人雇用しなければならない，といった内容をもつ週35時間労働の法案は，フランスでは，企業と経済界の猛反対のなか議会で可決され，実施に移された。ゆとりある生活を求める99％の意思が，企業と経済界を規制したのだ。

安全な消費生活のために
　労働者は，衣食住などの生存のための各種の商品を購入し，それらを消費して生計を営んでいる消費者でもある。消費者としては，商品の価格だけでなく，商品の安全性などが保証されてはじめて安全な生活が実現される。

　多種多様な商品の広告は，テレビや折り込みチラシなどで洪水のように押し寄せ，消費者の欲望を駆り立てる。訪問販売，電話やネットでの通信販売など，欲しいものは，お金さえあれば，いつでもどこでも，すぐに買うことができる時代になった。

　だが，利潤追求を最優先する資本主義経済のもとでは，私たち消費者は，安全や健康を後まわしにして売り出された欠陥商品を買わされる危険がつきまとう。自分にとって本当に必要な商品が，はたして安全なのかどうかは，消費し，使ってみなければわからない。一人ひとりの消費者は，その商品の安全性を確かめる実験設備や専門知識を持ち合わせていない。

　したがって，安全な消費生活を実現するには，消費者を保護するための法律，消費者保護法（現消費者基本法），消費者契約法，製造物責任法（PL法），特定

図表 2-2　消費者庁・消費者委員会の主な役割

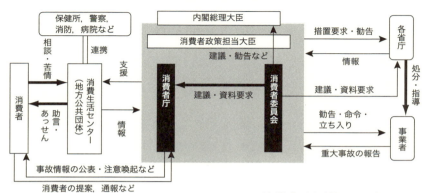

(出所)『日本経済新聞』2009年7月13日

商取引法，金融商品取引法などのいっそうの整備・拡充が求められる。

さらに，起こってしまった消費者問題に十分に対応できるシステムとして，消費者庁，消費生活センター，消費相談員などの諸制度をいっそう整備・拡充するだけでなく，これらの消費者関連制度に強力な権限を与え，再発防止に努める必要があろう。ようやくわが国にも消費者庁が誕生したのは2009年9月であったが，問題は，消費者の健康で安全な生活を実現するために，どんな仕事をどれだけやってもらえるかである（図表2-2）。

それだけでなく，消費者教育を充実していくことが，賢い消費者を育成する上で不可欠である。リスクの高い金融商品や，巧妙な消費者金融の被害などを回避するには，学校教育や社会教育の場で，消費者に対する基礎的な金融経済教育が実施されるべきであろう。

わが国の消費者の権利意識が低いのは，学校教育や社会教育における不十分な消費者教育にも起因している。わが国の消費者の77％が，自分は消費者教育を受けていない，と回答している。

生活や身体に危険をもたらすような商品の購入を避ける不買運動だけでなく，環境を破壊し，平和を乱すような活動をおこなう企業，そのような企業に貸付や株式の発行を手助けする銀行や証券会社などの金融機関に対しても，現

代の消費者たちは，株式投資を止めたり，また預貯金を移し替えたり，情報開示を求める，などの消費者行動を展開することによって，大きな影響を与えることができる。

　一人ひとりの消費者が，「もの言う消費者」「行動する消費者」に成長することが求められているといえる[5]。

(1) 総務省統計局「労働力調査（基本集計）」2016年3月29日。
(2) 資本主義生産様式の誕生と発展，そして消滅という社会発展の法則について，当時もっとも発展していたイギリス経済の研究を通じて体系化したのは，カール・マルクス（Karl Marx）であり，その代表的な著書が, *Das Kapital‐Kritik der politischen ökonomie*（1867〜94年刊行, 邦訳『資本論』岡崎次郎訳, 国民文庫全9冊, 大月書店, 1972年）である。
(3) 日本経営者団体連盟『新時代の「日本的経営」──挑戦すべき方向と具体策』（1995年5月）。
(4) 以下の記述は，『しんぶん赤旗』2012年3月18日による。
(5) 北欧閣僚評議会編・大原明美訳『北欧の消費者教育』（新評論，2003年），金融広報中央委員会『知るぽると』（http://www.shiruporuto.jp）などを参照されたい。

COLUMN 2　働くこと（労働）の深い意味

　生きていくためには，衣食住を手に入れる必要があり，それを買うためのマネーが必要であり，そのマネーを稼ぎ出すために働く――これが働くこと・労働の当面の目的であった。
　だが，労働は，本来もっと深い意味をもっていた。第一に，私たちは，衣食住などの物質的財貨を生産するために，労働を通じて自然界に働きかけ，自然界を加工し，自分たちの必要物を生産している。人間以外の他の動物は，自然界が与えたものを受け入れるだけである。つまり労働こそは，高度に発達した文明を営む人間社会の存立のための根本的な前提でもあった。一人ひとりの労働は，自分と家族のためにあるだけではなく，人間社会の存立の重要な一翼を担っている。
　第二に，自然界に能動的に働きかけ，自分たちの必要物を生産するプロセスのなかで，手を使い，頭を使うことによって，さまざまな能力と知識を開発してきた。つまり労働は，人間が成長し，高等動物として高度の文明を営む人間存在の根本的な前提でもあった。
　だが，このような意味をもつ労働も，利潤追求を最優先させる資本主義的な企業経営の中に取り込まれると，過大な仕事を強要され，酷使され，見合った賃金も支払われず，ときに失業させられる過酷な環境に置かれてしまう。
　労働する能力があり，働きたい希望をもっているのに，資本の効率と人件費の抑制から，多くの若者を失業ないし半失業状態に追いやる資本主義的な企業経営に対しては，社会的な規制を加えていくことが求められている。なぜなら，資本の効率化と利潤追求よりも，最優先されるのは，ほかならぬ私たち一人ひとりの成長と暮らしの安定であるはずだからである。
　近年，新自由主義・市場原理主義の政策潮流のなかで，規制緩和と自由化が推進されてきた。たしかに，既得権や不公平な特権を保護するような規制は，緩和・撤廃すべきであるが，人権や労働者の健康，生活関連の各種制度に関連した規制はむしろ強化することが，豊かでゆとりのある生活の実現と，経済社会の安定にとって不可欠である。

第3章
グローバル化は何を変えたのか？

「グローバル化」と言われてもピンとこないと思っていても，私たちの生活は，もうどっぷりグローバル化の波に飲み込まれている。

まず身近なところで，自分の着ている衣類のタグを見てほしい。日本の企業ブランドでも，「Made in China」など，海外で生産されたものがほとんどのはずだ。衣類以外の身のまわり品も，電化製品も，日本の企業ブランドでありながら，外国製のものに囲まれて生活している。

外国で生産するわけだから，それだけ国内の工場は縮小・閉鎖され，海外に移転し，現地でたくさんの人々が雇われる。ということは，それだけ日本国内の雇用は減らされ，失業者が多くなることを意味する。

就職先を探そうとしても，国内に十分な就職先が見つからない原因のひとつは，不況のせいだけではなく，行きすぎた企業の海外進出と経済のグローバル化にある。

3-1　激動するグローバル経済

経済の国際化とグローバル化の違い

近年，各種の経済ニュースでよく話題になるのが，ヒト・モノ・カネのグローバル化[1]である。

まず，経済の「国際化」と「グローバル化」の違いからみよう。国際化 (internationalization) は，さまざまな民族・国家 (nation) が，相互に (inter-) 交流することを意味するので，A国とB国との相互交流といった経済活動を示

している。

　だが，グローバル化（globalization）とは，個々の国々との相互交流といった次元ではなく，現存する200カ国以上の国々からなる地球（globe）そのものを対象にした地球的規模での活動を示している。したがってグローバル経済とは，個々の国々でなく，いわば地球全体を視野に置いて営まれる経済活動である，といってよい。

　このようなことが可能になったのは，情報通信技術（ICT）の飛躍的な発展である。地球的な規模でビジネスを展開する巨大企業・金融機関（「多国籍企業」）は，世界中の主要な都市に支社や工場を持ち，それらをコンピュータのネットワークで連結して，多国籍的なビジネスを展開している。

　これらの多国籍企業は，情報通信技術を利用して，時々刻々変化する経済情勢に敏感に対応する。地球的視野から見て，原材料や資源については一番安価に提供する国や企業から購入し，製品については人件費の安いところに立地した工場で生産し，完成品は，高所得者のいる都市や先進工業国で販売する……といった，地球的な規模での経済活動が展開されている。

多国籍企業と国民経済との利害衝突

　経済活動がグローバル化するにつれて，地球を舞台にして経済活動をする多国籍企業の利益と，一定の地理的，文化的なまとまりのもとで営まれる各国の国民経済・国民生活とのあいだで，深刻な利害衝突が表面化してきた。

　資本主義経済の「規定的目的」・「推進的動機」は利益の追求にあるので，企業活動は利益を求めて展開される。資本金が一国の経済規模ほどにも巨大化した多国籍企業にとって，自国だけでなく，地球を舞台にした経済活動も十分可能になった。このような多国籍企業は，コスト（人件費，原材料費，資金の調達金利など）を徹底的に削減することで，最大の利益を実現しようとする。コスト削減の最大のターゲットは，人件費である。

　たとえば自動車メーカーの場合，2000年12月現在では，横浜工場での従業員の平均給与が37万円のとき，中国の大連の工場の平均給与は1万円だった[2]

ので、横浜の工場を閉鎖して大連に工場を集中したなら、一人あたりの人件費は37分の1に削減できるわけである。いまや「世界の工場」になった中国などで生産した自動車を高所得者の多いアメリカやヨーロッパに販売し、より多くの利益を捻出する、といった多国籍的なビジネスが展開されている。

　アメリカ、日本、イギリスなど先進工業国の多国籍企業は、本国の工場やオフィスを縮小・閉鎖し、より多くの利益を求めて、土地や人件費の安い国々に自社の工場やオフィスを移転する。現在では、自動車・家電などの製造工場だけでなく、さまざまなソフトウェアの開発、パソコンやIT機器のトラブルの受付とアドバイスのためのコールセンターなど、多くの労力と時間の必要とされるビジネスは、中国の大連やインドなどで立ち上げたオフィス[3]でおこなわれる。

　その結果、本国では、そこで働いていた従業員は解雇され失職する、といった問題が発生している。これは、グローバル化した経済がもたらす深刻な問題点のひとつにほかならない。

　日本の国内経済は冷え込み、不況におちいっているのに、多国籍化した大企業の利益だけが膨張し、1社で数兆円の内部留保金を蓄える企業も登場する。多国籍企業の利益を優先させるのか、それとも国民経済と国民生活の利益を優先させるのか、その答えは明白であるはずなのだが。

時間と空間を超越した金融ビジネス

　経済のグローバル化と情報化の成果を最大限に享受しているのは、銀行・証券といった金融ビジネスである。

　というのも、金融ビジネスで扱われる金融商品は、数値で表現されるので、コンピュータの計算能力を最大限利用でき、また取引はグローバルに張りめぐらされたコンピュータのネットワークの中でおこなわれるからである。なにがしかの金額を表現する巨額の数字が、ネットワーク上で支払われ、受け取られていく。取引相手が、距離の上では地球の裏側にいても、コンピュータのネットワークを利用すれば、100億円単位の売買取引でもわずか10秒ほどで済んで

しまい，すぐ隣にいるようなリアルタイムの速度で取引を完結できる。

　これに対して，モノづくりをおこなう製造業は，そういうわけにはいかない。一定の質量のある物（原材料，部品など）を時間をかけて調達し，完成品にまで製造する工程をともなうので，ある地点から別の地点までの空間的な移動と時間のロスは不可避である。モノづくりでは，どんなに効率化されても，結局のところ，時間と空間の壁は乗り越えることができない。

　だが，金融ビジネスの場合，コンピュータのネットワークを利用すると，マネーの売買や貸借などの取引は，地球の裏側とでも，ほとんど同時に完結するので，時間と空間の制限を乗り越えてしまう。

3-2　21世紀のグローバル経済の課題

不安定化する国民経済

　経済のグローバル化と情報化の時代は，巨額のマネーが地球上をリアルタイムの速さで駆けめぐる。それにともなって，金融商品の価格や金利が変動し，世界経済も不安定化する時代になった。巨額のマネーが流入した市場は好景気に沸き立ち，価格も上昇し，バブルすら発生する。だが，マネーの流出した市場は低迷し，場合によっては価格も大暴落してしまう。マネーの流入しない国や地域は，低開発のまま放置される。

　地球上を駆けまわるマネーの行動基準は，資本主義的市場経済のもとでは，どれだけ利益が得られるかにあり，利益追求が最優先される。低開発の国や地域が存在し，そこで暮らす人々が飢えていても，利益が見込めないならマネーは投資されない。一時的に投資されても，期待される利益が見込めなくなると，マネーは一挙に引き揚げられる。その結果，生存に不可欠の衣食住やモノづくりの製造業，各国の国民経済は，地球上を瞬時に移動するマネーの動向に振りまわされ，不安定化するようになる[4]。

　21世紀の世界は，ヒト・モノ・カネがますます国境を越え，行き来する時

代になる。その結果引き起こされるさまざまな事柄について，地球的な規模で構想しなければならない時代でもある。

世界中の格差拡大をどう解決するか

「経世済民」の学問としての経済学も，単に自分の国だけでなく，地球的な規模の「経世済民」を構想し，実現していくことが求められる。

地球上の人口は2012年現在，ほぼ70億人であるが，その40％にあたる28億人の人々は，1日2ドル（約200円）未満の貧困な生活を強いられている。さらに1日1.25ドル未満の極度に貧困な生活を強いられている人々は，2005年時点で，開発途上国人口の4人に1人にあたる14億人に達している(5)。

世界銀行の推定によれば(6)，食糧・燃料・金融危機の結果，2010年に最貧困状態にある人々の数がさらに6400万人増加し，新たに約4000万人が飢餓状態におちいった。2015年までに，5歳未満で死亡する子どもの数は120万人，安全な水へのアクセスをもたない人口は1億人，それぞれ増加する可能性がある。

他方で，2008年に破綻したウォール街の大手金融機関リーマン・ブラザーズのトップは，わずか14年間で，526億円もの報酬を得ていた。この金額は，1日2ドルで生活する人の2億5000万人分の生活費に等しい。また，「1日1ドル未満で生活する10億人の人々を極度の貧困線より上に押し上げるのに必要な費用は3000億ドルであるが，この金額は，世界の最富裕層の10％の所得の1.6％にすぎない」(7)という。

近年，世界の富裕層への富の集中はますます加速化し，この30年間で最富裕層と最貧困層のそれぞれ20％を比較すると，その所得格差は，30：1から61：1へ，大きく拡大してきている。さらに2015年にいたり，貧困問題に取り組む非政府組織（NGO）オックスファム・インターナショナルによれば，世界の62人の超富裕層の保有する資産（1兆7600億ドル＝約206兆円）は，世界人口の半分に当たる36億人の低所得層の保有する資産に等しい。あるいは，世界人口の1％の富裕層の資産が99％の資産と同額になるまでに格差が拡大している。

極端な所得格差が世界中に広がり，最貧国と最富裕国とのあいだの対立が激化している。このようなグローバル経済のもとで，アメリカの富の象徴ともいえる世界貿易センタービルへの国際的なテロ事件が2001年に発生した。

富がグローバルな規模で公平に再分配され，飢餓などの貧困を根絶することが，グローバル経済の重要な課題になっている。

大企業・富裕層の租税回避の阻止

2016年，世界各国の企業・富裕層・首脳・著名人などが，タックスヘイブン（租税回避地）を利用して巨額の課税逃れをしていた報道が世界を揺るがした。約40年間で21万社のペーパーカンパニー（実態のない会社）の設立にかかわったパナマの法律事務所（モサック・フォンセカ）の内部文書約1150万件（通称「パナマ文書」）が，国際調査報道ジャーナリスト連合（ICIJ）から世界のメディアに配信されたのである[8]。

イギリス領ケイマン諸島やバージン諸島などには所得税・法人税がないために，世界各国の企業・富裕層などが課税逃れを目的にしたペーパーカンパニーを無数に設置している。巨万の利益・資産をここに移せば，本国での課税を逃れることができ，結果的に莫大な資金が手元に残るからである。

欧州委員会によれば，大規模な多国籍企業による課税逃れは，EU域内だけで年間500〜600億ユーロ（6.2兆〜8.7兆円）に達し，巨額の税収を失わせている。EUよりもさらに大口の課税逃れがおこなわれているのは，アメリカや日本である。ケイマン諸島に対する日本の投資残高は2014年末で65兆6583億円にも達している。日本の大銀行グループでは，みずほが41社，三井住友が16社の子会社をケイマン諸島に設立している。

日本国内では，法人税の税率が引き下げられる一方で，消費税の税率が引き上げられ，国民諸階層の税負担が増しているのに，日本の大企業や金融機関はタックスヘイブンに子会社を設立し，課税逃れをしていることになり，不公平な税負担問題が深刻化している。大企業や金融機関に詳細な納税の報告を義務づけ，さらに特別減税を廃止するなどの措置が急務である。

(1) グローバル化した経済が日本の経済社会にもたらした特徴や問題について，詳しくは拙著『これならわかる金融経済（第3版）』（大月書店，2013年）も参照されたい。
(2) 『日本経済新聞』2001年6月1日。
(3) たとえば，パソコンメーカーのヒューレット・パッカード（HP）社の場合，「『デスクトップ，ノートPCなど日本のコンシューマからの問い合わせ電話は，ほとんどここで受けている』（大連コールセンター担当マネージャ）。120人体制の日本向けサポート部隊の6割は中国人，4割は日本人。日本人スタッフも現地採用だ。見通しのよいフロアの各コンパートメントを見渡すと，漢字とアルファベットで各スタッフの名札が壁にかけられている。名札から国籍は明らかだが，応対中の電話のやりとりの声や顔をちょっと見ただけでは，日本人なのか中国人なのか分からないケースもある」(http://www.atmarkit.co.jp/news/200802/29/cc.html)。
(4) 世界経済が不安定化するのは，地球上を駆けめぐるマネーの行動基準が利益の追求にあり，人類の福祉や幸福の実現ではないからである。それは，資本主義経済のシステムそのものによって規定される。この点についても，より詳しくは，前掲の拙著『これならわかる金融経済（第3版）』を参照されたい。
(5) 世界銀行の調査（2001年）によれば，1日2ドル未満で暮らす地域と人口をみると，南アジア10億6300万人，東アジア8億6400万人，サハラ以南アフリカ5億1600万人，ラテンアメリカ・カリブ1億2800万人，東欧・中央アジア9300万人，中東・北アフリカ6900万人，となっている。その後世界銀行は，最新の経済データに基づく貧困層基準の見直しを実施し，2005年時点で開発途上国人口の4人に1人にあたる14億人が貧困層として暮らしているとの推計を発表した。世銀はこれまで1日1ドル未満の生活を貧困層と定義してきた。しかし，2005年の購買力平価データに基づきこれを17年ぶりに改定し，同1.25ドルとして，貧困層人口を推計し直した。2004年時点で9億8500万人とみられていた貧困層は約1.4倍増加したことになる。
(6) 世界銀行東京事務所（http://web.worldbank.org）より。
(7) 国連開発計画（UNDP）『人間開発報告書2005概要』（2005年），10-11ページ。
(8) 『日本経済新聞』2016年4月9〜14日，『しんぶん赤旗』2016年4月16日など。

COLUMN 3　グローバル化の推進主体とアメリカ化

　旧ソ連の崩壊と中国の市場経済の導入が進展した世紀の転換点にかけ，経済のグローバル化は急速な展開を見せた。グローブ (globe) つまり地球的な規模の活動は，所詮，個人の能力で可能なはずはなく，企業，それも世界を股にかけた巨大な多国籍企業や金融機関が主体となって推進する。

　世界の著名な経済誌（米『BusinessWeek』『Fortune』，英『The Economist』など）が毎年特集を組み，売上高や株式時価総額で世界のトップ100社などに常にランクインする企業や金融機関の行動範囲は地球的規模である。

　ヒト・モノ・マネーをより効率的に調達し，かつ運用するために，国境の壁＝各国の規制をなくし，地球上を自由に動きまわり，最大限の利益を引き出そうとする。そのため，各国政府に規制緩和・自由化を強要して国境の壁をなくし，さらに地球上が同じ経済システムで動くような大改革＝ビッグバンを強要する。

　その結果，戦後の国際貿易体制（GATT，WTOなど）や国際金融体制（IMF，世界銀行など）の中心となったアメリカとドルが，グローバル化した貿易と金融ビジネスの事実上の標準として君臨する。したがって，経済，とくに金融のグローバル化とは，別言すれば金融のアメリカ化，アメリカンスタンダードがグローバルスタンダードになることである。

　このアメリカンスタンダードは，リーマン・ショックに示されたように，実体経済と乖離し，効率的に最大限の金融的収益を追求する「カジノ型金融独占資本主義」であり，国際金融市場だけでなく，世界経済を不安定化させ，今日の世界不況を引き起こした。

　効率的に最大限の儲けを追い求める「カジノ型金融独占資本主義」の象徴は，ほんのわずかな価格変動もビジネスチャンスとして利用し，数万分の１秒単位の速さでくりかえされるコンピュータ・プログラムによる自動売買（超高速取引・HFT）である。この超高速取引は，アメリカや日本の株式，国債などの証券売買高の６割を超える。アメリカや日本の金融ビジネスの先端的な取引は，人間ではなくコンピュータのプログラムが担っているので，その取引結果がもたらす影響についても，はじめから人間性を考慮してはいない。

第4章
好況と不況は
なぜ生まれるのか？

　経済ニュースでいつも話題になるのは，景気の話である。街角のインタビューでも，ほとんどの人は，「景気をよくしてほしい」と話す。でも，ちょっと考えてほしい。景気がよくなることと，給与が上がること，生活が楽になることは，同じことだろうか。

　実際，2002年から2008年にかけ，景気の拡大が戦後最長（「いざなみ景気」）を記録しても，一般市民の生活実感として「景気がよい」といった実感はまったくなかったはずである。景気がよいのは企業，とくに大企業だけで，中小企業も，働く人たちも，実感として「景気はどん底」が続いてきた。

　それもそのはず，中小企業は親企業から下請け単価を買い叩かれ，ほとんど利益は出ないし，働く人たちに支払われる賃金は毎年削減され，ずっとマイナス続きなので，生活はむしろ苦しくなったからである。

　大企業の景気がよいのは，下請け単価を買い叩き，また支払う賃金を削減し，利益をそれだけ多く企業の中に蓄積できたからだ。しかも，あらゆる市場で圧倒的な市場支配をおこなっているので，大企業の景気がよいと，マクロ統計の上でも「景気拡大」として処理される。ここにマジックがある。

　どうしてこんなことになるのか，それを基礎からみてみよう。

4-1　資本主義経済のしくみ

利潤追求を最優先する経済体制

　18世紀のイギリス産業革命を経て成立し，今日まで発展してきた資本主義

経済の最大の特徴は、利潤追求を最優先する経済体制である。財・サービスの生産も、マネーの運用も、その目的は、すべて利潤追求のためにおこなわれる、それが資本主義経済の本質にほかならない。

したがって、21世紀初頭においてなお人類のほぼ40％が1日2ドル未満の貧困におちいっていても、そこに利潤獲得の見込みがなければ、財・サービスは供給されず、マネーも投資されず、そのまま放置される。その意味では、非情な経済体制が資本主義的経済体制である、ともいえよう。

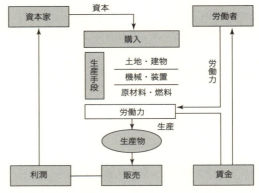

図表4-1 資本主義経済のしくみ

(出所)『新政治・経済資料 2010』(実教出版、2010年)、180ページ

このような非情な経済体制をそのままにしていたのでは、利潤追求の経済活動に直接役立たない児童・老人・病人・心身に障害をもつ人々などの安心した生活は不可能となる。そこで、社会の構成員全体の生活と権利を保護するため、社会保障などの近代的な社会制度が整備されてきた。

資本主義経済は、私的所有のもとで生産がおこなわれるので、すべての生産物は私的な所有物（企業の所有物）として生産される。次いで、その生産物は、一定の価値をもつ商品として市場に搬入される。市場では、商品の買い手が、商品の価値を金額で表示した価格に相応するマネーを払って購入する。このような市場での売買取引を通じて、生産と消費のプロセスがくりかえされる（図表4-1）。

衣食住など生存に必須の財・サービスも、すべて市場での売買取引を通じてはじめて手に入るようになる。人々は、生きていくために、自分の労働する能力を売って、その見返りに賃金というかたちでマネーを受け取り、このマネーによって生存に必須の財・サービスを購入する。

資本主義経済では，人間の労働力もひとつの商品になり，そのような労働力商品の価格が賃金にほかならない。近代の経済社会では，自分の労働力を売って生活費を得ている人々（＝労働者，現代日本ではほぼ6350万人）が社会の圧倒的な多数を占める。労働者の家族を含めれば国民の99％近くになる。賃金が高ければ，多くの生活物資が購入できるので，それだけ生活水準を高めることができる。

　だが，利潤追求を最大の目的にした資本主義的な企業経営は，労働者をできるだけ安い賃金で働かせ，企業サイドの取り分になる利潤をできるだけ大きくしようとする。したがって資本主義経済のもとでは，資本家（企業の株主・経営者）と労働者との利害対立は不可避となる。不景気になると，企業経営において「リストラ」という名の賃金切り下げや解雇がおこなわれるが，これは，資本主義経済が利潤追求を目的にした経済体制であるからにほかならない。

　また，資本主義経済では，個々の企業は少しでも多くの利潤を求めて激しく競争するので，社会全体の生産は無計画的・無政府的におこなわれる。その結果，せっかく生産した商品の売れ残りや過剰生産を回避できず，企業経営は不安定化し，循環的に不況の波に襲われる。不況に直面した企業は，過剰に抱えこんだ在庫や設備を廃棄し，労働者も解雇しようとする。

　他方，立場の弱い一人ひとりの労働者は，自分と家族の暮らしを守るために，労働組合[1]を作り，企業の経営者と交渉し，解雇を止めさせ，賃金水準や職場での権利など，さまざまな労働条件を改善しようとする。

自由競争から独占資本主義へ——巨大独占企業の出現

　営業の自由を優先する資本主義経済のもとでは，個々の企業は，内外の同業他社との激しい競争のなかで経営を営んでいる。

　19世紀末から20世紀初頭にかけ，それまでの自由競争のなかから，競争に勝利し，敗者の企業を合併・買収（mergers and acquisitions：M&A）し，市場を少数で支配するほど巨大になった企業が出現する。その結果，商品の価格や市場のあり方に独占的な支配力を行使し，独占利潤を獲得する少数の巨大企業

図表 4-2

時代	16世紀～18世紀	18世紀後半～
段階	商業資本主義	産業資本主義
特徴	・資本の原始的蓄積過程 ・重商主義 ・商業資本が蓄積され産業革命の前提となる ・賃金労働者の創出 ・問屋制手工業 ・マニュファクチュア	・産業革命による資本家階級と労働者階級の2大階級の確立 ・近代資本主義の確立 ・企業間の利潤追求の自由競争 ・自由放任 ・巨大な産業資本が蓄積

産業革命（18～19世紀）
・工場制機械工業
・資本家と労働者の労働力売買契約

資本主義の弊害
恐慌・失業・寡占・独占

支配的資本 ──── 商業資本 ──────────── 産業資本 ────

（出所）『新政治・経済資料 2010』（実教出版，2010），181ページに加筆

が登場するようになる（図表4-2）。

　自由競争の資本主義の時代は終了し，少数の巨大企業が中小零細企業を支配し，さらに市場を支配し，独占価格を設定し，独占的な超過利潤を獲得する独占資本主義の時代が到来する。

　これらの少数独占企業の経済的な権力は強大であり，価格の決定，市場支配だけでなく，国内の政治家たちを買収し，国内政策や政治にも大きな影響力を行使する（国家独占資本主義）。やがて原材料・資源・市場を求めて対外進出し，ときに武力をともなった帝国主義的な侵略戦争を引き起こす時代となった。

　20世紀は，各国の巨大独占企業体による世界市場の分割をめぐる2回の世界大戦の世紀となった。第二次世界大戦においては，日本の帝国主義的な侵略戦争の経済基盤は，財閥という名前の巨大独占企業体であったが，これは戦後処理のなかで解体される歴史をたどった。

　だが，利潤を求める企業間の激しい競争は，企業の整理淘汰を促進し，成功を収めた企業は敗退する企業を合併・買収（M&A）することで，さらに巨大化し，当該分野での独占的な市場支配をもたらす，といった経緯をくりかえす。

　そこで，各国は，独占資本主義の弊害を除去するために，独占禁止法（日本

資本主義のあゆみ

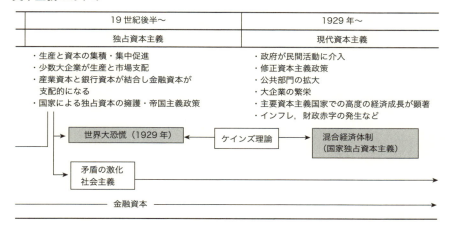

では「私的独占の禁止および公正取引の確保に関する法律」）などによって、くりかえし出現する巨大独占企業を規制し、アメリカのように分割解体する措置がとられてきた。

アメリカでは、世界最大のコンピュータ・ソフトウェア会社のマイクロソフト社は、アメリカ司法省によって独占禁止法の違反容疑で提訴され、2000年4月、事業の分割命令が出されている。

実際、現代の巨大独占企業は空前の規模であり、たとえば原油生産・精製・販売業のエクソン・モービル社は、1999年に2社が合併し誕生した巨大独占企業であり、その原油精製能力は多くの産油国の能力を上まわり、サウジアラビアが競争相手である。金融業も例外ではない。巨大銀行・証券会社・ヘッジファンドなどが動かすマネーの規模は、各国中央銀行が用意する自国の通貨防衛のための介入資金の規模を上まわり、通貨や証券などの各種の相場自体を動かしてしまうほどの市場支配力をもつ。

これは、一国の国民経済のあり方が、国境を越えてやってきた少数の巨大独占企業・金融機関・大口投資家などによって翻弄されてしまう時代が到来したことを意味している。

第4章　好況と不況はなぜ生まれるのか？　　49

4-2　景気循環と金融肥大

過剰生産と恐慌

　資本主義の経済活動は，景気の後退・不況・回復・好況といった四つの局面をくりかえし，周期的に深刻な企業倒産と失業をともなう恐慌状態におちいる特徴をもっている。

　このような景気循環は，産業革命を経て成立した19世紀初頭のイギリス資本主義以来，各国資本主義諸国に共通してみられる経済現象である。とくに不況や恐慌は，企業活動にとっても，国民生活にとっても，深刻な影響を与える。

　その基本的な原因は，無計画的で過剰になりやすい生産動向と，賃金水準によって決定される過小な消費動向との矛盾にある。つまり，生産活動は，科学技術の成果を採り入れ，年々歳々生産能力を高め，財・サービスは大量に生産されるようになる。たとえば日本を代表するトヨタは，内外の工場をフル稼働させれば，年間1000万台の自動車を生産することができる。

　だが，このようにして大量に生産された自動車が，すべて販売されるとは限らない。なぜなら，自動車が販売されるためには買い手が見つからなければならないが，その買い手の購買力は，賃金などの可処分所得の水準によって決定されているからである。労働者がある程度高い賃金をもらっていなければ，自動車を購入できない。

　だが，トヨタのような企業が利潤を高めるには，できるだけ賃金は少なくしようとする。低い賃金水準は企業経営により多くの利潤をもたらすからである。というのも，企業の利潤と賃金とは同じ源泉（生産された剰余価値ないし付加価値）から派生したものであるために，その配分をめぐっては二律背反の関係にあるからである。だが，個々の企業での賃金の削減は，経済全体からすれば，それだけ労働者の購買力を奪い取ることになり，消費を冷え込ませてしまう。

つまり，利潤を追求する資本主義経済のもとでは，大量に生産しても，それに対応する購買力が削減される傾向にあるので，売れ残ってしまう経済メカニズムがはたらく。これが生産と消費の矛盾であり，過剰生産と過少消費の傾向は過剰生産恐慌という経済現象となってあらわれる。

こうした不況や深刻な恐慌に対して，政府はさまざまな景気対策を実施してきた。公共事業をおこなって人為的な需要を創出し，不況を政府が買い取ってやる政策は，1930年代世界恐慌以来，各国政府がおこなってきた代表的な景気対策であった。

肥大化する金融経済とカジノ型金融独占資本主義

20世紀末から，財・サービスなど実物経済に見られる景気循環とは別に，過剰なマネーの動向によって経済活動が不安定化し，企業も国民生活も，深刻な影響を受ける時代がやってきた。

というのも，現代経済の特徴として，財・サービスの生産高（世界各国のGDP合計）といった実物経済よりも，預貯金や株式・債券といった金融資産のほうがはるかに巨大になったからである。財・サービスの生産と消費に必要とされるマネーの規模を超えて，より高い利益を求めて地上を駆けめぐる過剰で投機的なマネーの時代がやってきた。金融資産やマネーの動向が，逆に実物経済に大きな影響を与える時代になった（図表4-3）。

しかも，実際の金融ビジネスは，このような金融資産を原資産として，さらにその何倍もの資金を調達し，より巨額の資金を運用するので，その影響力は計り知れない。

私たちの暮らしにとって不可欠なのは，衣食住，教育や福祉といった財・サービスであり，このような実物経済こそが暮らしにとってのメインストリートである。マネーや各種の金融資産は，現在と将来の暮らしに不可欠な衣食住や各種のサービスを購入し，健康で文化的な生活を実現するという目的達成のための手段にすぎない。

だが，現代経済のもとでは，実物経済と金融資産の規模は逆転した。ここに

図表 4-3　世界の金融（金融資産・金融市場）の規模

	GDP (10億ドル)	金融資産 (10億ドル)	外貨準備	株式時価総額	債券発行残高	銀行資産	金融資産対GDP比(%)
世界合計	72,216	268,585	11,404	52,495	99,134	116,956	372
欧州	15,515	82,218	498	9,732	29,457	43,029	530
フランス	2,614	15,619	54	1,663	4,530	9,427	598
ドイツ	3,430	10,890	67	1,567	4,355	4,968	318
イギリス	2,477	19,912	89	3,416	5,778	10,718	804
アメリカ	16,245	67,069	139	16,856	35,155	15,058	413
日本	5,960	32,397	1,227	3,639	14,592	14,166	544
アジアNIEs	2,144	13,105	1,303	5,944	2,318	4,844	611
新興国	26,975	50,666	7,384	11,196	10,871	28,599	188
うちアジア	12,359	31,220	4,187	5,853	5,530	19,837	253

（備考）IMFによる推計，2012年の値
（出所）内閣府「国際金融センター，金融に関する現状等について」（2014年4月10日），10ページ

　資本主義経済の本質的特徴，すなわち飽くことのない利潤追求がおこなわれる経済という特徴が集中してあらわれている。現代経済における利潤追求は，財・サービスの生産と販売のように時間と空間に制限を受けるやり方ではなく，マネーや各種の金融資産を効率的に運用し，手っ取り早く利潤（金融的収益＝売買差益，金利差益，各種手数料など）を得ようとする金融経済活動が支配的な傾向になってきたからである。こうした金融経済の戦後の中心地は，アメリカ・ニューヨークの金融街ウォールストリートである。

　その結果，実物経済を上まわって金融経済が肥大化し，ウォールストリート（金融経済）がメインストリート（実物経済）を振りまわすようになった。だが，このような金融経済は，財・サービスの裏づけを欠いた，将来の予測や期待によってマネーが運用されるため，予測が外れれば損失を被り，予測が当たれば利潤を獲得する，という不安定で貪欲な「カジノ型金融独占資本主義」の特徴をもつことになる。

4-3　経済主体と経済モデル

三つの経済主体——家計・企業・政府

　私たちは，そもそもどのような経済のしくみのもとで働き，生計を営んでいるのだろうか。どの国の経済社会も，三つの柱から，つまり家計部門（個人の消費生活）と企業部門（財・サービスの生産・販売）と政府部門（税金の徴収と予算の配分）という三つの経済主体から成り立っていることに注目しよう。

　一国の国民経済の経済主体は，さしあたって家計・企業・政府であり，この三つが経済のプレーヤーとして経済活動を担っている（図表4-4）。ただ，このプレーヤーは経済的には同等の位置にあるのではなく，企業部門がもっとも大きな力をもっている。生産手段の所有者である企業（資本）は，資本主義的な生産様式の支配者であるからである。

　だが，いうまでもなく経済社会の本来の主役は，企業ではなく主権者である国民一人ひとりであり，家計部門にほかならない。その国の経済社会のあり方は，各国の歴史的な発展のプロセスに応じて，企業でなく主権者が経済社会において大きな役割をもつまでに発展した国と，いまだその途上にある国など，一様ではない。

　わが国の場合，毎年ほぼ500兆円の新たな付加価値が生産されているが，問題

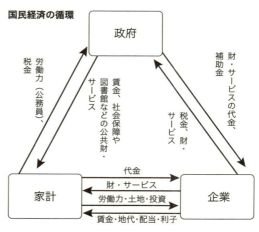

図表4-4　三つの経済主体

（出所）『最新政治・経済資料集』（第一学習社，2011年），177ページ

は三つのプレーヤーのあいだの付加価値の配分割合が不公平であり，ヨーロッパ諸国と比較しても，企業部門が付加価値をより多く取り込んでいることである。

個人の集合体である家計は，一国の最大の消費主体でもある。人々はそれぞれ家族を構成し，家庭にあっては，衣食住など必要な財・サービスを消費する経済活動をおこなう。

自給自足の経済生活でない以上，必需品を購入するにはマネーが必要なので，人々は企業に働きに出て，自分の労働力を売って賃金を受け取り，それを消費生活にまわす経済活動をおこなう。また，安心して暮らせる社会を実現するために，政府に税金を納め，社会保障や福祉，教育などのサービスを受ける。

企業は，財・サービスを生産する経済主体である。現代の企業経営は，株式を発行して元手となる資本金を集め，各種設備を整え，賃金を払って労働力を購入し，工場などにおいて財・サービスを生産し，それを市場で販売して利潤を獲得する経済活動[(2)]をおこなっている。

家計や企業から税を徴収し，社会全体の福祉を実現する政策主体の政府は，財政規模が拡大するとともに，内政外交に関係したさまざまな活動をおこなっている。どこから税金を集め，それをどの分野に配分するかは，予算編成のなかで議会を通じて決定される。予算はその国の社会のあり方を映し出す鏡である。

日本の経済社会の特徴は，「企業国家」日本と言われるように，企業部門，とりわけ大手企業・金融機関が，政府のおこなう景気対策や各種の経済政策により財政的な支援を引き出し，また各種の特別減税や法人減税の恩恵に浴していることである。他方で，政府部門は税収減と巨額の財政赤字におちいっている。また家計部門は低賃金・不安定雇用にさらされ，税・社会保険の負担も増大し，厳しい生活を強いられている。

したがって，わが国の場合，国民経済が安定的に営まれるためには，毎年生産されるほぼ500兆円の付加価値の配分について，①家計部門への配分，とくに平均所得以下の人々への配分をもっと増やし，生活を安定させ，②企業部門

への配分，とくに経済成長の成果を独占してきた大企業・金融機関への配分を減らし，それを家計や政府部門に再配分し，③深刻化した政府部門の財政赤字を改善する財政再建の課題を達成すること，が不可欠である。

経済モデルの特徴と選択──ヨーロッパ・アメリカ・日本

　アメリカ，日本，ドイツ，フランス，イギリスなどのG5と呼ばれる国々は，いずれも資本主義的な市場経済のもとにある。この点では各国とも，程度の違いがあっても，利潤追求を優先する経済が営まれている。

　だが，各国の経済社会の特徴に目を向けると，そこにはかなりの違いが発見できる。この点を顕著に示しているのは，各国政府の年々の予算配分の違いである。限られた予算をどの分野に重点的に配分するかで，各国は，①軍事国家，②企業国家，③福祉国家，の三つの経済モデルに区分される。

　軍事国家モデルの典型は，世界の軍事予算（1兆7760億ドル，2014年）のほぼ34.3％（6099億ドル）を一国で占めている軍事大国アメリカである。アメリカの軍事予算の規模は，自国のGDPの3.5％に達している。2位の中国の軍事予算は2163億ドルであり，自国のGDPの2.1％に達している。G5の他国の場合，イギリス・フランス・日本・ドイツの軍事予算は，アメリカよりも1桁以上も少ない400〜600億ドルを計上しているにすぎない。日本の軍事予算は457億ドル（GDP比1.0％）である。

　限られた予算から軍事関係に財政資金を配分すると，他の分野の予算は縮減される。その例として，アメリカでは，社会保障や医療保険の制度が未整備である。赤ちゃんを出産するための入院・出産費用は，アメリカではほぼ2万ドル（160〜200万円）もかかるが，日本の場合は30〜40万円であり，公的な保険でカバーされることも多い。

　企業国家モデルの典型は，経済成長を最優先する予算配分をおこなう日本である。戦後，財政主導で経済成長を追求してきたわが国は，予算の中から公共事業予算を優先配分し，不足する場合は国債を増発してきた。公共事業予算（一般政府総固定資本形成額）のGDP比率は，戦後の推移をみると，日本4〜6％，

図表4-5 社会保障給付費の対GDP比国際比較（1960―2014年）

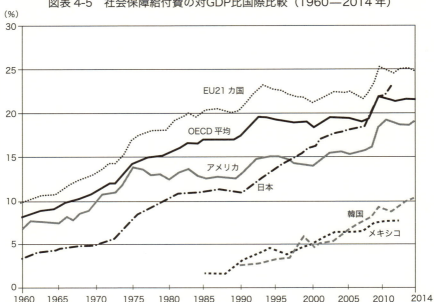

（出所）Social Expenditure Update(November 2014), OECD 2014, 2ページ

アメリカ・ドイツ・イギリス2％台，フランス3％台であり，日本が飛び抜けて高い。政府が大規模の有効需要を喚起し，不況を買い取ることで「経済大国」を実現し，企業と金融機関も世界ランキングの上位に駆けあがった。だが，その結果，自国のGDPの2倍もの政府債務を抱えこむ「財政赤字大国」となった。

福祉国家モデルは，ドイツ・フランス，さらに北欧諸国などである。社会保障給付費のGDP比率（2014年）は，フランス31.9％，ドイツ25.8％，日本23.1％，イギリス21.7％，アメリカ19.2％である。アメリカは，OECD平均（21.6）よりも低い（図表4-5）。フランス・ドイツ・イタリアなどの中央ヨーロッパ諸国は北欧並みの水準を維持しており，日本・イギリス・アメリカなどよりも福祉が充実し，豊かでゆとりのある社会が築かれている。

たとえば，入院・出産費用で比較すると，アメリカ160〜200万円，日本30〜40万円に対して，フランス・ドイツはほとんど無料である。教育費でも，

義務教育から大学などの高等教育まで，ほとんど無料である。日本の大学の授業料（文系）は国公立と私立で年間60〜100万円台，アメリカの大学はほとんどが私立大学であり年間300〜400万円台である。

　少子高齢社会に移行した日本は，現存する三つの経済モデルのうち，どのモデルを選択するのか，そのことが問われる時代でもある。これはまた，主権者である私たち99％が選択する問題でもある。

(1) 国家が国民を規制するのが各種の法律であるとすれば，逆に国民が国家の横暴を規制するのが憲法である，とされる。各国はそれぞれの憲法を有しているが，たとえば，日本国憲法（第28条）は，労働三権について「勤労者の団結する権利及び団体交渉その他の団体行動をする権利は，これを保障する」と定めている。憲法は，経済的弱者である労働者の生活を保護するため，労働基本権を保障しているが，近年，雇用形態の多様化などにともない，労働組合の組織率が20％ほどに減ったことなどが，賃金だけでなく各種の労働条件の改善のための勤労者サイドの交渉力を弱体化させているといえよう。

(2) 経済の発展とともに企業活動も大規模化し，他の経済主体や自然環境などにも大きな影響を与えるようになったので，現代の企業は，単に利潤を獲得する行為だけに終始することなく，国民生活や環境などに対しても重大な社会的な責任（Corporate Social Responsibility：CSR）を求められるようになった。

COLUMN 4　資本主義 vs. 社会主義

　近年，資本主義そのもののあり方を問いなおす議論が盛んである。リーマン・ショック後のアメリカでも，アメリカ型市場経済の是非をめぐる議論が起こっている。グローバルな世論調査によれば，「2002年には，アメリカ人の80％が世界の最善のシステムは自由市場であるとの意見であったが，2010年になると，その賛同者は59％に落ち込んだ」(*The Economist* Apr.9, 2011, p.60)。

　その背景は，やはり1％の富裕層に富も権力も集中し，99％の国民には貧困と格差を助長する結果をもたらす資本主義の本質的な経済メカニズムにある。ここで，資本主義と社会主義の特徴をあらためて比較しておこう（下表参照）。

	資本主義経済	社会主義経済
所有制度	●土地をはじめ工場設備，機械，原料などの生産手段は私的所有。企業の大部分は私企業で最大限の利潤を追求して活動する。 ●世界大恐慌以後，国営企業が増え，公社・公団等の公的部門も拡大した。混合経済体制であるが，近年民営化が進んでいる。	●原則として生産手段の私有は廃止され，国家や協同組合などの国有，社会的所有のもとにある。大規模工業は国営に置かれ，農業は協同組合的経営に置かれることが多かった。 ●中国では，社会主義市場経済のなかで企業の私有・私営も認められている。
階級	●工場制機械工業が発達し経営規模の拡大に伴い，生産手段を所有する資本家階級と，生産手段をもたず労働力を資本家に売って雇用される労働者階級の2大階級に分かれた。 ●資本家（株主・経営者）と労働者の出現。	●生産手段の私的所有をなくし，社会的所有に移行することで階級対立はなくなった。 ●政権政党幹部に権力が集中し，高級官僚による支配の問題が生じた。また中国では万元戸など富裕な階層が出現。
生産の活動	●私企業が利潤追求を目的とする商品生産を行い，市場の価格変動で需要と供給が調整される。市場では需要と供給が均衡し，厳しい経済競争がおこなわれている。 ●1929年の世界恐慌以降，多くの国家が積極的に経済に介入。公共投資などを行う（修正資本主義）。	●国家が中央集権的計画経済のもとで，国民の需要を予測して生産量を決定。各企業は，計画に基づいてノルマを達成。価格も国家が統制し，市場機構が機能しない。 ●生産の量的な目標達成が主で，品質の向上や効率は軽視された。各工場などの自由裁量の拡大，利潤概念の導入などを実施。
分配	●経済的余剰は，利潤や地代として資本家（株主・経営者）や地主に分配され，貧富の差が拡大。企業は利潤をさらに投資にあて，企業間の競争に勝つために技術革新を進め，企業規模を拡大する。 ●生活必需品も自分で購入しなければならない。	●生産による所得の一部が賃金，残りの経済的余剰は社会的に管理され，計画的に投資され所得の格差は小さい。企業間の競争がないため，技術革新への動機は弱い。 ●収益の高い工場では賃上げの増額が可能。
価格	●市場での需要と供給によって価格が決まる。 ●市場の独占・寡占がすすみ，需要と供給の関係によって価格が決まらない傾向にある。	●国家が生産量と国民の購買力の状況をみて価格を決める。インフレも起きにくい。徐々に市場による価格形成が取り入れられている。
景気・失業	●恐慌・不況のときには，企業の倒産や人員整理によって失業者が出る。第二次大戦後はケインズ政策によって公共投資などの完全雇用政策や財政政策の調整で大規模な倒産・失業は起こりにくくなったが，財政赤字も深刻化する。	●計画経済によって生産の無政府性は克服され，恐慌は発生しなくなった。国営企業は赤字になっても倒産することはなく，労働者は能力に応じて働き，失業は出ない。中国の「企業破産法」(1986)などによって，企業の倒産・人員整理もあり得る。

（出所）『新政治・経済資料2010』（実教出版，2010年），185ページを一部修正。

第5章
日本の経済成長とはなんだったのか？

　中国に追い抜かれたとはいっても，日本の経済規模（GDP）は，アメリカ，中国に次ぐ世界第3位のまぎれもない「経済大国」にほかならない。毎年生産される日本の財・サービスの規模はイギリスやフランスのほぼ2倍である。

　それなのに，イギリスやフランスの人たちよりも，私たち日本人が2倍も豊かでゆとりのある生活をしているとはとうてい思えないし，実感もない。なぜそうなのか，それがわかれば解決策も見えてくるはずだ。

　欧米に追いつき追い越せとひた走りに走りつづけた日本。戦後の灰燼(かいじん)の中から，世界がびっくりするような経済成長を達成し，すでに1960年代末には当時の西ドイツを追い抜いて，資本主義世界でアメリカに次ぐ第2位の経済大国になった。

　だが，経済成長の成果は，家計部門よりも企業部門に重点的に配分された結果，豊かでゆとりのある生活には結びつかなかった。いったい，戦後の日本の経済成長とは，なんだったのだろうか。

5-1　戦後処理・経済民主化と高度経済成長

戦後の経済民主化とハイパーインフレーション

　1945年8月，310万人の犠牲者と875万人の罹災(りさい)者を出し，空襲などにより国富の4分の1を失って，戦争は終わった。この野蛮な戦争を引き起こした日本帝国主義の経済的基礎は，三井・三菱・住友・安田などの財閥であった。10大財閥の経済支配力（1945年の払込資本金割合）は日本経済の35.2％に達し，金

融業では53％，軍需産業などの重工業でも49％に及んでいた[(1)]。

　軍部や政界と結びついたこのような財閥支配を解体し，民主的な経済社会を築くことから，日本の戦後が始まった。国内産業を支配し，軍国主義的な対外侵略を支持し，市場を海外に求めたこれらの財閥は，①財閥中枢の持ち株会社を解体し，②財閥家族の企業支配力を排除し，③保有していた株式を分散化することで，解体された。

　ただ，財閥系の銀行は解体を免除されたため，後にこれらの銀行を中心に結びついた企業集団が形成されることになる。この点は，三菱・三井・住友などの名前を冠した企業がいまも数多くあることからもわかるだろう。

　財閥の解体，寄生地主制解体などの農地改革に加え，労働組合法などの労働三法が制定され，労働条件の改善と賃金の引き上げなど，経済社会の民主的な改革は進んでいった。他方で，石炭，鉄鋼，電力などの生産復興を重点にした傾斜生産方式が採用され，ここに資材，資金，労働力が集中された。

　だが，国民生活は「竹の子生活」（生活が苦しいために，竹の子の皮を一枚一枚剝ぐように，衣類やその他の持ち物を少しずつ売ってようやく食いつないでいく暮らし）を余儀なくされるほど，困難をきわめた。

　というのも，戦時中の軍事国債の日銀引受によって過大に供給された軍需資金が，平時のインフレマネーとなって表面化し，また重点産業への資金供給を担った復興金融公庫の資金調達が，復興金融債の日銀引受に依存したために，「復金インフレ」を引き起こしたからである。東京の小売物価指数は，戦前水準と比較して（1934〜36年平均＝100），終戦から5〜6年間で3万弱まで，つまり300倍近くも上昇することになり，ハイパーインフレーションが国民生活を直撃したのである。

高度経済成長の基盤

　終戦直後の経済民主化，さらに1950〜53年にかけての朝鮮戦争による特需景気によって，戦後の処理と不況から脱却した日本経済は，1955年から73年にかけて，世界が「日本の奇跡」と評価するような，年平均実質10％近くの

高度経済成長を実現した。日本のGNP（国民総生産）は，1968年に当時の西ドイツを抜き，資本主義国の中でアメリカに次いで第2位の経済大国になった。

こうした高度経済成長の基盤は，以下のようである。

① 戦争によって古い設備が破壊されたため，工場の建設，機械の導入など，巨額の新規設備投資がおこなわれ，関係する産業に波及効果を生み，「投資が投資を呼ぶ」状況が現出した。

② 勤勉で，安価な賃金で働く労働者が，農村部から工業地帯に大量に供給され，生産を強力に支えた。中学を卒業し集団就職した若者たちは，工場の人手不足を補い，低賃金で働く「金の卵」といわれた。

③ 企業部門と家計部門とで所得が比較的平等に配分され，国民の所得と購買力が高まり，旺盛（おうせい）な消費となって国内需要を拡大していった。テレビ，洗濯機，冷蔵庫などの家電や自動車などの耐久消費財が大量に生産され，購入された。

④ 平和憲法のもとで防衛費を抑え込み，公共事業などインフラストラクチャーの整備を優先させることができた。全国に高速道路が整備され，生産拠点から短時間で製品を市場に搬入し，資本の回転を速める。太平洋ベルト地帯にコンビナートを形成し，産業エネルギーや原料の輸入，生産物の大消費地の大都市への隣接によって集積の利益を最大化した。

⑤ 旺盛な設備投資に必要な資金は，国民の高い貯蓄率によって支えられ，それでも不足する場合は，民間銀行が日本銀行からの借入によって調達した資金を，産業企業に融資した。銀行の与信超過（オーバー・ローン），企業の借り過ぎ（オーバー・ボローイング）が，高度経済成長を資金面から支えた金融構造であった。そのため，高度経済成長期にはインフレーションも並存した。

こうして日本経済は，好況・不況の景気循環を描きながらも，毎年10％近くの規模で拡大し，高度経済成長を実現していった（図表5-1）。

高度成長の矛盾——公害・環境破壊・二重構造

より効率的に，最大限の利潤を追求する資本主義的市場経済がフル回転し，日本経済は1960年代末までに，経済成長率でも経済規模でも，フランス，イ

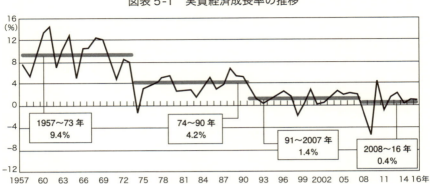

図表 5-1　実質経済成長率の推移

(出所) 1947～1970 年：『日本長期統計総覧（昭和 63 年）』
　　　 1971～2006 年：『統計でみる日本 2008』
　　　 2007～2016 年：内閣府「国民経済計算」GDP 統計より作成

ギリス，西ドイツ（当時）を次々追い抜いていった。

　だが，高度経済成長は，さまざまな問題点を生み出していった。

①企業が利潤追求を最優先し，それにともなう環境汚染を防止するためのコストを節約したために，四大公害訴訟に象徴される多様な公害が発生した。カドミウム汚染により全身骨折状態になる「イタイイタイ病」，有機水銀による全身痙攣の「熊本水俣病」や「新潟水俣病」，コンビナートから排出される亜硫酸ガスによる「四日市ぜんそく」などの公害が深刻化し，国民の健康を脅かした。また，粉ミルクにヒ素が混入された「森永ヒ素ミルク事件」，大日本製薬の睡眠剤に含まれた化学物質による薬害「サリドマイド事件」，有毒物質の含まれた米ぬか油を販売した「カネミ油症事件」などの消費者問題も多発した。大量生産─大量消費─大量廃棄の一方通行型経済によって，大量の産業廃棄物が環境を破壊し，人々の健康を脅かし，海辺や里山の景観も損なわれた。

②地方から都市への急激な人口移動によって，地方の経済社会が停滞し，農業は衰退し，農村共同体・自然環境も破壊される一方，都市部では人口の密集と住環境の悪化，交通渋滞と排気ガス，騒音とスモッグ，水質汚濁，ゴミ処

理などの問題が深刻化する。
③日銀―民間銀行のルートで過剰な「成長通貨」が供給されたために，マネーサプライ（現マネーストック）の伸びが経済成長率や賃金の伸び率を上まわり，恒常的にインフレーションが発生し，国民生活は物価高に悩まされた。
④高度経済成長は，旧財閥系の企業集団に象徴される大企業と，全事業所数の99％，労働者の80％を占める中小企業とのあいだの資本・賃金・生産性の格差を拡大し，経済の二重構造問題が顕在化していった。

　高度経済成長がもたらしたさまざまな問題点に直面し，このまま成長を続けることに警鐘を鳴らす連載記事「くたばれGNP」が『朝日新聞』紙上に登場したのは1970年5月のことであった。

5-2　低成長経済への移行と円高不況

スタグフレーションの発生

　経済成長にストップをかけたのは，1973年10月の第四次中東戦争勃発にともなう「第一次石油危機」であった。石油輸出国機構（OPEC）は，原油の採掘量，価格などの決定権を外国石油企業から産油国に奪還することを決定し，その第一歩として，原油公示価格を1974年1月までにほぼ4倍に引き上げることを通告した。

　こうした産油国の動向は，世界経済に大きな影響を与えた。産業の基幹エネルギーを石炭から石油に転換していた日本経済も例外ではなかった。とくに，わが国では，輸入原油の量，各種商品の在庫などについて正確な情報開示がなされなかったために，一般の消費者はトイレットペーパーを買いあさるなどのパニックにおちいった。企業はこのパニックのなかで，石油製品だけでなくさまざまな便乗値上げをくりかえし，「狂乱物価」「たつまき値上げ」といった事態が社会を覆った。

　当時の新聞は，「物不足企業大もうけ／9月決算申告所得／値上がりでがっぽ

り／消費者泣く」(『毎日新聞』1973年12月28日)、「実質利益3倍に／三菱油化の決算案／かくし切れぬ荒稼ぎ」(『朝日新聞』1974年2月10日) などと報じている。

慌てた政府は、当時の「日本列島改造ブーム」を支えた大型予算による成長促進的なインフレ政策から、デフレ的な「総需要抑制政策」に急激に舵を切った。そのために景気は一挙に反転し、1974年になると、戦後はじめて「マイナス成長」を記録し、深刻な不況に突入した。

だが、このような不況下 (1974年の実質成長率マイナス1.2％) にもかかわらず、総合商社、銀行、大企業の手元にある過剰なマネーが土地、株式、各種の商品投機に向かい、価格をつり上げていったため、物価は上昇 (同年の卸売物価は対前年度比でプラス31.3％、消費者物価はプラス24.5％) しつづけた。不況とインフレーションとが並存する新しい経済現象であるスタグフレーション (stagflation, 不況 stagnation ＋ インフレーション inflation) が発生した。

当時の日本経済を研究した林直道氏は、「このスタグフレーションは、不況下にもかかわらず、財政金融のパイプから大企業中心に資金が注入されつづけていること、および市場支配力にものをいわせた大企業が操業度切下げ＝固定費負担の増大を製品価格へ転嫁したこと、などにその原因がある」[(2)]と指摘する。つまり、いままで体験したことのないスタグフレーションという新しい事態のもと、大企業が利益を荒稼ぎしたリスクは、家計に転嫁されていた。

第一次石油危機をきっかけにして、日本経済だけでなく世界経済も、1974〜75年にかけて、景気崩壊、スタグフレーション、長期化する不況、といった世界同時不況に襲われた。

低成長下の経営合理化と集中豪雨的輸出

こうして、石油危機後の経済成長率は、1985年のバブル経済の膨張期まで年率3％台の低成長で推移した。この間、経済や経営の合理化・効率化が徹底され、下請け会社からの買い叩き、社外工やパートタイマーの解雇、希望退職の勧奨など、大規模な人員整理が断行される。

他方で、産業構造も、それまでの資源多消費型の重化学工業から、省資源型

の電子産業，サービス産業，省エネルギー技術の開発にシフトすることで，わが国はどの国よりも早く景気を回復させる。

　また，内需の低迷を打開するため，欧米向けの輸出を急増させ，世界各国の輸出が伸び悩むなかで，日本企業の「集中豪雨的輸出」は，自動車，電子機器などの分野で対外経済摩擦をもたらすことになった。

　とくに日本車や家電などの対米輸出の増大は，わが国の対米貿易黒字を拡大する一方，アメリカの対日貿易赤字を深刻化させ，くりかえし日米貿易摩擦を引き起こした。

　1985年に至り，日本は世界最大の対外純債権国に到達する一方，アメリカは対外純債務国に転落し，国内の財政赤字に加えて，世界最大の貿易赤字国に転落する。

プラザ「合意」と円高不況

　アメリカは，自国の貿易赤字を為替相場の調整で改善しようとし，1985年9月，ニューヨークのプラザホテルにおいて，日本，西ドイツ（当時），フランス，イギリスの5カ国蔵相・中央銀行総裁会議（G5）を開催し，各国に対してアメリカの貿易赤字を解消するための協力を要請し，ドル安誘導の協調介入について協議した（「プラザ合意」）。本来なら貿易赤字は，その国の国際競争力の低下，すなわち，良いものを安くつくる企業努力の不足に起因している。だが，アメリカはこのようなモノづくりの努力を怠り，自国の貿易赤字の責任を他国に転嫁し，各国がアメリカ製品を輸入しやすくなるように，ドルに対する他国通貨の切り上げを求めた。

　対米従属的な日本政府は，アメリカの要請に従った結果，プラザ「合意」時点での1ドル＝240円台の円・ドル相場は，翌年には1ドル＝200円を突破する円高になり，これ以上のドル安に歯止めをかけることで合意した1987年2月の「ルーブル合意」までに，1ドル＝140円台の急激な円高が進展した（図表5-2）。

　急激に進んだ円高のために，「貿易立国」日本の対外輸出は一挙に困難にな

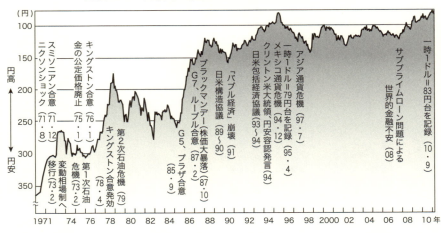

図表 5-2　円相場の推移（東京外国為替市場ドル当たり円）

（出所）日銀資料より。『最新政治・経済資料集 2011』（第一学習社, 2011 年), 292 ページを参考に作図

り，外需に依存した日本経済は，深刻な円高不況におちいった。大企業の下請け会社，中小企業の経営赤字と倒産が深刻化し，失業者も増大した。貿易で使用する通貨をめぐって，自国通貨の円建てでなく，アメリカのドル建てを受け入れるわが国の貿易構造は，乱降下するドル相場に振りまわされる脆弱な構造を表面化させた。

円高不況対策として，国内では，相次いで大型予算が編成される一方，日本銀行による超低金利政策が発動され，財政・金融の両サイドから強力に景気刺激策が断行され，過剰なインフレマネーが散布される。また各種の規制が緩和される一方，総合保養地域整備法（「リゾート法」）が施行され，日本列島のリゾート開発，都市開発が促進され，各地でリゾート施設，ゴルフ場，別荘地などへの土地投機が大規模におこなわれる。その結果，地価が暴騰し，土地バブルが全国に波及していった。

金融面でも，1985年末に5.0％であった公定歩合（中央銀行の貸出金利）は，87年2月には，当時，史上最低の2.5％まで引き下げられる。超低金利政策に触発され，株式市場へのバブルマネーの流入が始まり，株価はまるでロケッ

トのように暴騰を続けた。日経平均株価は1989年12月29日にピークになり，3万8915円の最高値を記録した。超低金利政策と金融緩和による過剰なインフレマネーの供給によって，台頭したのはバブル経済である。

　バブル経済は，国民の家計を直撃した。住宅価格が暴騰したため，都市のサラリーマン世帯は巨額の住宅ローンを組んで，高くて狭い住宅を，市街地から遠く離れた土地の安い郊外に建て，満員列車に押し込められる長時間通勤と重い住宅ローンの返済に悩まされる結果となった。

5-3　バブル経済の膨張と崩壊，「失われた歳月」へ

バブル経済の膨張メカニズム

　バブル（Bubble＝泡）経済とは，財・サービスの生産や消費といった実体経済とは無関係に，不動産・商品・株式などの価格が上昇する経済である。それは，実体経済で必要とされるマネーを上まわる，過剰なマネーの利益を求めた投機的行動によって引き起こされる。

　超低金利政策が維持され，銀行の貸出余力が高まっているのに，最大の顧客であった企業は円高不況の渦中にあり，減量経営と合理化に邁進し，銀行から資金を調達して新規投資にあてるよりも，金利コストを削減するために銀行からの借入金を返済しようとする。さらに大企業の資金調達は，銀行からの借り入れではなく，社債や株式の発行などによる証券市場を通じた直接金融に依存していくなかで，銀行の対企業貸出は減退を迫られる。

　貸出金利は銀行の重要な収益源なので，銀行は新しい貸出先として，不動産業・建設業・ノンバンクといった不動産関連三業種に傾倒する。不動産関連三業種に向かった銀行の貸出金は，土地・マンション・別荘地・リゾート開発などへ向かっていった。その結果，地価や不動産価格は，勤労者の手の届かない高値にまで暴騰する。

　もうひとつ銀行のマネーが向かった先は，株式市場である。銀行などの金融

図表 5-3　日経平均株価の推移 （東京証券取引所資料ほか）

（出所）『最新政治・経済資料集 2011』（第一学習社，2011 年），227 ページ

機関は，「特定金銭信託」（特金），「金銭信託以外の金銭信託」（ファンド・トラスト）といったバブルマネーの受け皿となる新しい金融商品への資金運用を拡大し，このような信託形態を通じて大量のマネーが株式市場に流入し，株式バブルを膨張させていった（図表5-3）。

　金融機関だけでなく企業も，本業以外に，値上がり益を追求する「財テク」に走り，土地投機，株式投機をくりかえし，バブル経済の膨張に一役買っていた。

　土地・不動産や株式が値上がりすると，すぐに売却して値上がり益を稼ぐか，もしくは値上がりした土地・不動産や株式を担保にして銀行からさらに巨額のマネーを借り入れ，金融資産・不動産への大規模な投機がくりかえされることで，バブル経済は膨張を続けた。

バブル崩壊と平成大不況──その責任の所在

　土地・不動産価格の異常な値上がりは，一定の水準に達すると，実体経済の正常な活動を阻害する要因に転化する。企業が新規投資に踏みだそうとしても，工場用地やオフィスの価格が高すぎて採算がとれなくなり，また勤労者が一生働いても返済できないような住宅ローンを組まないと住宅がもてないといった深刻な問題が表面化するからである。

そこで，日銀は公定歩合を引き上げて金融を引き締め，過剰なマネーを吸収し，政府（当時の大蔵省）は不動産向け貸付への総量規制をすることで，不動産市場にマネーが流入しないような政策をとることになる。日銀は1989～90年にかけ，公定歩合を5回にわたって2.5％から6.0％へ引き上げた。大蔵省（現財務省）も1990～91年にかけて，不動産向け融資の伸び率を総貸出の伸び率以下に抑える銀行局長通達（「土地関連融資の抑制について」）を出し，バブル経済は一挙に崩壊する。

　バブル経済が崩壊すると，不動産や株式に投資していた資金は回収不能になり，銀行も貸付金が返済されなくなり，不良債権（bad loan）を抱えこむ。投資に失敗した企業は巨額の負債を抱えて倒産し，潰れないと思われていた大手金融機関も破綻した。日本経済は，長期にわたる平成大不況に突入していく。

　不況下で，人件費を抑え込むために賃金が削減され，「リストラ」という名の大量解雇がおこなわれ，失業者が増大していった。就業形態も，低賃金で不安定な非正規雇用が多くなり，生活不安が増幅していった。

　不良債権を抱えた銀行は，企業からの資金ニーズを拒否し，「貸し渋り」，場合によっては，貸付金を強制的に奪回する「貸し剥がし」の行動をとるようになり，企業倒産が多発し不況は深刻化する。企業倒産と不況が深刻化すると，銀行も貸付金を回収できず，不良債権も新たに積み上がる，といった悪循環におちいる。

　政府は，銀行の倒産を防ごうとして公的資金を投入し，また不況対策を強化し，国債の増発に依存した大規模な公共事業予算を組み，財政赤字をいっそう深刻化させた。

　バブル経済の膨張と崩壊は，日本の経済社会に深刻な影響を与えたが，このようなバブル経済を引き起こした責任を明確にしておくことは，将来の再発防止のためにも不可欠である。

　まず，銀行の責任である。バブルマネーの源泉は，最終的には銀行にあるからである。目前の利益に走った銀行の行動がバブル経済の基本的な要因である。さらに，額に汗することなく値上がり益を追求した企業などの大口投資家の責任も免れない。銀行を監督するはずの大蔵省（現財務省）や日銀の責任も

重要である。もっと早く適切な処理をしていれば，バブルの膨張は防げていたからである。事実，ドイツではバブル経済は発生していない。それは，ドイツの財政金融当局がバブルが発生しないように規制をかけていたからである。

「構造改革」と貧困・格差社会の到来――「失われた歳月」

バブル崩壊後，深刻な不況におちいった日本経済のあり方をめぐって，90年代の後半以降，政府もメディアも，「構造改革なくして成長なし」「規制緩和をすれば，経済は活性化する」「官から民へ」「市場に任せれば効率化し，無駄がなくなる」「大きな政府から小さな政府へ」などといったフレーズをくりかえしアピールしてきた。

これらのキャッチフレーズの背後にあるのは，市場原理を信奉する新自由主義的な「構造改革」論にほかならない。こうした「構造改革」論の主張した政策は，雇用制度，賃金制度，税制，社会保障制度，金融制度などの分野で2001年前後までに，ほぼ100％近く実施に移された。

問題は，その結果日本の経済社会において，「構造改革」論のキャッチフレーズにあるように経済が成長し「活力ある社会」がやってきたかどうか，である。その答えは，明らかに「NO!」である。むしろ国民の生活と権利が脅かされ，貧困と格差が急拡大した。

たとえば，雇用制度を例にとって検証しておこう。周知のように，雇用制度は「構造改革」のなかで大幅に規制緩和され，従来の「終身雇用」「正規雇用」中心から，非正規雇用が増大した。派遣労働者などの非正規労働者数は，1986年の673万人から2015年の1980万人に増大し，役員を除く雇用者5680万人のほぼ4割近くにまで拡大してきている。非正規労働者の約7割は，年収200万円以下の所得である。

すなわち，雇用制度の規制緩和と「構造改革」の結果，労働者の所得は大幅に削減させられ，生活は不安定化し，週5日の通常の勤務をしていても生活保護水準の所得すらもらえない「ワーキングプア（働く貧困層）」を生み出してきた。規制緩和によって5680万人の雇用者の賃金所得は低下し，生活は活性化

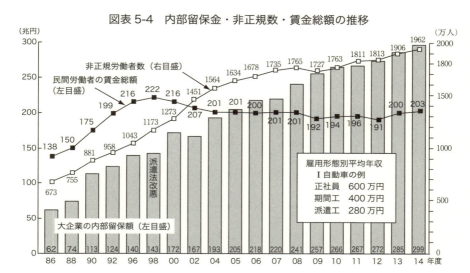

図表 5-4　内部留保金・非正規数・賃金総額の推移

するどころか逆に悪化した。

　このような規制緩和と「構造改革」によって労働者はリストラされ，賃金総額が低下する反面，企業，とりわけ大企業の取り分（内部留保額約300兆円—2014年）は拡大し，企業収益は激増してきた（図表5-4）。雇用拡大なき景気回復（ジョブレス・リカバリー）が達成される。それだけではない。「構造改革」前の1990年と比較して，2005年では，株主への配当金は4倍に増大し，役員報酬も倍増した。

　規制緩和と「構造改革」とは，終身雇用や年功序列賃金などの日本的経営を解体し，「会社は株主のもの」というアメリカ型の「株主資本主義」を日本に浸透させ，根付かせることであった，ともいえるであろう。

　最後に，「構造改革なくして成長なし」のキャッチフレーズのように，肝心の経済成長は達成できたのか，検証しておこう。その答えも，明らかに「NO」である。

規制緩和と「構造改革」に明け暮れた1991～2008年（リーマン・ショックの影響前）の実質GDPの平均成長率はわずか1.2％であり，戦後日本の各時期の経済成長率（1957～73年で9.4％，1974～90年で4.2％。図表5-1参照）と比較しても，最低の水準である。

とくに注目されるのは，戦後最長の景気拡大期と定義された2002年2月から2007年10月までの69カ月にわたる「いざなみ景気」がこの期間に含まれているにもかかわらず，1.2％の低成長にとどまったことである。

したがって，規制緩和を実行しても，「構造改革」を実行しても，経済は成長せず，むしろ戦後最低の低成長を記録した，と結論づけることができる。

バブルの崩壊，その後の「構造改革」期は，日本の経済社会を活性化しなかっただけでなく，むしろ停滞させ，貧困と所得格差を拡大させてしまった。バブル崩壊後の「失われた歳月」からどのような教訓を引き出すか，それが問題である。

結論を急ぐとすれば，特定の既得権益を守るような規制は緩和・撤廃するべきであるが，社会の安定，生活の安定，人権の擁護などに関連した規制，独占禁止法をはじめとした各種の経済規制は，むしろいっそう強化するべき規制にほかならない。

近年，実施されてきた「構造改革」は，大企業や富裕層の利益拡大に直結した「改革」であった。そのために，貧困と所得格差が拡大した。だが，求められているのは，社会の安定，生活の安定，人権の擁護などをいっそう推進する真の構造改革であり，このような改革を早急に，大規模に実施することが，「健康で文化的な最低限度の生活」を実現する道である。

原発の「安全神話」が崩壊したように，「失われた歳月」から引き出される重要な教訓とは，経済の「成長信仰」から脱却することであるといえよう。経済成長の果実は，中小企業や国民諸階層にしたたり落ちず，大企業と大株主，内外の大口投資家が独占するような現状にある日本経済の構造改革こそが，本来求められていた真の構造改革といえるであろう。

バブル崩壊後，日本の経済社会は，真に必要とされた構造改革が実施されな

い「失われた歳月」の渦中にある。少子高齢社会に入り，高度経済成長の基盤はすでに崩壊しているのに，なお経済の「成長信仰」にしがみつき，大企業だけが最高益を実現してきた。だが，私たち99％の国民の多数派と中小零細企業は，500兆円に達する年々のGDPの平等な分配から外され，消費税率が上げられ，年金や各種保険料も上がり，貧困と格差を拡大してきた。「失われた歳月」の失われた中身とは，99％の国民の多数派と中小零細企業の権益であった。

(1) 三菱財閥を例にとると，財閥中枢の三菱本社の最大株主は岩崎彦弥太であり，その株式所有率は一個人で20.0％に達し，次いで岩崎小弥太11.9％，と岩崎家が支配する。この三菱本社が三菱系企業の最大株主として，三菱財閥傘下の多数の企業を支配する構造になっている。より詳しくは，独占分析研究会編『日本の独占企業1』(新日本出版社，1970年)，34-36ページを参照されたい。
(2) 林直道『現代の日本経済』(青木書店，1976年)，188ページ。

COLUMN 5　トリクルダウン経済の誤り

　「少しずつ流れ落ちる」を意味する「トリクルダウン（trickle down）」とは，まず大企業や富裕層の経済活動が活発化すれば，おのずと富は低所得者に向かって少しずつ流れ落ち，やがては国民全体の利益になる，といった経済思想である。
　この経済思想に立つと，大企業と富裕層をいっそう豊かにするための経済政策，つまり法人税の減税，所得税の最高税率の引き下げ，規制緩和と市場原理主義の経済成長政策などが最優先されるが，低所得層向けの経済政策，つまり福祉や社会保障などは後まわしにされ，民間企業でも企業利益が優先され，賃金支払いと賃上げは後まわしにされる。
　したがって，賃金を上げてほしいなら，あるいは福祉や社会保障を充実してほしいなら，まず大企業と富裕層を豊かにし，経済を成長させてからである，ということになる。戦時下のスローガンは「欲しがりません，勝つまでは」であったが，これを現代に置き換えれば「欲しがりません，経済が成長するまでは」になる。
　大企業や富裕層にとってこれほど都合のよい経済思想はない。だが，低所得層と国民諸階層にとっては，この経済思想を受け入れることは「健康で文化的な最低限度の生活」（憲法第25条）をする当然の権利＝生存権を自ら放棄することに等しい。
　しかも，本章で述べた通り，トリクルダウン経済は，まったくの誤りであることが事実として証明したのが，近年の貧困・格差大国日本であった。
　リストラと賃金カットなどによって大企業内部に留保された約300兆円（2014年）の膨大な資金は，従業員にトリクルダウンされることなく，利益を求めて内外の金融市場に投資されている。企業が勝ち残っていくためには，内部に留保された資金は多ければ多いほどよい，といった経営がおこなわれている。
　だが，個々の企業経営にとって最善とみなされても，経済全体にとっては，賃金カットによって消費需要を冷え込ませ，設備投資を手控えることで景気の波及効果を削ぎ落とし，結局，国内需要全体を抑え込む。その結果，商品は売れず，経営も不振となり，国内の企業経営も，国民生活も，不況の長いトンネルから脱出できない悪循環におちいってしまった。

第6章
経済大国日本で，なぜ貧困と格差が拡大するのか？

　「構造改革」をやりとげれば経済が成長し，景気が回復すれば豊かな暮らしが来ると言われながら，がんばって仕事をしてきたはずなのだが，なぜか生活は楽になるどころか，ますます苦しくなっている。

　そう感じていたのは，現代人だけでなく，国をあげて「富国強兵」＝経済成長と軍備増強をめざした明治時代の人も同じだった。「はたらけどはたらけど猶（なお）わが生活（くらし）楽にならざりぢつと手を見る」……とは，石川啄木である。啄木がこの短歌で主張したことは，貧困は個人の責任でなく，社会のしくみに原因があるということだった。明治時代にこんなことを見通していた啄木は，やはり天才なのであろう。『一握の砂』の出版（明治43年＝1910年）から，ちょうど1世紀が経った現代日本。では，今日の貧困と格差拡大は，何が原因なのだろうか。

6-1　世界の最高水準にある日本の貧困率

「1億総中流社会」から貧困・格差社会へ

　日本の経済社会システムは，21世紀初頭にたってふり返ってみると，歴史的な変質をみせている。では，何がどう変質したのだろうか。それは，多くの人々が自分を「中流」と感じていた，いわゆる「1億総中流社会」から，貧富の格差など多方面の格差が拡大した「貧困・格差社会」[1]に変質した，といえる。

　戦後の経済民主化のなかで形成されてきた日本型経済社会は，バブル経済の

膨張と崩壊を経験した1980年代後半から徐々に変質しはじめ，アメリカの対日要求でもあった1990年代半ばの「金融ビッグバン」改革，そして21世紀に入っての「小泉・竹中構造改革」を経て，その変質は一応完了する。行き着いた社会は，巨万の富を有する富裕層・大株主・大口投資家，大企業と金融機関にとってのみ住み心地のよい社会である。目先の利益をめぐる激しい競争によって，「勝ち組」と「負け組」がつくりだされ，OECD諸国のなかでもトップクラスの貧困・格差大国になり，実体経済よりも金融経済が優先されるアメリカ型の経済社会が出現した。

日本の経済社会における格差の拡大は，近年著しく進展している。わが国のジニ係数[2]は，OECDの平均を上まわっている[3]。

生活保護基準以下の収入で暮らす世帯と就労世帯の割合，子育て世帯の割合がいずれも，1992年から2012年の20年間で2.5倍に増大している。貧困世帯は，1992年の385万世帯から12年には986万世帯に2.5倍に増大した。他方で，日本の富裕層（純金融資産1億円以上）の81万世帯（5035万世帯の1.6％）が日本の金融資産（1138兆円）の約16％を独占している。

貧困層は確実に広がっている。日本は全体の30.1％にあたる1500万世帯が貯蓄なし世帯であり，いざというときにまとまったお金がない状態にある。独身ならともかく，子どもや親などを養っている多くの世帯にとって，家計は綱渡りを強いられている状態にある[4]。

世界第3位の経済大国日本において，その日暮らしの生計を強いられている家計が3割に達することは，きわめて深刻な事態といえる。

OECD加盟国のなかでトップレベルの日本の貧困率

所得が低く人間らしい生活ができなくなり，自分の能力や人格すら否定される状態を意味する貧困は，生存の危機でもある。このような貧困問題が，日本やアメリカなどの「経済大国」においても，深刻な広がりをみせている。

厚生労働省の「国民生活基礎調査の概況2013年」によれば，年間の可処分所得の中央値の半分の額を「貧困線」（2012年は122万円）とすると，それに満

たない世帯の割合を示す「相対的貧困率」は16.1％である。これはOECDに加盟する34カ国のなかで，メキシコ・トルコ・アメリカに次ぐ第4位の「貧困大国」の地位である。さらに，母子・父子世帯に限ってみれば貧困率は54.6％に達し，これは世界第1位の低水準となる。

日本は，アメリカ同様まぎれもなく「経済大国」であるが，同時に深刻な「貧困大国」でもある。

逆に，「経済小国」なのに貧困率の低いベスト3は，デンマーク・スウェーデン・チェコである。これらの国の相対的貧困率は5〜6％の水準であり，国民諸階層のあいだでの所得格差は小さい平等社会である。経済規模（GDP）で比較すると，デンマークは日本の14分の1，アメリカの60分の1にすぎない。

世界のGDPランキング（2015年現在）では，トップのアメリカが約17.9兆ドル，第2位の中国は約11兆ドル，第3位の日本は約4.1兆ドルであるが，デンマークは0.3兆ドル（第37位），スウェーデンは0.5兆ドル（第23位）である。

私たちの生存にとって重要なことは，その国の経済の規模や成長そのものではなく，経済活動によって得られた所得が国民諸階層に平等に配分され，国民生活の安定に貢献しているかどうか，貧困や格差問題が発生していないかどうか，にある。

OECDは日本に対して，まじめに働いているのに生活保護水準に満たない賃金しか与えられていないワーキングプア（働く貧困層）と呼ばれる人々が日本の貧困層の80％以上を占めている現状について，警告を発した。これはOECD加盟30カ国の平均63％を大幅に上まわっている。

その原因は，日本では最低賃金が低すぎること，パート・アルバイト，派遣労働，契約社員，などの賃金の低い非正規労働者が増大していること，などにある。

都道府県ごとに決められる最低賃金は，2015年現在，全国加重平均額で時給798円である。この金額で，1日8時間・週5日間働いても年収は153万円台なので，生活保護基準（単身世帯の平均で約162万円）に届かず，ワーキングプアが再生産される構造が存在する。最低賃金が生活保護水準を下まわっている

地域は，東京・大阪・神奈川・埼玉などの大都市を含む12都道府県である。

市場原理主義政策と貧困問題の深刻化

　日本において貧困問題が広がってきたのは，終戦後の戦後処理期間をのぞけば，バブル崩壊後，各種の規制が緩和され，競争と効率化を徹底させ，利益追求を最優先する市場原理主義的な政策が浸透してきた1990年代の半ば以降である。

　わが国の民間企業で働く労働者の平均年収は，1997年度の467万円をピークに下がりつづけ，2014年は415万円となった。その上，年収200万円以下の労働者は，1991年（710万人）を底に増加傾向をたどり，2014年には1140万人に達し，毎年1000万人を超える年が続き，その割合は労働者全体の5人に1人を占めている。現代日本社会の貧困問題は深刻化してきた。

　資本主義経済の目的は利益追求にあるので，企業の利益を最大化するために，企業にとってコストとみなされる労働者の賃金や福利厚生が犠牲にされる。

　市場原理主義的な企業経営が徹底されると，景気の変動にともなうさまざまなリスクも労働者に転嫁される。それは，新たに生産された付加価値の配分割合にもあらわれる。株主への配当金や内部留保，経営者の報酬は著しく増大しているのに，労働者に支払われる賃金の割合は低下してきた。

　政府の景気判断では，戦後最長の69カ月（2002年2月から2007年10月）の景気拡大期間（「いざなみ景気」）において，企業業績は記録的な好転をみせたのに，労働者の賃金は連続して削減されてきた。

　たとえば，資本金10億円以上の製造業の大企業では，2001年度から2007年度において株主への配当金は3倍以上に拡大し，企業の経常利益や内部留保金も2倍以上に拡大したのに，従業員の給与は削減され，0.9倍とマイナスを記録した。

　これでは，戦後最長の景気拡大期間とはいっても，国民生活からすれば景気回復の実感はない。しかもこの期間中に，社会保障費が大幅に削られ，医療・年金・社会保険などの国民負担が50兆円ほども増大したので，むしろ生活が

苦しくなった，将来の見通しが立たない，といった実感を抱く人々が多いだろう。そうしたことから，この景気をめぐって，エコノミストのあいだでは「いざなみ景気」よりもふさわしい名称として「リストラ景気」「格差型景気」「無実感景気」といった名称も提案された。

　労働者の受け取る賃金は，生計を営むために消費される。賃金が減れば，消費に向けるマネーの規模は縮小し，消費者需要は冷え込むので，景気回復の足を引っ張りつづける。しかも，株主や富裕層などの少数の「持つもの」と5680万人の労働者とのあいだの所得格差が拡大し，不平等感や社会的な摩擦も発生する。

雇用重視から株主重視へ
　「企業は，株主にどれだけ報いるかだ。雇用や国のあり方まで経営者が考える必要はない。……これまで企業が社会に責任を負いすぎた。我々は効率よく富をつくることに徹すればいい」[(5)]といった意見が日本財界の主流になったのは，日米構造協議（1989〜90年）を受け入れ，アメリカサイドの「日本改造計画」に沿ってさまざまな「構造改革」が断行されていった1990年代以降である。
　日本的経営の「三種の神器」といわれた「終身雇用」「年功序列」「企業内組合」といった慣行は破壊され，株主重視へ転換し，競争と効率化を促進し，人件費を抑えるためにも正社員を減らし，パート・アルバイト・派遣など安価な賃金で採用できる非正規社員を増やし，成果主義を重視するアメリカ型経営へと，とくに日本の大企業は大きく舵を切った。
　従業員を大量に解雇し人々の生活を奪った企業なのに，そのような企業が市場で歓迎され，株価が上昇し，メディアに注目され，資金調達もスムーズになり，株主への配当や経営者の報酬も増える，といった事態がくりかえされてきた。
　ここにいう「市場」とは株式市場であり，もっといえば株価の動向である。株価を上げることが経営者の役割であり，株価の上がる企業が優良な企業である，といった風潮が広がっていった。「株式会社アメリカ」は，目下の同盟国として「株式会社ニッポン」を手に入れた。東京株式市場の株式の売買シェア

が，外国人投資家によって60〜70％も独占される時代が到来した。

　株主に対する目先の配当金を重視する経営からは，懐妊期間の長いモノづくり関連の研究開発投資や設備投資は敬遠され，マネーをグローバルに収奪する金融技術と金融・証券市場の規模拡大に専念する，カジノ型金融独占資本主義ともいうべき経済システムが支配的な傾向になる。その頂点に位置したのがアメリカ・ニューヨークのウォール街の金融機関である。

　周知のように，このシステムは2008年のリーマン・ショックをへて破綻(はたん)し，「100年に一度」の世界大不況となって，わずか2年間で5000万人もの新たな失業者を生み出した。これは，今後の新しい企業経営のあり方や経済社会のあり方を構想する上で，反面教師として大きな教訓を提供しているはずである。

6-2　不安定雇用の拡大と貧弱なセーフティネット

「年越し派遣村」と増大する非正規社員

　戦後の日本社会では，会社に勤めるといった場合，正社員として働くことを意味していたが，近年ではそうした概念は大きく崩れてきた。正社員には，定期昇給制度，各種手当て，年金・保険，退職金などが整備されているのが普通であるが，アルバイトや派遣・契約社員などで雇用された非正規社員はそのような待遇から排除され，そこには厳しい待遇格差が存在する（図表6-1）。

　総務省の労働力調査（2015年平均）によれば，役員を除く雇用者全体（5284万人）に占める非正規雇用（1980万人）の割合は一貫して上昇傾向をたどり，37.5％を占めるに至った。この20年間で倍増したわけである。民間企業の場合，非正社員比率は40.5％とさらに高くなり，働く人の4割以上は正社員ではなく，パート・アルバイト，契約社員・嘱託(しょくたく)，派遣社員といった非正規雇用者である（図表6-2）。

　「日比谷で年末年始を生き抜く。」――東京都千代田区の日比谷公園の一角に，2008年12月31日から2009年1月5日まで設置された「年越し派遣村」は，

図表6-1　正社員とアルバイトとの待遇格差

	正社員	アルバイト
仕事の内容	仕事の能力に応じて変化	指示待ちの仕事になる
雇用契約	期間の定めはない	短期・期間限定。最長1年（更新可）
収入	月給制	時給制・日給制（時給約 700〜1,200 円）
労働時間	1日8時間労働が一般的	契約による（契約内容は雇用主の都合）
休日	有給・週休2日制が定着	有給（条件による）
ボーナス	9割以上ある	ほとんどない
各種補助手当	通勤・住宅・家族・役職手当など	通勤手当のみ
昇級制度	定期昇給制度あり 能力に応じて昇給あり	なし（時給アップのみ）
年金	厚生年金（雇用主が半額負担）	個人で国民年金を負担する
健康保険	あり（雇用主が半額負担）	なし。個人で国民健康保険に加入
労災保険	あり（雇用主が全額負担）	あり
雇用保険	あり（雇用主が半額負担）	なし
退職金制度	ある場合が多い	なし
福祉施設の利用	あり	なし
所得税・住民税の申告手続き	給与支払者がすべて行う 源泉徴収	住民税（年収99万〜），所得税（103万〜） 確定申告が必要

（出所）金融広報中央委員会『金融教育プログラム』（2009年），192ページ

図表6-2　民間事業所での正社員と非正規社員の割合

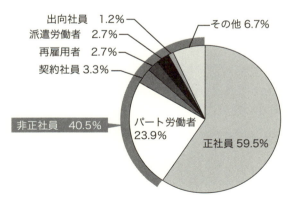

厚生労働書の就業形態調査結果による（2014年10月時点）
（出所）http://www.nippon.com/ja/geatures/h00133

第6章　経済大国日本で，なぜ貧困と格差が拡大するのか？

現代日本の貧困問題の深刻さを内外にアピールした。リーマン・ショック後の「派遣切り」によって仕事や住む場所を失った人々が、飢えと寒さをしのぐために公園に集まった。

NPO法人や労働組合が中心になり、炊き出し、生活・職業相談、生活保護申請の

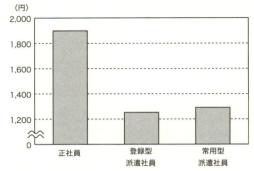

図表6-3　正社員と派遣社員の賃金比較（時給換算）

（資料）厚生労働省調べ
（出所）『日本経済新聞』2009年12月18日

支援などがおこなわれ、ハローワークが業務を開始する1月5日まで簡易宿泊所が設置された。期間中に派遣村を訪れた失業者はおよそ500人、参加ボランティアは1680人、寄せられた義援金は2315万円となった。派遣村が撤収されたあと、厚生労働省と東京都の協力でいくつかの施設で宿泊所が提供されたが、「派遣村」はやがて全国的な広がりを見せ、翌年も継承された。

契約期限が来たらいつでも解雇されてしまう不安定な派遣労働者の数は、派遣法の規制緩和にともない激増する傾向にあり、2000年から2008年にかけて、およそ140万人から400万人へ増大してきた。

従来、職業安定法によって禁止されていた労働者の中間搾取をおこなう労働者派遣会社の存在を認めた労働者派遣法は、1986年7月に施行された。そのときは、派遣の対象になる業種はシステムエンジニア、プログラマー、オペレーターのような専門性が高く、かつ一時的に人材が必要となる13の業種に限られていた。だが、派遣労働者を受け入れる会社の要望を優先させた結果、次第に対象範囲が拡大され、1999年の改正により禁止業種以外のすべての業種が派遣労働者の受け入れを許可される。

正社員と同じ仕事をしても、賃金も6割程度に抑えられ（図表6-3）、わずか1～3年で会社の都合によっていつでも解雇でき、いつでも補充できる不安定な派遣労働者の存在は、企業経営にとって、景気や雇用の安全弁として利用さ

れてきた。

　携帯電話の普及は，携帯電話のベルが鳴るまで自宅で待機する「日雇い派遣」労働者の群れをつくり出し，企業は電話一本で，都合のいいとき，都合のいい場所で働かせることができるようになった。

　派遣労働者は，景気のいいときには大量に雇われるが，不景気になると大量に解雇できるので，企業にとっては人件費を削減し利益を最大化する上で都合がよい。いわば取り替え可能な，部品化した労働者である。大手銀行，製造業，電気通信業などの主要企業は，自身で人材派遣会社を設立し，その派遣会社を介して，使い勝手のよい派遣労働者を親会社へ提供するようになった。

　他方において，派遣労働者は，1～3年後には解雇されるか，再契約を結べるか，といった将来の見えない不安定な生活を強いられる。

自己責任では解決不能の貧困問題

　こうした貧困問題がメディアで取りあげられるようになり，さまざまな議論がなされた。そのなかで，貧困におちいったのはその人の自己責任である，といった議論も取りあげられた。だが，そうしたとらえ方は誤りであり，貧困問題の背景や本質を無視していると主張するのが，長年貧困問題に取り組んできた湯浅誠氏である。氏は，『反貧困──「すべり台」社会からの脱出』（岩波新書，2009年）のなかで，およそ以下のように指摘している[6]。

　そもそもある人が貧困状態におちいるまでに，その人は，多くの場合，育った家庭環境や社会から，以下のような「五重の排除」を受けている。

　第一は，親世代の貧困のため，教育課程から排除されたこと。第二は，不十分な雇用機会しか与えられず，雇用保険や社会保険などの企業福祉から排除されたこと。第三は，親や子どもに頼れず，また頼れる親をもたず，家族福祉から排除されたこと。第四は，貧弱で冷たい生活保護行政のため，窓口で追い返されるなど，公的福祉から排除されたこと。そして第五に，何のために生きるのか，働くのかがわからない精神状態に追い込まれることによる「自分自身からの排除」，すなわち「死ねないから生きているにすぎない」といった心理状

態にまで追い込まれることである,という。

このように,社会から排除されているだけでなく,自分自身からも排除されるまでに追い込まれた結果が貧困であり,自己責任をまっとうしなかったからではない。自己責任すら果たせない家庭的・社会的環境が先行体験として存在したのである。

そもそも日本の社会保障制度は男性正社員を前提とした企業福祉と,その収入で妻子を養うという家族福祉に依存する度合いが高く,それらから排除された人の生活を支える制度に乏しい。したがって,家庭環境や社会的環境の改善と公的なサポートなくして,貧困からの脱出は不可能である。

貧困の問題は,いろいろな問題を付随して生み出している。それは,教育格差・学力格差となってもあらわれる。この問題を研究してきた橘木俊詔氏によれば,「年収1200万円以上の家庭の子どもの国語・算数の正答率は平均より8ポイント以上高く,その一方で200万円未満では平均よりも10ポイント以上も低い。これはかなりの学力格差といわざるをえない。……年収1200万円以上の家庭の4年制大学への進学率は62％であるのに対して,200万円以下では28％にすぎない」[7]と指摘している。

また親世帯の貧困は,児童生徒の健康格差となってもあらわれている。全国の学校現場からは,治療費がなく学校の保健室で怪我や病気を診てもらおうとする子や,健康診断で異常が発見されても再検査を受けられない子どもたちが増えていることが伝えられている。

不安定で低所得を強いられる非正規の男性社員の結婚している割合は,30～34歳で30.3％にすぎないが,正規の社員の場合59.2％に達している。

貧困が自己責任であり,個人の問題であるかのように矮小化されると,政府や地方公共団体,企業の社会的責任は免罪されるので,社会福祉のシステムは劣悪のまま放置され,貧困が構造的に再生産される。それだけでなく,日本は「経済大国」なのに自殺者が年間3万人に達し,自殺の原因の少なくとも3割以上が経済問題である,といった現状も改善されないであろう。

図表6-4 セーフティネットの三層構造

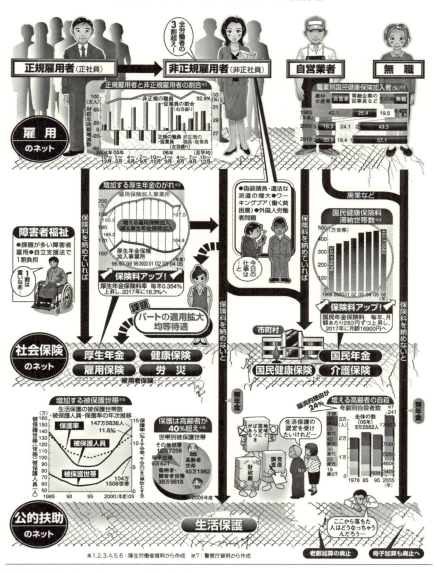

(出所)『東京新聞』2007年3月25日「生活図鑑」

穴の空いているセーフティネット

　派遣切り，雇い止め，突然の解雇，倒産などに直面した労働者や小経営者たちにとって，次の新しい就業機会を得るまでの期間を安心して暮らせるようなセーフティネットは不可欠である（図表6-4）。

　厚生年金・雇用保険・健康保険や国民年金・国民健康保険などは，社会保険によるセーフティネットである。だが，貧弱な日本の社会保障制度は，自己負担の多い保険に依存しているので，年収200万円ほどの低所得者層にとっては所得税・住民税・消費税などの税負担（年間15万円ほど）よりも社会保険料の負担のほうが大きく，30万円ほどになる。重い保険料負担は，滞納を増やす結果になる。そうすると，雇用保険・健康保険といった社会保険のセーフティネットに保護されない人々が増大する。

　最後のセーフティネットは公的な生活保護制度になるが，わが国では，生活保護を申請しようとしても，役所の窓口で，いくら預金を持っているか，働く能力がないのか，といったことに加え，兄弟・姉妹の仕送り能力の有無までもしつこく確認される。65歳未満で障害や病気のない人の場合，窓口段階で受給が断られることが，法的根拠なしにおこなわれてきた。生活保護予算の対GDP比や保護率（人口1000人当たりの被保護人員数）は，先進工業国の中で最下位にある。

　このように，公的なセーフティネットの生活保護にもたくさんの穴が開いているので，このネットによって保護されない多くの生活困窮者は，最後のよりどころを失うことになる。

6-3　縮まらない男女格差

男女の賃金格差は100対70

　貧困と格差は，男女のあいだでも顕在している。国際労働機関（ILO）は，職場における平等の必要性について，各国にその実現を働きかけてきたが，日

本に対しても，長年にわたり批判や勧告をおこなってきた。その主な内容は，男女の賃金格差が非常に大きい状態が放置されたままであること，「同一価値労働同一賃金」の原則を反映した法律が存在しないこと，などである。

「ILO駐日事務所メールマガジン・トピック解説（2009年10月30日付第89号）」によれば，第98回ILO総会（2009年）では，二十数年ぶりに男女平等が独立した議題としてとりあげられ，仕事の世界における男女平等は，ILOの中核的な価値であることがあらためて確認された。雇用，社会的保護，社会対話と政労使三者構成，就労にかかわる基本的な原則と権利といったディーセント・ワーク（働きがいのある人間らしい仕事）の四つの戦略目標は，相互に関連し支えあう不可分のものであり，男女平等はこの四つを横断する目標とみなされ，男女平等をディーセント・ワークの中心に確保するための包括的な取り組みが開始された。

このような男女平等についてのILOの姿勢からみて看過できないのは，現代世界に残されている男女の賃金格差である。

男性の賃金を100とした場合，女性の受け取る賃金割合を比較すると，日本はワースト2位の70.8。イギリス80.1，アメリカ81.2，ドイツ82.2，フランス82.5であり，日本の男女の賃金格差は世界の中でも大きく，男女間の経済的な不平等が深刻な問題であることが指摘された。フィリピンに至っては95であり，北欧に勝るとも劣らない平等度に達している。

現代の経済社会では，男女を問わず，生活に必要なすべてのものを売買取引によって手に入れている。受け取る賃金の差額は，即，生活水準の差に反映される。したがって，男女平等を単なる言葉の上でなく，実生活において真に実現するには，賃金格差をなくし，男女の区別なく「同一価値労働同一賃金」の原則を実現することが不可欠である。

すでに日本は，「同一価値労働同一賃金」の原則を定めたILO100号条約を批准しており，日本政府は，この条約に基づく法改正と格差の是正に早急に取り組むべきであろう。

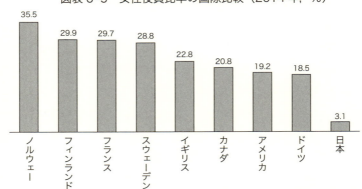

図表6-5　女性役員比率の国際比較（2014年，％）

（資料）米NPO法人「カタリスト」による世界主要20カ国1500社の大手企業の調査結果

男女平等度で145カ国中101位

　世界各国の政財界のリーダーの集まる世界経済フォーラム（WEF）による社会進出における性別格差の度合いを評価した「男女格差指数」（The Global Gender Gap Report）2015年版によれば，男女の格差がもっとも小さいベスト4の国は，それぞれアイスランド，フィンランド，ノルウェー，スウェーデンなど，例年北欧の国々がトップグループを独占している。

　他方，日本は145カ国中101位であった。項目別で日本の評価をみると，「女性国会議員の数」104位，「高等教育への進学率」106位，「賃金格差」106位，などである。

　日本の女性の社会進出は，国際社会のランキングでは101位，先進工業国7カ国中では最低であった。「企業国家」日本とはいえ，女性の会社役員比率も，各国と比較すると，一桁も低い水準にある（図表6-5）。日本社会のあらゆる分野で，女性が進出し，活躍できるためには，男女の賃金格差を解消するだけでなく，家庭，地域，職場など社会の隅々において，ジェンダーフリーのためのシステムづくりとインフラ整備が不可欠である。

　女性の意見が反映されにくい社会は，会社人間になり，家庭を顧みないで「企業戦士」として経済戦争を戦い抜く男たちの意見と生活スタイルが，その

社会のあり方を決めていくことになるので，女性はもちろんのこと，子どもたちや高齢者にとっても住みにくい社会になる。

　家庭や自分の健康すら犠牲にした「仕事中毒人＝ワーカホリック」が「企業国家」日本を支えてきたが，少子高齢社会の時代になったわが国は，このような「企業国家」から脱却する時代が訪れている。企業や1％の「勝ち組」に目を向けるのではなく，家庭と自分自身，さらには社会＝自分たち99％に目を向け，社会をつくり変える時代がきているといえよう。

(1) 企業がリストラをすすめ，終身雇用が崩れ，職を失う恐怖が現実になり，人材派遣業がにぎわい，不安定な社会が訪れ，「中流意識よさようなら」といった特集（『朝日新聞』1997年11月8日）が新聞紙上に登場しはじめたのは，1997年である。

(2) ジニ係数（Gini coefficient, Gini's coefficient）とは，主に社会における所得分配の不平等度を測る指標である。係数の範囲は0から1で，0は完全な平等，つまり皆同じ所得を得ている状態を示す。係数の値が0に近いほど所得格差が少ない状態で，1に近いほど格差が大きい状態を意味する。0.4になると社会的な暴動や政権交代につながる格差状態とみなされている。

(3) Förster, M. and M. Mira d'Ercole, "Income Distribution and Poverty in OECD Countries in the Second Half of the 1990s", *OECD Social Employment and Migration Working Papers*, No. 22, Mar. 10 2005, p.10.

(4) 野村総合研究所「NEWS RELEASE」2012年11月22日，厚生労働省『平成25年国民生活基礎調査の概況』，金融広報中央委員会「家計の金融行動に関する世論調査」（2015年）など。

(5) 朝日新聞「変転経済」取材班編『失われた〈20年〉』（岩波書店，2009年），2-3ページ。

(6) 湯浅誠『反貧困――「すべり台」社会からの脱出』（岩波新書，2009年），60-61ページ。

(7) 橘木俊詔「世帯所得と教育格差」（『週刊東洋経済』2009年9月26日），128-129ページ。

COLUMN 6　貧困解消は国民の権利・国の義務（憲法第25条）

　私たちは，戦後，一人ひとりがみな主権者，つまり自分の国のあり方を決定する権利を持っているとされている。明治時代などの旧憲法のもとでは，主権は天皇にあり，私たちは天皇に従い天皇を支える家来（臣民）でしかなかった。だが，新憲法のもとでは，私たちは国の主人公であり，統治の主体である。

　にもかかわらず，利潤追求と資本の利益が最優先する現代資本主義経済のもとでは，1％の富裕層＝「持つ者（haves）」と99％の労働者層＝「持たざる者（have nots）」との格差が拡大し，個人の努力では貧困から抜け出すことはできない経済メカニズムが作動している。個人が生活していくためにも，社会の助け，国の助けが不可欠となる。

　日本国民一人ひとりは，この国で生存していく権利があり，日本国はこの権利を認め，社会保障などに努めなければならない義務がある。この点について日本国憲法第25条は，以下のように明記している。

　「すべての国民は，健康で文化的な最低限度の生活を営む権利を有する。
　2　国は，すべての生活部面について，社会福祉，社会保障及び公衆衛生の向上及び増進に努めなければならない。」

　世界でもトップクラスの貧困・格差大国に転落した現代日本は，この尊い憲法第25条を事実上空文化させているといってよい。私たち主権者は，沈黙ではなく，公正な選挙などによって，憲法条項の擁護と実現に向かったアクションを求められている。

　というのも，一例を挙げるなら，「子ども手当等の充実は，予算のばらまきだ」といった有力政治家たちの発言が，予算の編成期になるとメディアでくりかえし発信される。この国の未来を担う子どもたちを社会全体で育てていくことは，少子高齢社会に移行した国では，むしろ国の義務として引き受け，フランスやドイツで実施されている以上に，子ども手当に手厚い予算を組むべきであろう。主権者としては，このような有力政治家の発言に「NO!」という意思表示をすべきである。

第7章
「金融」は世の中を
豊かにしたのか？

　若い方々には信じてもらえないかもしれないが，銀行に100万円を10年定期で預金しておくと，10年目には利子だけで100万円ほどになり，引き出すときは元本と合わせて200万円ほどになった時代もあった。

　だが近年のマイナス金利付き量的・質的緩和政策のもとでは，かなり高い利子を払う銀行でも，10年後の引き出し額は利子と元本を合わせて101万円前後にしかならない。まして普通預金なら，100万円を預けても1年間に受け取れる利子額はせいぜい10円ほど。10年間の利子でも雀の涙である。苦労してお金を貯めても，銀行から受け取る利子は，ほとんどないに等しい。

　でも，銀行の立場に立つとこれほどいい時代はない。預金者に対して，以前のように高い利子を支払う必要がないからである。先の例では，10年定期なら100万円ほどの利子を預金者に払わなければならない時代もあったが，近年では1万円以下でよい。だから，銀行にとっては差し引き99万円ほど預金者に対する利子負担を減らすことができる。

　いったい金融のあり方は，どうなっているのだろうか。そもそも，お金を銀行に預けると，どうして利子がつくのだろう。

7-1　マネーの役割と金融のしくみ

現代のマネーと金融のしくみ

　現代では，衣食住を満たしていくためにも，企業活動を継続していくためにも，すべて必要なものは商品として売買されているので，商品を購入するため

のマネー（ここでは，貨幣(かへい)と定義する）が不可欠となる。マネー（貨幣）とは，これさえ持っていればあらゆる商品と直接交換できるもの（一般的等価物）であり，自分自身で価値・富を表現するもの，と定義しておこう。

マネー（貨幣）が登場することで，あらゆる商品が一定の価格で表示され，商品交換が円滑化し，経済活動が活発化した。商品の価格とは，それぞれの商品価値を貨幣によって表現したものである。明治時代の貨幣法（明治30＝1897年）によって，0.75gの金の重さをひとつの標準（「価格の度量標準」）にして，それを「円」と呼ぶことで，日本のあらゆる商品が〇〇円と表現され，売買されるようになった。

このようなマネーは，時代により国によってさまざまな姿かたち（貝，牛馬，米，貴金属などを経て，金 gold が最終的な貨幣となる）をとってきたが，現代では，①硬貨や紙幣などの現金通貨，②銀行に積み立てられた預金通貨，のふたつの姿かたちをとって存在している。

マネーの役割は，①すべての商品の価値の物差しとなる価値尺度としての機能，②商品売買を仲介する流通手段としての機能，③現金取引でなく，支払いが後払いになった債権債務関係を解消する支払決済手段としての機能，④価値・富がマネーのかたちで保有される蓄蔵手段としての機能，対外支払のときの世界貨幣としての機能，である。

マネーは本来，商品売買の裏づけをもって機能していた。だが，経済が発展してくると，マネーも単なる商品交換取引の世界にとどまることなく，それ自身新しい価値を生み出し，利益をもたらす資本になる。ある程度まとまった金額のマネーになると，それを元手にしてより大きな利益を生み出す"資本"として使用される。利子とは，資本として使用されたマネーによって新しく生み出された利益の中から，マネーを提供してくれた者に対して支払われる，いわばマネーの使用料である。

さらに経済が発展すると，財としての実態はなく，金銭の請求権を体現した証券＝株式や国債などの金融商品も登場し，大規模に売買されるようになる（図表7-1）。

図表 7-1　金融の循環

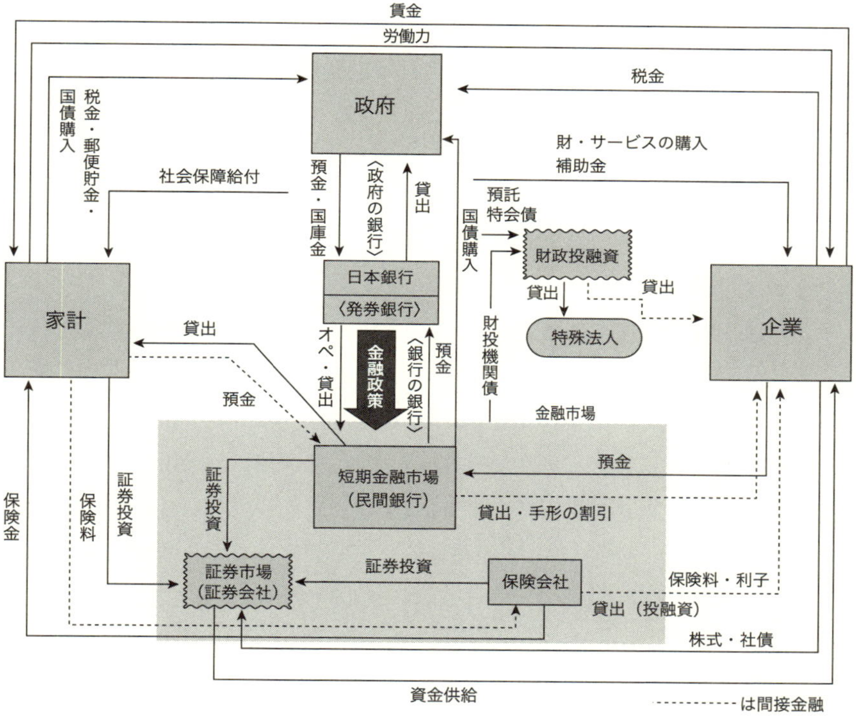

（出所）『新政治・経済資料 2010』（実教出版，2010 年），209 ページを一部修正

金融機関の業務と投資家の動向

　経済発展の一定の段階で，財・サービスの生産・消費に関係する企業とは区別され，マネー（貨幣）や各種の金融商品を専門的に取り扱う金融機関が，独立したビジネスをおこなうようになる。その代表的なものが銀行，証券会社であり，また保険会社である。

　預金取扱機関としての銀行の基本業務[1]は，①預金を受け入れ，貸出（貸付と手形割引）をおこなうこと，②信用創造（預金通貨の創造）をおこなうこと，③支払決済をおこなうこと，④その他の付随業務，である。

　これらの業務は，現代では，グローバルに接続された銀行の預金口座のコン

ピュータのネットワークの中でおこなわれている。

　証券会社の基本業務は，株式や国債などの証券に関連して，①投資家の注文を執行する委託売買（ブローキング），②自社の資金と判断でおこなう自己売買（ディーリング），③株式や債券の引受（アンダーライティング），④引き受けた証券の投資家への売りさばき（セリング），である。

　現代の金融ビジネスのなかで，証券ビジネスが盛んになるにつれて，証券会社も大きな役割を発揮してきているが，証券ビジネスは元本保証のないハイリスク・ハイリターン型のビジネスである。

　一方，保険会社の基本業務は，①人の生死に関し保険金を支払う約束で保険料を収受する保険（生命保険），②事故で生じる損害を補償する約束で保険料を収受する保険（損害保険），である。

　金融ビッグバン以降，このような銀行・証券・保険などの金融業務を子会社に実施させ，その業務を管理・支配する金融持ち株会社が認可（1998年）された。現代日本では，三菱UFJフィナンシャル・グループ，みずほフィナンシャル・グループ，三井住友フィナンシャル・グループの三大金融持ち株会社が，内外の金融業務を支配している。

　これらの金融機関が扱うマネーの規模は巨大であり，金融機関自身が内外の市場において積極的に金融商品を売買する大口の投資家としてビジネスを展開し，金融的収益を追求している。他方で，扱う金額は少額ではあるが，多数の個人投資家も存在し，近年ではパソコンで接続したネット証券会社の顧客として，売買をおこなっている。

日本版金融ビッグバンと「金融番犬」の不在

　戦後，対米従属的な関係を維持してきた日本の政府と経済界は，1980年代以降，アメリカの「金融開国」要求を受け入れ，金融の自由化・国際化に踏みだした。90年代になると，金融経済システムの大改革（いわゆる金融ビッグバン）を実施し，株価と証券ビジネス，高利回りと市場原理主義を最優先するアメリカ型モデル（「カジノ型金融独占資本主義」）を導入した。

日本版金融ビッグバンの主要な特徴と問題点は以下の通りである。

第一は，外国為替管理法の規制を緩和・撤廃し，内外の資本移動を自由化したことである。これによって，多国籍企業のビジネスフィールドはグローバルに拡大し，収益基盤を海外に依存するようになった。多国籍企業は，海外に自由に資本を投資し，グローバルにビジネス拠点を拡大できるだけでなく，外国為替相場の変動を利用したグローバルな金融投機も可能になった。

だが，国内企業の海外進出は，国内産業や雇用の空洞化を促進し，失業者を増大させ，外需依存型の脆弱な経済構造に帰結した。そのため，円とドルとの為替相場の変動によって日本経済自体が振りまわされるようになった。またグローバルな金融投機の広がりは，経済社会を不安定化した。

第二は，金融持ち株会社が解禁され，銀行業・証券業・保険業などを複合的に営むことのできる巨大な金融コングロマリット（複合企業体）を登場させた。たとえば三菱UFJフィナンシャルグループ（FG，以下同様），みずほFG，三井住友FGといった三大金融グループが誕生したことである。だが，巨大な金融コングロマリットは，複雑すぎてリスクを十分管理できない経営，異なる金融業務を営むことによる利益相反，他の産業に対する支配強化[2]，といった問題を発生させた。

第三は，伝統的な銀行業務よりも，証券ビジネスを活発化させ，証券化関連金融商品の開発を助長し，インターネット証券，各種投資信託，資産担保証券，などのビジネスが拡大したことである。だが，このようなハイリスク・ハイリターン型の金融取引が盛んになるにつれて，金融の不安定性も増幅し，企業や個人投資家の破産も増加してきた。

このように，日本版金融ビッグバンの特徴は，金融・証券に関連した諸規制を世界的に緩和・撤廃し，アメリカ型モデルをわが国に短期間に根づかせようとする大改革であった。

だが，ハイリスク・ハイリターン型の金融取引は，一方において，市場を支配する大口の投資家や金融機関などのごく少数の勝者に高い確率で巨万の富を集中し，他方において，小口の大衆投資家などの多数の敗者に巨額の損失と破

綻を強要する。その結果，経済社会は不安定化し，競争のなかで各種の経済格差が助長され，社会的な軋轢(あつれき)を増大させてきた。

経済社会の不安定性を抑制し格差の拡大を防ぐためには，守られるべき市場のルールとそれを担保する強力な「金融番犬 financial watch dog」(3) が不可欠であるが，日本版金融ビッグバンは，この点で，画竜点睛(がりょうてんせい)を欠く「改革」であった。とくに証券取引を監督する体制の整備は，日米で比較すると，人員でも権限でも，比較できないほど日本は貧弱である（図表7-2）。

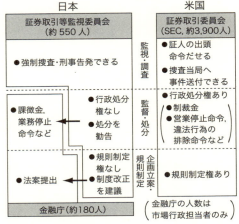

(出所)『朝日新聞』2006年2月11日

日本の証券取引等監視委員会は，証券犯罪に直面してもペナルティを与える行政処分権がなく，再発防止のための規則制定権ももっていない。これでは「金融番犬」として役立つかどうか疑問であり，金融犯罪が再発する可能性を残してしまう。この貧弱な体制は，日本の証券取引の不透明性と不公平性，小口の大衆投資家の犠牲の大きさのバロメーターでもある。

7-2　膨張する金融市場とリスク社会

ハイリスク・ハイリターン型ビジネスの台頭

戦後日本の経済社会における金融ビジネスの中心には銀行業が位置し，預金の受入と貸出，信用創造，支払決済といった伝統的な銀行業務が展開され，財やサービスの生産を担う企業とも密接な関係をもっていた。銀行業の収益構成も，預貸金利ザヤに基づく金利収入が主要な収益源泉であった。

だが，金融のグローバル化と外国資本の対日進出が進展し，金融ビッグバンがおこなわれ，アメリカ型モデルが浸透するにつれて，伝統的な銀行業よりも，ハイリスク・ハイリターン型のビジネスが支配的となった。

　金融機関だけでなく，事業法人や各種団体においてもこうした傾向が強くなり，将来の価格変動などを予測して売買をおこなうデリバティブ取引の失敗による巨額損失と破綻例がくりかえし報道されている。巨額損失の例（90年代）として，埼玉県信用農業組合連合会（仕組み債券で800億円），ヤクルト本社（スワップ取引で1057億円），旧大和銀行（米国債無断取引で1100億円），鹿島石油（為替予約で1525億円），住友商事（銅の先物取引で2850億円），などがある[4]。

　このような戦後日本の経済社会の変化については，メディアも積極的に取り上げてきた。1998年に放映されたNHKスペシャル『マネー革命』の最終回では，取材の担当者自身が，以下のような感想を吐露していた。すなわち「世界中の秀才たちがモニターの前に座って利ザヤ稼ぎに一喜一憂する姿は異常としか思えない。私には，それは他人が生み出した価値の上前をはねる行為に見えてしかたがない……あの情熱と，才能を，もっと物作りに注いだら，どんなに世の役に立つことだろうか」[5]と。

　グローバルに連結されたコンピュータのネットワークを利用して，時々刻々変化する相場を凝視し，スクリーンマーケットで利ザヤを稼ぎ出す行為は，世界になんら富をもたらすものではなく，最新鋭の情報通信技術と取引手法を駆使することで，既存の富の配分を自分に有利に変更しようとする金融寄生的行為にすぎない。したがって，「投機業者たちは相互に利得をうばいあうだけである。一人の損失が他人の利得なのだ。ひとのフンドシで相撲をとるのだ。(Les affaires, cést lárgent des autres.)」[6]とのR．ヒルファデングの古典的な指摘は，いまなお正鵠を射る。これは，勝者の取り分と敗者の損失を合算するとゼロになる，ゼロ・サム・ゲームにほかならない。

　このようなマネーゲームの横行する経済社会であっても，大手金融機関，なかでも銀行の経済支配はあらゆる場面で貫徹していく。それは，銀行の収益基盤の変化，すなわち預金—貸出業務を介した金利収入ではなく，各種の手数料収入，

債券・為替売買差益,証券業務などの非金利収入の増大に示されている[7]。

金融・証券市場の膨張と変容

　金融のグローバル化が進展し,金融ビッグバンが実施され,銀行業から証券業へ,貯蓄から投資へ,といった経済環境とシステムの大転換がおこなわれた結果,それに対応して,わが国の金融・証券市場も近年著しく変容してきた。

　「財政赤字大国」日本の国債市場は,世界最大[8]である。発行残高は,すでに2009年度にはGDP比で2倍近くに膨張した。他方で注目されるのは,金融商品としての国債売買高であり,国内の国債売買市場の規模(東京店頭市場と国債先物取引の売買高)が1京5000兆円(2007年度)にも達していることである(図表7-3)。インカムゲイン(利子所得)目的で国債を長期に保有するのではなく,目先のキャピタルゲイン(売買差益)狙いから攻撃的な短期売買をくりかえすアメリカ型取引モデルが浸透してきている。

　国債市場がこのような天文学的な規模に達しているのは,国債の売買差益を追求するマネーゲームが展開されているからである。政府の発行する国債は,ローリスクであり,かつ単一の巨額の金融商品としてマーケットに存在しているので,金融投機活動にとって適合的な金融商品となる。内外の金融機関は,超低金利政策下において減退する金利収入を補い,高い利回りと金融収益を実現するために,巨額のマネーを国債市場に投入し,短期間の回転売買をくりかえすことで,売買差益を追求してきている。とりわけ,大手銀行などの債券ディーラーによる自己勘定の国債売買高は,市場規模の6～7割台に達している。ただ,この数年来,コンピュータープログラムを利用し,数万分の1秒の超高速取引をおこなう業者の影響力が急速に広がってきた(補章を参照)。

　現代のハイリスク・ハイリターン型取引の典型的な事例であるデリバティブ取引も,金融のグローバル化とアメリカ型モデルの浸透にともなって急速に拡大してきたマーケットである(図表7-4)。日本銀行金融市場局の「デリバティブ取引に関する定例市場報告」によれば,わが国の主要デリバティブ・ディーラーである大手銀行・証券会社によるデリバティブ取引残高の想定元本ベース

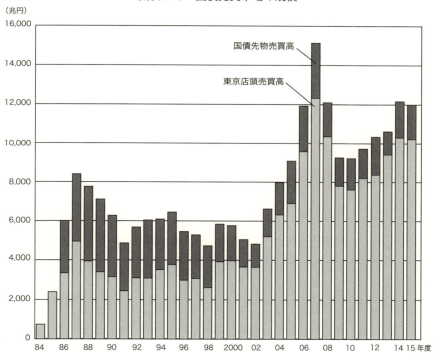

図表7-3 国債売買市場の規模

(出所) 野村総合研究所『公社債要覧』1995年度版, 日本銀行調査統計局『金融経済統計月報』各月号より作成

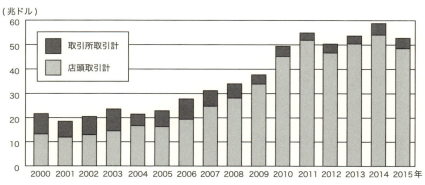

図表7-4 拡大する金融デリバティブ取引高（想定元本残高：ドル）

(出所) 日本銀行「デリバティブ取引に関する定例市場報告」時系列データ, 2015年12月末より作成

第7章 「金融」は世の中を豊かにしたのか？ 99

(店頭と取引所取引の合計，2015年12月末現在）は，ドルと円との金利スワップや金利先物取引を中心に，53兆4000億ドル（約6400兆円）に達した[9]。

　金融機関や買収ファンドによる企業の合併・買収（M&A）ビジネスが活発化しているのも，近年の特徴である。

　グローバル化する経済にともなって，企業は国内市場だけでなく，グローバルマーケットにおける市場占拠率の拡大をめざし，内外の企業のM&Aにのりだす。金融機関も，企業のM&Aビジネスは，各種の資金調達，株式の取得，資産の売却，成功報酬の手数料，買収・再生に不可欠の資金融資など，有益なビジネスチャンスとなる。

　グローバルなM&A市場の規模（公表案件）は，トムソン・ロイター社によれば，2015年1～9月期で3兆2000億ドル（約384兆円）に達した。日本関連のM&Aも，同時期，1266億ドル（約15兆2000億円）となった。わが国でもTOB（株式公開買付）を利用した敵対的な企業買収が実施されるようになり，M&Aが日常的な経営の道具として浸透しはじめている。

　だが，企業のM&Aは，資本による資本の収奪であり，それ自体新しい富を生産しない。しかも，M&Aを実現した企業のなかで成功であったと考える経営者は少なく，わずかに1割止まりであるといった調査結果がある[10]。

　インターネットを利用した株取引が活発化していることも，近年の特徴である（図表7-5）。小口の株式投資家の取引は，その8割ほどがインターネットでおこなわれている[11]。わが国においても，自宅で1日に何度も株式を売買して細かく利ザヤを稼ぐアメリカのデイトレーダー（day trader＝日計り商い）のような株取引が浸透してきている。パソコンやスマートフォンをネットで証券会社に接続すれば，会社から帰宅した後でも自室で手軽に株式の売買ができ，しかも証券会社のネット手数料は10分の1ほど安価に設定してあるので[12]，超短期の売買取引がおこなわれ，株式市場における個人投資家のシェアを上げていく。

　だが，こうした小口の個人投資家の多くは，株式投資のキャリアも浅く，2005年4月から5月にかけての調査では，1年未満の投資経験しかもたない者

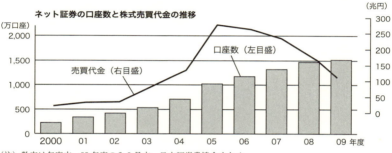

図表7-5　拡大するインターネット証券市場

が29.4％とほぼ3割に達し，5年未満まで含めると7割にもおよんでいる。年齢層も，20歳代が2割，30歳代が4割と，若者が過半数以上を占めている[13]。そのため，投資の失敗例が後を絶たず，生活費も投資に振り向けるなど，未熟でリスクの大きい株取引がおこなわれている。

アメリカ型モデルの導入と拡大する格差

　ロンドン『エコノミスト』誌（*The Economist* Jun.17-23 2006）はアメリカ型資本主義経済と不平等の問題を特集し，あわせて，アメリカ型モデルを導入した結果，国内で不平等が拡大した国として，日本をとりあげている[14]。

　「日本の不平等　昇る太陽は，かなりの日本人を陰の中に置き去りにしている」との見出しで，「ほとんど平等主義に近い国と説明されてきた国で，持つ者と持たざる者（the haves and have-nots）との拡大する格差についての苦悩に満ちた論争が，今年，議会や新聞紙上，テレビ番組で，勢いを増している。主

要な保守層や左翼が同様に非難しているのは，所得格差の原因が，未熟練労働者を脅かしてきたグローバリゼーションだけでなく，小泉純一郎首相と自民党によって推進された構造改革と規制緩和にあることである。数年来，評論家たちは，かつて保護してきた従業員を容易に解雇するか，安価な非正規雇用者に置きかえている企業の責任を問うている。……貧しき者がますます貧しくなるにつれて，富む者は，いっそう富を集める……」(15)。

そのように拡大する日本の不平等の象徴（emblematic）として，同誌は，若くして巨万の富を手中にしたライブドアの堀江貴文と村上ファンドの村上世彰の事例を紹介しているが，この二人の人物に共通したのは，額に汗して働くのではなく，マネーゲームを最優先するアメリカ型のビジネススタイルであった。二人の会社の入居していたビル＝六本木ヒルズは一躍有名になったが，このビルの入居者は，最上階からしてアメリカ最大の投資銀行のゴールドマン・サックス社（2008年商業銀行へ転換），さらにライブドアに資金調達したリーマン・ブラザーズ社（2008年破綻）などであり，日本勢では楽天などが入居し，日本におけるアメリカ型の最先端の金融ビジネスの拠点・「六本木ヒルズ資本主義」ともいうべき様相を呈していた。

戦後最長の景気拡大期といわれた2002年2月から2007年10月にかけての「いざなみ景気」の期間において，株主への配当金，大企業の内部留保などは3倍化したが，従業員の給与はマイナスを記録し，所得格差は構造的に拡大してきた。

戦後日本の所得の再分配構造が，前記のロンドン『エコノミスト』誌が指摘するように，2001年4月から2006年9月にかけての「小泉純一郎首相と自民党によって推進された構造改革と規制緩和」によって，株主重視のアメリカ型モデルへ転換された結果である。

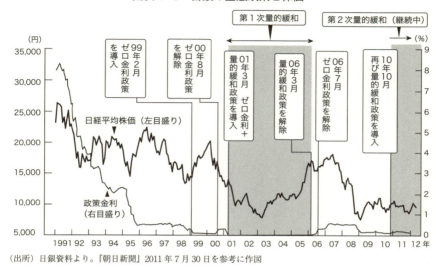

図表7-6 日銀の金融政策と株価

7-3 金融政策と暮らしの金融リテラシー

ゼロ金利・量的金融緩和政策の導入

1990年代に入ってのバブル経済の崩壊,民間銀行の抱えこんだ不良債権問題に直面した日本銀行は,歴史的にもまれな超金融緩和政策に踏み込んでいった(図表7-6)。それは,1999年2月のゼロ金利政策であり,さらに2001年3月〜2006年3月にかけての量的金融緩和政策[16]である。

歴史上類をみない超低金利政策は,経済社会に甚大な影響をもたらした[17]。まず,不良債権を抱えこんだ民間銀行には多大な恩恵を与えた。従来3〜4兆円ほどであった民間銀行の日銀当座預金残高を,最大35兆円ほどに積み増す量的金融緩和政策は,民間銀行の資金繰りのリスクと金融システム不安を解消した。

超低金利政策に支持され,民間銀行は預貯金金利を歴史的にも例のない水準

に引き下げることで，貸出金利との差を拡大でき，貸出金の絶対額が縮小するなかでも，預金者に支払う利子総額を縮小することで，銀行内部に利益を留保できた。

次いで，政府にとっても超金融緩和政策は，国債金利を低水準に抑えつつ，大量の国債発行を可能とさせてきた。たとえば2003年度の日銀の国債買いオペ額は年間で14兆4000億円に達したが，これは当該年度に発行された新発債36兆4000億円の40％に達していた。民間銀行などが市中消化したはずの巨額の新発債の40％は，一定のタイムラグを経て，日本銀行が買いオペにより吸収していったことになる。これは日銀信用に依存した国債増発メカニズムであり，日銀による間接的な国債引受といえよう。

「異次元金融緩和政策」のリスク

このような日銀信用に依存した国債の増発と超金融緩和政策を，さらに推進したのがアベノミクス（第二次安倍政権の経済政策）であった。2013年4月，第二次安倍政権の放った3本の矢（金融緩和・財政出動・成長戦略）のうちの鏑矢ともいうべき矢は，日本銀行を巻きこんだ「異次元の金融緩和」政策である。非伝統的と評価される超金融緩和政策の特徴は，以下の通りである。

第一に，メディアを利用して強いメッセージを発信し，世の中の雰囲気を変え，期待感を高揚させようとする一種の「口先介入」を先行させていることである。「異次元の金融緩和」「2年で2倍の資金供給」「国債購入月7兆円」といった強いメッセージは，情勢を先読みして動く内外の浮気な投資家の関心を目覚めさせ，すぐに国債価格の上昇，株高，円安となって表面化し，「安倍バブル」が発生した。その結果，国債・株式などを保有する内外の投資家の金融資産は上昇し，利益に浴したが，国民の生活は，円安による輸入物価の上昇で悪化した。

第二は，金融政策の操作対象を金利から資金供給量（マネタリーベース＝社会で流通している現金と金融機関の日銀当座預金残高の合計）に変更し，この資金供給量を2年間で2倍にし，日本の経済社会に溢れかえるマネーを注ぎこもう

としていることである。すでに金利はゼロ近傍に張りついており、これ以下に下げようがないので、「次元の異なる金融緩和」を実施するには資金供給の量そのものを増大させることになったわけである。実体経済の成長をともなわない過剰なマネーの供給は、金融資産や不動産関連のバブルを膨張させることになった。

　第三に、資金供給を倍増させるやり方は、日銀が毎月7兆円もの大量の国債を金融機関（銀行）から購入し、その購入代金を提供するやり方（日銀当座預金残高の積み増し）である。日銀が毎月7兆円もの国債を購入するようになると、それは新規に発行される国債だけでなく既発行国債も日銀によって買い取られることになり、国債発行の歯止めを失う。

　第四に、日銀が、株価や不動産価格の動向に直結するリスクの高い金融資産（ETF，J-REIT）も購入対象にしたことである。「異次元の金融緩和」は、資金供給量だけでなく、リスクの高い金融資産にも手をだす「質」にも配慮した「量的・質的金融緩和政策」の特徴をもつ。これは、「アベノミクス」の金融政策のねらいが、株価や不動産価格を吊り上げようとしていることを示唆している。

　そもそも、2年間で物価を2％上昇させるために「あらゆることを実施する」（黒田東彦・日銀総裁）といった金融政策は尋常ではない。常識的には、中央銀行は「物価の番人」として、国民生活を破壊し、社会を混乱させるインフレ・物価高を抑制するインフレ・ファイターの役割を演じるはずであるが、それとは逆に、インフレ・物価高を促進する役割を引き受けているところに、アベノミクスの金融政策の異常性があらわれている。

マイナス金利の導入

　その上、2016年1月には「マイナス金利政策」を導入した。通常であれば、預貯金を預けると利子収入が得られるのに、マイナス金利の場合、反対に預金者が利子を支払うことになる。言い換えれば、手数料（預貯金の口座維持手数料）を支払わないと預貯金をすることができないことを意味する。

　したがって、マイナス金利の導入には、本来であれば、預金者が損失を被る

のを回避しようとして，預貯金が引き出され，株式などの他の金融商品市場や実体経済にマネーが向かい，景気が刺激され，物価も上昇基調に入る，というもくろみがあった。

　黒田日銀総裁は，記者会見の場で，マイナス金利に踏み切った理由を以下のように述べた。

　「本日の決定会合では，2％の『物価安定の目標』をできるだけ早期に実現するため，『マイナス金利付き量的・質的金融緩和』を導入することを賛成多数で決定しました。これまでの『量』と『質』に『マイナス金利』という金利面での緩和オプションを追加し，いわば三つの次元のすべてにおいて，追加緩和が可能なスキームとなります」（2016年1月29日，日銀総裁記者会見より）

　日銀が採用したマイナス金利政策は，どこをターゲットにしているのかというと，民間銀行が日本銀行内に開設している民間銀行の当座預金（日銀当座預金という）に対してである。

　民間銀行の日銀当座預金は，2016年2月1日現在で260兆円に達している。日銀が民間銀行から年間80兆円を上まわる国債の買いオペレーションによって供給されたマネーが，民間銀行の日銀当座預金として積み上がってきたためである。マイナス金利が適用されるのは，この民間銀行の日銀当座預金全体ではなく，そのごく一部に対してである。

　日銀は，民間銀行の日銀当座預金を3種類に区分し，①預金の預け入れを義務づけられている「準備預金」残高（マクロ加算残高）40兆円には0％の金利を適用し，②昨年1年間の日銀当座預金の平均残高から準備預金を差し引いた金額（基礎残高）210兆円にはプラス0.1％を適用し，そして，③これらの合計を上回る日銀当座預金の残高（政策金利残高）10兆円に対してだけマイナス0.1％の金利を適用する。この部分は民間銀行の損失となるが，民間銀行がマイナス金利の導入を受けて即座にやったことは，国民の預貯金金利を，たとえば，普通預金の金利で0.02％から0.001％へ引き下げるなどし，リスクを国民に転嫁することであった。

超低金利政策と家計部門の損失

アベノミクスの以前から続く超低金利政策は家計部門を直撃した。家計部門は、預貯金金利の大幅な引き下げによって、銀行から受け取るはずの利子所得を失った。たしかに、一方で家計部門は低金利の恩恵も被り、住宅ローン金利の支払いは軽減された。だが、異常なほど低い預貯金金利に対して住宅ローン金利などは3桁ほども高い水準にあり、その結果、家計部門の純利子所得（受取利子から支払利子を引いたもの）は、超低金利政策下で激減してしまった。

参議院予算委員会調査室と『しんぶん赤旗』の作成資料[18]によれば、家計部門が受け取ったはずの預貯金の利子所得と、住宅ローンなどの支払利子との差額で計算しても、逸失利子は1991年から2014年のあいだで392兆円に達している（図表7-7）。これに対して企業部門は逸失利子271兆円、軽減利子849兆円で、差し引き578兆円であり、年平均で24兆円も利子所得を増加させた。

日銀信用の膨張に支えられた超金融緩和政策は、不良債権を抱えた銀行・企業を救済し、国債の消化基盤を拡大することで、政府の国債増発を支援する一

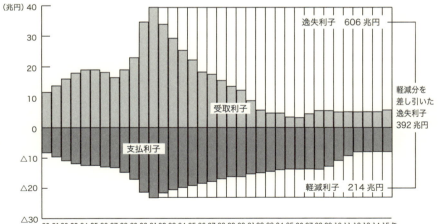

図表7-7　家計の受取、支払利子および逸失、軽減利子

（注）内閣府資料をもとに日銀が計算。逸失利子、軽減利子は、1991年の受け取り・支払い利子額が2014年まで継続した場合。
（出所）『しんぶん赤旗』2016年4月7日

第7章　「金融」は世の中を豊かにしたのか？　107

方，預貯金金利の異常な引き下げを通じて家計の純利子所得を392兆円（1991～2014年）も奪う結果をもたらした。392兆円もの家計の純利子所得が銀行部門に移転したことになり，家計は，年平均で16兆円もの利子所得を失ってきた。

国民生活はますます困難を増している。低所得の非正規雇用が増大しているうえに，超金融緩和政策で発生した円安による輸入物価の上昇は，食料品やガソリンなどの生活関連物資の価格を上昇させているからである。賃金が横ばいか削減傾向にあるなかで，物価が上昇すると生活苦は倍増する。他方で，輸出で稼ぐ日本の 大企業は円安のメリットを享受し，経営を好転させている。

日本銀行の国債引受とハイパーインフレーション

日本銀行が民間銀行保有の国債を買いオペレーションによって買い上げ，その買いオペ代金が民間銀行に供給され，民間銀行の日銀当座預金残高は潤沢に積み上がっているにもかかわらず，民間企業への貸出は縮小し，対照的に銀行の国債投資が拡大していった。政府にしても，毎年30～40兆円規模の大量の新発債の発行が困難になることなく，民間銀行に消化してもらうことで，首尾よく赤字予算を実現する。

つまり，日本銀行の買いオペによる信用膨張（過大なマネーの供給）が，民間銀行を介して国債消化資金として充用され，政府の国債増発を下支えしている。増発される国債の消化資金の元をたどると，その出発点は日銀信用の膨張に行き着く。量的金融緩和政策のもと，日銀によって民間銀行に供給された巨額のマネーは，民間銀行から企業や家計など実体経済に向かわずに，日銀を起点にして，民間銀行から国債投資を介して政府の予算に組み込まれ，財政ルートを通じて循環している。これは，日銀信用に依存した国債増発メカニズムであり，民間銀行を介した日銀の間接的な国債引受と評価されるであろう（図表7-8）。そして，このことは，日銀の公債引受を禁じた財政法第5条の事実上の空文化を意味する。

こうした事態は，戦前の日銀による国債の直接引受方式に対して，民間銀行を経由した国債の大量買いオペというかたちをとるので，日銀による国債の間

図表 7-8　日銀信用に依存した国債発行のしくみ

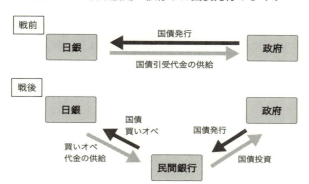

接引受方式ともいえるが，民間銀行を経由することで銀行への利益供与（国債引受手数料，国債オペにともなって発生する売買差益，保有期間中の国債利子の供与など）となり，より市場原理主義的な国債管理政策といえる。

　中央銀行の国債引受は，国家破綻を誘発してきた歴史がある。戦時下の例としては満州事変期における高橋財政下の軍事国債の日銀引受であり，その結果，終戦直後の5〜6年間で，東京の物価が300倍近くも上昇するハイパーインフレを誘発した[19]。平時の例としては1920年代のドイツのハイパーインフレ[20]であった。発券銀行の中央銀行が直接国債を引き受けると，無制限の通貨膨張をもたらし，国際社会において国家の信認が毀損(きそん)し，資本が海外に逃避し，通貨が暴落し，ハイパーインフレを誘発してきた。

　リーマン・ショック後の日本円は，欧米の金融危機・財政危機から逃避したマネーの受け皿になり，一時的には1ドル＝70円台の異常な円高を記録した。だが，中長期的な見通しに立てば，わが国の財政赤字は自国のGDPの2倍に達しており，また日銀の非伝統的な超金融緩和政策はインフレマネーを散布しつづけており，日銀自身も株式などのリスク資産を抱えこんでしまった。

　したがって，何かのきっかけで日本国債の大量売りが始まり，マネーが海外に逃避し，日本円が暴落し，国内でのインフレが頭をもたげるリスクは非常に高いといえる。

(1) 銀行法（昭和56年6月1日法律第59号）では，銀行の業務は，固有業務（第10条第1項）として，①預金又は定期積金等の受入れ，②資金の貸付け又は手形の割引，③為替取引，④付随業務（第10条第2項）として条文化されている。
(2) 公正取引委員会によると，取引先の金融機関からリスクの高い投資信託などの金融商品を購入するよう要請された企業も多く，いずれの企業も断れないでその要請に応じており，その後，三井住友銀行に排除勧告が出されるなど，独占禁止法上の問題が発生している（『日本経済新聞』2006年6月22日）。
(3) 元アメリカ証券取引委員会（SEC）委員長のハーベイ・ピット（Harvey L. Pitt）は，「独立した証券監督機関に規制を制定する権限と，裏付けとなる予算を与えることは，日本における企業会計と情報公開の水準を高め，日本企業の生産性を引き上げ，投資家を保護することにつながる」（『日本経済新聞』2006年2月22日）と指摘する。
(4) 相田洋・藤波重成『マネー革命 第3巻 リスクが地球を駆けめぐる』（日本放送出版協会，1999年），13ページ。
(5) 同上書，331-332ページ。
(6) Rudolf Hilferding, *Das Finanzkapital*, Wiener Volksbuchhandlung, 1927, s.155, ヒルファディング『金融資本論（上）』（大月書店，1964年），263ページ。「銀行は信用の授与または拒絶により投機の大きさにつよい影響をあたえることができる」（同上書，s.174，288ページ）だけでなく，為替や国債などの証券を自己売買し，自ら巨額の投機を展開して相場を動かす存在となる。
(7) 三菱UFJFGは，純利益で国内最高の1兆264億円（2005年4-12月期）を達成するなど，六大銀行グループは好業績を記録しているが，それは金利収入の低下を，リスク商品の投資信託の販売などによる手数料収入の増加によって補っていた（『日本経済新聞』2006年2月16日）。
(8) 国債発行高は2003年現在，世界シェアの40％（アメリカ37％，EU15カ国19％），発行残高でも37％（アメリカ22％，EU15カ国35％）を占める（Ministry of Finance of Japan, "Japanese Government Bonds—Recent Debt Management Policy Initiatives", *JGB US Tour 2006*, Jun. 2006, p. 9, pp. 22-23）。
(9) 日本銀行金融市場局「デリバティブ取引に関する定例市場報告」（時系列データ，2015年12月末），日本銀行ホームページ。
(10) 監査法人トーマツコンサルティングによるアンケート調査（『日本経済新聞』2006年2月8日）。
(11) David Turner, "Small Traders Stand behind Tokyo Market", *Financial Times*, Jan. 31 2006.
(12) 約定代金100万円の場合の手数料は，ネット証券のイー・トレード証券が840円

に対して，野村證券は9660円である（『日本経済新聞』2006年1月13日）。
(13) 熊野英生「ネットトレーダーの実態　短期売買のテクに溺れる危うさ」（『エコノミスト』2006年1月10日号），30-31ページ。
(14) "Inequality and the American Dream", *The Economist*, Jun.17-23 2006, p. 11.
(15) "The Rising Sun Leaves Some Japanese in the Shade", *Ibid.*, p.31.
(16) ゼロ金利政策とは，日本銀行がコール市場（銀行間で資金を融通しあう短期金融市場）に資金を大量に供給し，無担保コール翌日物（オーバーナイト物）の金利をほぼゼロに近い状態にまで低くするという金融政策であるが，1999年2月から2000年8月にかけて採用された。また量的緩和策（2001年3月から2006年7月）では，金融政策の誘導目標を金利から民間銀行の日銀当座預金残高に変更し，この残高を増額して資金供給量を増やす政策であり，ゼロ金利政策以上の金融緩和の効果が得られることになる。これらの超金融緩和政策は，2010年10月からふたたび導入された。
(17) あわせて拙稿「現代日本経済と膨張する日銀信用――不況対策・決算対策・株価対策」（『商学論纂』第46巻第4号，2005年5月）を参照されたい。
(18) 『しんぶん赤旗』2016年4月7日および参議院予算委員会調査室作成資料『経済のプリズム』第40号（2007年4月），3ページ。
(19) 第二次世界大戦下の軍事国債の日銀引受について，詳しくは拙著『国債管理の構造分析――国庫の資金繰りと金融・証券市場』（日本経済評論社，1990年），とくに「第2章　国債消化における三位一体的構造」を参照されたい。
(20) ドイツのハイパーインフレは有名であるが，それは以下のようである。「世界大戦に敗れて，ドイツでは……（1923年）6月までにマネーサプライは大戦前の2千倍に増加していたが，一般物価水準はすでに2万5千倍を超えていた。……ドイツマルクの対外的な購買力の変化を見よう。14年段階では1米ドルは4.2マルクであったが，23年11月には4.2×10の12乗（1兆）マルクに跳ね上がっていた。……物価も生計費も約1兆倍に上昇したのである。……とにかくマルクが完全に無価値になったことだけは確かである。人々は街に買い物に出かけるのに乳母車に紙幣を詰め込んで出かけた」（『日本経済新聞』2003年8月26日）。

COLUMN 7　経済構造の変化と経済の金融化

　1970年代までの資本主義経済と，それ以降の経済との歴史的な違いは，「現代経済において金融市場と金融産業の重要性と影響力が極度に高まっている」（高田太久吉『金融恐慌を読み解く』新日本出版社，2009年，27ページ）こと，つまり経済の金融化にあるといってよい。
　経済の金融化とは，「企業や家計の経済活動が，金融市場の動向，とりわけ金利，為替，証券価格などの変動によって影響を受ける度合いが強まっていること」（同28ページ）である。
　このような経済の金融化は，1970年代以降の経済構造の変化，すなわち日本や欧米の主要国の経済が低成長の時代に移行し，生産的な投資に向かわない過剰なマネーが大規模化し，新しい利益追求の場を求めて，多方面で，多様な金融ビジネスを展開しはじめたからである。
　これらの過剰なマネーは，アメリカの貿易赤字，オイル・ショックをもたらした原油価格の値上げで獲得した産油国の膨大な外貨，各国の金融緩和政策などによって再生産され，さらに巨額の投機マネーになって運動し，実体経済にも大きな影響を与えるようになった。
　このような経済の金融化は，社会の成員みんなが必要とする財・サービスの生産といった実体経済とは無関係であり，世の中を豊かにするのではなく，むしろ利益を求めて激しく動きまわるために，経済社会を不安定にする。
　資本主義的市場経済の目的は最大限の利益追求にあるが，利益追求のやり方は，大別して（1）財・サービスを生産し，販売する実体経済活動によって利益を追求するか，それとも，（2）マネーを右から左に動かすことによって，つまり商品価格や金利などの変動を利用し，安いときに買って，高くなったら売却し，その売買差益（値上がり益）を追求するような金融ビジネスで利益を追求するか，に区分される。
　経済成長を達成し所得水準の上がった国は，往々にして財・サービスの生産や販売よりも，金融ビジネスによって利益を追求する傾向にある。アメリカを頂点にしたハイリスク・ハイリターン型の金融ビジネスの広がりは，各国の企業や投資家の破産を招く一方，ごく少数の企業や投資家に所得を集中させた。

第8章
日本の財政は破綻するのか？

　日本銀行から民間銀行に供給される過大なマネーが政府の増発する国債を買い支え，巨額の借金（国債）に依存して予算が組まれている。さらに積もり積もった借金の返済のために，新しく借金を重ね，財政赤字の規模は年々巨大化してきた。一体どうしてこのような事態におちいったのか，この先どうなるのか，それが問題だ。

　経済成長を最優先し，景気が低迷するたびに大型公共事業が断行され，政府が不況を買い取ってやる経済政策が続けられてきた。しかもその財源は，一般会計（国の一切の現金収入と支出を経理する制度）を発行母体にした国債の発行に依存してきた。その結果わが国は，深刻な財政赤字におちいってしまった。

　他方で，財政の赤字分を調達するために増発された国債（政府が元利払いを補償する金融商品）は新しい金融市場（国債市場）を誕生させ，そこでは空前の売買取引がおこなわれている。財政赤字が新たなビジネスチャンスを提供し，不況にもかかわらず金融機関と投資家に安定的な金融収益を保障してきた。

　戦後日本経済と財政のあり方はいま，抜本的な見直しを迫られているといってよい。

8-1　財政赤字とリスク転嫁

財政赤字と国債バブルの共存

　現代日本財政の大きな特徴は，世界トップの「財政赤字大国」であること，また財政赤字を調達するために発行された政府の借用証書＝国債が投資家にと

って有益な金融商品となり，天文学的な売買高を記録していることである。

　本来，財政とは，皆で出し合った税金を預かった政府が，社会のためにおこなう経済活動である。年々，このような政府の経済活動は拡大し，そのしくみも複雑化してきた（図表8-1）。

　予算のあり方は，その国の経済社会の特徴を映し出す鏡である。戦前から戦後にかけての日本の一般会計の歳入と歳出割合を比較すると，日本社会のあり方がそこに投影される。とくに歳出内訳をみると，戦前の最大の歳出は「防衛関係費」であり，日本帝国主義の対外進出を支えるために軍事予算が肥大化している。戦後になると軍事予算は縮小し，それに代わって経済成長と不況対策のための「公共事業関連費」が拡大し，少子高齢社会になった2010年度予算では「社会保障関係費」が拡大してきた（図表8-2）。

　現代の予算のあり方を国際的に比較すると，経済成長を優先する「企業国家」日本の予算は公共事業予算が大きな比重を占め，「軍事国家」アメリカの予算は軍事予算が大きな比重を占め，「福祉国家」ヨーロッパは社会保障予算が大きな比重を占める。

　インターネットで「リアルタイム財政赤字カウンタ」のキーワードで検索すると，いまこの瞬間のわが国の財政赤字の金額が，時々刻々とカウントされるサイトにヒットする。サイトによって数値は若干異なるが，国と地方を合計した債務残高は1350兆円に達し，毎秒その金額が増大するようすが見て取れる。

　国の財政赤字総額（「国債及び借入金現在高」）1049兆3661億円の内訳（2016年3月末）は，国債残高910兆8097億円，借入金残高54兆8075億円，政府短期証券残高83兆7489億円である（財政データは財務省のHP）。わが国は，自国の経済規模（GDP）の2倍を超える政府債務を抱える，世界有数の「財政赤字大国」にほかならない。

　OECDの国際比較によれば[1]，日本政府の財政赤字はOECD28カ国の中で最悪であり，対GDP比率（2015年）で229.2％に達し，2位のイタリア160.7％を大きく引き離し，フランス120.1％，イギリス116.4％，アメリカ110.6％，ドイツ78.5％などと比較しても異常に突出している。OECD28カ国の平均は，リーマン・シ

ョック後,急激に増大したが,それでも115.2%ににすぎない(図表8-3)。

　財政赤字の内訳では,一般会計を発行母体にした普通国債の発行残高が最大のウェイトを占めている。普通国債の発行残高は,2016年3月末現在でほぼ805兆円に達している。これは,国民一人当たり約660万円,4人家族なら約2640万円になる。

　政府の借金は,最終的には,納税義務を負う国民の租税によって返済されることになるので,日本国民は,いつの間にか莫大な借金を抱えこんでしまったことになる。しかも,代表的な国債銘柄の10年物長期国債の償還期限は60年間にわたるので,莫大な借金は,将来世代にも引き継がれていく。

　1000兆円にせまる国債発行残高のために支払われる巨額の利子と元本の返済額は,他の財政支出を圧迫している。2016年度の一般会計歳出総額の24.4%にあたる23兆6121億円,つまり予算の約4分の1は,過去に発行した国債の利払い費・債務償還費などの「国債費」として費消される。他方で政府の財政運営が社会保障費を毎年抑制してきた結果,社会保障予算は歳出総額の33.0%にとどまっている。累積国債の借金の支払いは,社会保障の予算と肩を並べるところまでやってきたのである。

　国民の生存権を保障する社会保障予算が,累積国債の重荷によって押しつぶされつつある。累積国債の重荷は,広く国民諸階層に転嫁されている。

ソブリンリスクと消費税の引き上げ圧力

　財政赤字大国は,たえず政府債務に対する信認の危機(ソブリンリスク)を誘発する。それは,まず国債価格の暴落(国債流通利回りの暴騰・国債金利の暴騰)となって表面化する。

　金融機関や投資家が国債を購入する第一の目的は,政府から利子をもらえ,元本を確実に償還してもらえるからである。わが国では,毎年20数兆円(利子と元本の償還費用)を国債投資家に支払っている。たとえば2%の確定利付債券の国債は,100万円の国債を買ってくれたら2万円の利子を支払うというように,あらかじめ決まった利子の支払いを約束する。もし財政が危機的事態にお

図表 8-1　財政のしくみ

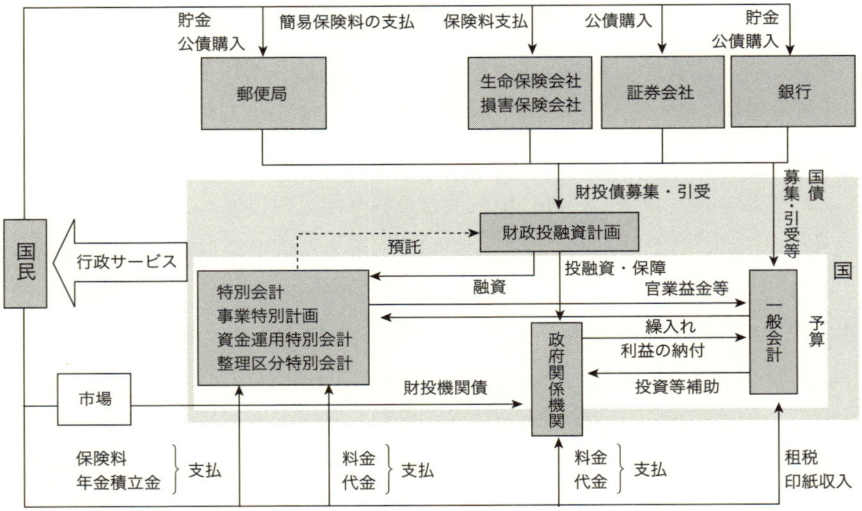

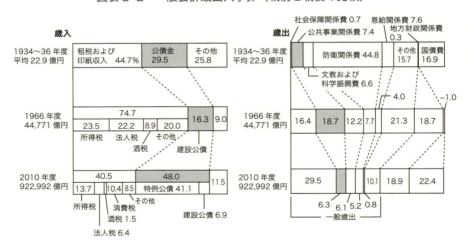

(資料)『図説日本の財政（平成18年度版）』（東洋経済新報社, 2006年), 65ページ
(出所)『新政治・経済資料2010』（実教出版, 2010年), 217ページ

図表 8-2　一般会計歳出入予算（戦前と戦後の比較）

(注) 1934～36年度平均歳入は決算, 1934～36年度平均歳出および1966年度は補正後予算, 2010年度は当初予算
(出所)『最新政治・経済資料集2011』（第一学習社, 2011年), 199ページ

ちいって、この利子の支払いが滞ったり（＝デフォルト・債務不履行），遅延（＝リスケジュール・債務繰り延べ）するのではないかとの懸念が生まれると，国債の投資家は手持ちの国債を売りに出したり，新規の国債投資を手控えたりするようになる。いままで100万円で売れていた国債価格は下落し，たとえば50万円になったとすると，この国債の利回りは，2万円÷50万円＝4％に跳ね上がる。目前の国債市場の利回りが4％な

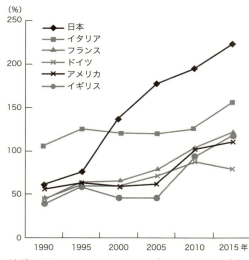

図表8-3　政府債務残高の国際比較
（対GDP比）

（出所）*OECD Economic Outlook No.90*, Annex Tables, 各年より作成。計数はSNAベース，一般政府。

ので，新規に発行する国債の利子（表面金利やクーポンレートともいう）も4％近傍に高くしないと国債が売れなくなり，予算が組めなくなるといった事態が訪れる。国債価格の暴落は，国債流通利回り（＝その国の長期金利の基軸金利）の暴騰を通じて国債利子の暴騰をもたらす。すると政府の利払い費用は倍増し，財政赤字はいっそう深刻化する，といった悪循環におちいる。

　政府債務危機が発生したギリシアでは，ソブリンリスクが表面化し，ギリシアの国債流通利回りは，2011年秋口に一時的に25％にも暴騰している。これに対して，イギリス，ドイツ，フランス，アメリカなどの長期金利は2〜4％であり，さらに国債バブルの続く日本の長期金利は，1％前後にある[2]。国際的に比較しても，日本経済は，いぜん不況が続き株価も低迷しているにもかかわらず，国債価格だけが暴騰するバブル市場になっている。

　今日のような歴史的にもまれな国債価格の暴騰期は，これから先，国債価格は下落こそすれ，これ以上の上昇はありえないことを意味している。国債バブ

ルを利用して国債の売買差益を追求してきた大口の国債投資家である金融機関にとって，いかにすれば今日のような国債バブルを継続できるのかが最大の関心事となる。

　たとえば，こうである。「今後5年間に増税できないならば，国債の金利は上昇を免れないだろう」「消費税率を今後5年間で5％ずつ2回に分けて引き上げ，15％にすべきだ」[3]。このように主張するのは，世界の巨大金融機関のひとつであるクレディ・スイス証券会長の松島正之（元日銀理事）である。この指摘は，現代のグローバル経済とカジノ型金融独占資本主義を主導する巨大金融機関の利害を正直に吐露している。

　日本国債をマネーゲームのターゲットにしてきた巨大金融機関にとって，国債価格の下落は，保有資産価値の縮小と損失の拡大をもたらす。たとえば，ギリシア国債を大量に保有するユーロ圏の主要銀行は，ギリシア国債の暴落によって巨額の損失を抱えこみ，その損失を穴埋めするために，2011年10月末現在，総額1064億ユーロ（約11兆3000億円）の資本増強[4]を迫られた。

　このようなソブリンリスクを回避するために，わが国では，消費税を15％に引き上げ，財政赤字を削減し，財政面から国債の信認を強力に支えてほしい，と金融機関・国債投資家サイドは主張する。そうすれば，国債バブル市場におけるマネーゲームが継続でき，日本国債を利用した金融ビジネスは引き続き大きな利益をもたらすからである。つまり，消費税の引き上げという日本国民全体の負担増によって，巨大金融機関の国債市場からの利益を確保しつづけようということである。これが，市場サイドからの消費税引き上げ圧力の背景にほかならない。

経済成長優先政策への固執と破綻

　財政赤字が深刻化し，財政再建を掲げる政府はつねに増税を口にしているが，増税のターゲットにするのはもっぱら個人・家計部門が負担する消費税であり，企業の負担する法人税は，むしろさらに減税してきている。

　日本財政学会第64回大会（2007年10月）のメイン・シンポジウムでのパネ

リストたちは，このような税制改革の意義とその背景について，以下のように発言している。

「アメリカではかねてより法人税を付加価値税に代替するという提案がされてきたわけですけれども，日本でもいま，こうした主張が出てきています。この背景は，法人税減税によって経済の活性化を図るとともに，消費税という安定財源を確保する必要があるということです。ある意味では経済成長と財政再建の両立を図る税制改革ではないかと思いますが，法人税減税，消費税増税という税制改革をどのように考えるのかが論点の1つだと思います」[5]。

つまり，経済成長のためには法人税の減税が必要であり，安定財源を確保するためには消費税の増税が必要である，という視点に立った税制改革である。

このような税制改革は，多くの問題を抱えている。まず，法人税減税を優先する経済成長の中身が問題である。かつての高度経済成長期に「くたばれGNP」といった標語がメディアに登場したが，それは，経済成長は実現したのに国民生活は疲弊し，公害問題も深刻化し，決して豊かな社会にならなかったからである。今回の税制改革も，再び三度，この轍を踏もうとしている。

財政再建と安定財源のために消費税を増税する税制改革は，膨張した財政赤字の原因が経済成長と景気回復を最優先した借金依存の財政運営にあったことについて何も反省せず，むしろその責任を免罪している。

こうした税制改革は，市場経済と民間企業への市場原理主義ともいうべき盲目的な追随と信仰に根ざした「改革」であり，国民生活，とりわけ99％の働く人々を犠牲にし，財政赤字を温存したまま企業部門，とくに大企業と大手金融機関にだけ富を集中する結果を招くことになる。

このシンポジウムには，財務省の主計局主計官がパネリストとして発言している。主計官は，財政再建にとって「まず必要なのは歳出抑制と経済成長」であり，「社会保障の歳出自体を抑えるということ……経済成長の伸び以上に年金の給付が伸びることを抑えていく必要があります」[6]と発言している。

この主計官の発言からも，わが国の政策当局は，市場原理主義に立った政策運営を実施し，社会保障関係費を削減する立場に立っていることがわかる。そ

こには憲法第25条で宣言している国民の生存権を尊重する姿勢は見えない。

　あたかも枕詞のように使用される「まず経済成長」といった発想と財政運営は，戦後日本の経済を貫く1本の太い柱であった。賃金アップも，社会保障も，それを実現したかったなら経済を成長させなければならない，それまで待て，という態度は，野蛮な戦時下に軍の指導者が国民に呼びかけた「欲しがりません，勝つまでは」という態度に通底している。

　だが，こうした主張をくりかえす政策当局は，すでに1960年代末までにイギリス，フランス，ドイツ（当時の西ドイツ）を経済規模で追い抜き，その時点からすでに40年以上も経っているのに，「経済大国日本」の国民生活は，これらのヨーロッパの国民生活よりも豊かでゆとりがあるとはいえない現実に目をつぶっている。

8-2　公共事業より社会保障による景気対策

公共事業を上まわる福祉の経済効果

　戦後日本の経済成長政策の主要な柱は，道路，橋，工場団地など産業関連のインフラを中心にした大型公共事業であった。建設国債を大量に発行し，借金によって得た財政資金で公共事業をおこなってきた。不景気になると，さらに大規模な公共事業予算が組まれた。

　1990年代には，「日米構造協議」により，日本の内需拡大策として10年間に430兆円（その後630兆円に増額）を実施するとの対米公約から，大型公共事業が実施され，財政赤字が一挙に拡大した。

　まだ建設業や製造業などの第二次産業がわが国の産業構造において主要な地位を占めていた1950～70年代までは，公共事業などの産業基盤の整備・充実は，経済成長や雇用促進策としても一定の有効性を発揮した。だが，産業構造は経済成長と技術革新にともなって急激に変化し，もはや建設業や製造業ではなく，卸売・小売業，医療・福祉，飲食店などの第三次産業が支配的な産業に

なってきた。現代日本の6350万人の就業者たちを産業別の割合（2015年）でみると，第一次産業3.2%，第二次産業24.0%，第三次産業72.8%であり，7割以上の人々が第三次産業に従事している。

したがって従来のように，道路を造り，橋を架け，といった公共事業によって直接恩恵を被る人々の割合は，第一次産業と第二次産業の従事者を合計しても，6350万人の就業者全体の3割弱にすぎない。残りの7割以上の人々にとって従来型の公共事業は，直接的な恩恵は少なく，就業機会を拡大するでもなく，むしろ家計の負担を重くする財政赤字の原因になっている。

その上，戦後の大型公共事業は，大手ゼネコンとその系列会社のネットワークの中に囲い込まれ，利権の構造ができあがっているため，北海道から沖縄まで全国に散在する中小工務店・土建業・地場産業にまで資金と仕事が回っていかない。

そのため，公共事業の景気対策効果も弱体化してきた。いま予算1兆円の経済効果について，生産への波及効果と雇用機会の創出を比較してみよう[7]。すると，公共事業の場合は生産への波及効果2兆8000億円，雇用機会の創出20万8000人，社会保障の場合は生産への波及効果2兆7000億円，雇用機会の創出29万人である。

産業構造が高度化し，サービス産業に従事する人々の割合が圧倒的に多くなり，しかも多数の失業者をかかえた高齢社会となった現代日本においては，公共事業よりも雇用機会を拡大する社会保障を充実させる経済政策のほうが，きわめて有効であることがわかる。憲法第25条の生存権を優先する社会保障の充実政策が，景気対策としても有効な時代が訪れている。現代日本は，経済成長と社会保障・福祉の両立する時代に入ったのである。

建設国債の発行とマネーゲームの舞台

経済成長と景気対策のための公共事業は，その効果がきわめて疑わしいにもかかわらず，その財源として依然，国債が増発されてきたのは，別の動機が存在する。それは，国債という金融商品そのものを求める各方面のニーズに応え

るためである。

　というのも，政府が元利払いを保証する国債は，安全で信用度の高い金融商品にほかならない。国債の発行元の政府は，民間の株式会社のように倒産するリスクもなく，利子は遅滞することなく定期的に予算の中から支払われるからである。日本政府は，金融の自由化・国際化を推進する切り札として，内外の投資家に国債を供給し，金融市場の膨張と活性化を誘導してきた。

　実際，国債市場の膨張，その金融市場としての影響力はすさまじく，国債の売買高は，わが国の統計史上はじめて「兆」の単位を超越して「京」の単位を記録した。たとえば，2007年度の国債売買高（東京店頭）は1京2323兆円（これに国債先物売買高2806兆円を加えると，総国債売買高はほぼ1京5000兆円）に達している[8]。

　国債売買市場は，他に例のない超巨大金融市場であり，内外のマネーが一瞬の価格変動をねらって超短期の売買をくりかえすマネーゲームの大舞台になっている。銀行や証券会社などの金融機関，内外の投資家は，増発されつづけた国債によって大きなビジネスチャンスをつかんだのである。

　まさに，「財政赤字の一方的拡大こそが，新市場の発達，金融機関業務のあらたな展開，短期オープン市場の発達，金融商品の開発競争など，金融『革新』と金融活況とを同時に進行させた直接の，そして最大の要因であった」[9]といえる。

　1970年代の半ば以降，日本経済はそれまでの高度成長経済から低成長経済に移行した。実体経済が低迷するなかで利益を確保しようとするには，先行するアメリカのように，金融ビジネスを育成・拡大していくことになる。事業会社も，本業のモノづくりだけでなく，副業として財テク・マネーゲームに参入するようになる。たとえばトヨタ自動車は，財テク・マネーゲームによって金融収益を追求する「トヨタ銀行」の顔をもつようになる。

　その上，経済のグローバル化・金融化を推進するアメリカは，公的金融システムに封印された郵貯・年金マネーをねらって日本に「金融開国」を迫り，わが国の金融自由化・国際化が加速した。さらに1990年代の半ばになると，日

本の金融システムをアメリカと同じようなシステムに改革するよう「金融ビッグバン」を迫る。2001年にこの金融ビッグバン改革が予定通り終了したとき，アメリカの金融産業にとって51番目の「ニッポン州」が誕生し，アメリカの金融機関，ファンドなどが大挙して日本国内に流入し，日本の市場における占拠率を高め，東京市場のウインブルドン化（テニスの全英オープン戦のように，場所は提供するが，そこで活躍するのは外国人）が進展してきた。

　政府によって増発されつづけ，1000兆円にせまる規模にまで累積した国債は，今日に至るこのような一連の流れと「金融大国日本」に道を開き，かつ促進してきたといえる。もはやここには，国の義務として定められているはずの国民の生存権（憲法第25条）への眼差しはなく，金融資本と投資家の致富行動への，わが国政府の従順な追随があるだけである。

8-3　民営化株式の発行と超金融緩和政策

民営化のねらいと背景

　「金融大国日本」に道を開き，かつ促進したのは，国債市場だけではない。NTT株式や郵政民営化株式の発行など，国有資産の民営化による民営化株式の大量発行は，国庫に新しい収入をもたらしただけでなく，わが国株式市場の膨張と活性化に貢献してきた。民営化株式の発行は，国庫への資金の供給と株式市場の活性化といった一石二鳥の国策であったといえよう。

　財政赤字が深刻化し，債務返済の財政資金が枯渇し，国債償還のための財源すらおぼつかなくなると，新しい財源を求めてさまざまな政策が発動されてきた。1989年4月に新たに導入された3％の消費税は，1997年4月に税率を5％，2014年4月に8％に上げることで，国庫に毎年ほぼ16兆円の新たな税収をもたらしている。

　だが，このような増税以外に，各種の国有財産が売却され，その売却代金が国庫に納められている。日本電信電話公社（現在のNTT）や日本国有鉄道（現

在のJR）などの民営化にともなう株式の売却は，1985年度から2004年度までの累計で，国庫に31兆3000億円の莫大な収入をもたらしてきた[10]。

　民営化の先陣を切ったNTT株式は，1987年1月から3回売却されたが，政府はこの3回のNTT株式の売却でほぼ10兆円の株式売却代金を調達できた。それだけではない。NTT株式の発行は，いままで株式市場にまったく縁のない個人を，株式市場に誘い込む上で大きな効果を発揮した。なんといっても政府の売り出す株式だから安心して株式投資ができる，といった風潮が育成された。証券会社は，抽選となったNTT株式の販売をめぐって，短期間のうちに延べ人数ほぼ1000万人の顧客名簿を整備できた。政府のNTT株式の発行は，「1億総投資家」のバブル時代を牽引した。

　民営化株式の発行は，証券市場の育成と新たな金融商品の供給，「貯蓄よりも投資」を推奨する国策的な意図をもって推進されてきた。だが，株式市場から財政資金を調達しようとすると，本来安定的であるはずの財政運営が，本来不安定に価格の変動する株式市場に依存するようになり，国庫の資金繰りが株価の動向に振りまわされる「株価連動型財政」といった問題を抱えこむことにもなった。

　その後，2012年4月に可決・成立した郵政民営化関連法では，日本郵政株式会社（JP Holdings）は持ち株会社として，その傘下に，郵便業務を担う郵便事業株式会社（日本郵便JP Post），郵便局の窓口サービスを行う郵便局株式会社（JP Network），郵便貯金業務を担う株式会社ゆうちょ銀行（JP Bank），生命保険業務を担う株式会社かんぽ生命保険（JP Insurance）という4社体制に分割・民営化された。日本郵政グループ3社の民営化株式は，2015年11月，第1次の売却が実施され，日本郵政約6808億円，ゆうちょ銀行約5880億円，かんぽ生命約1430億円，3社合計で約1兆4000億円の売却収入金が財務省に入った。

　郵政民営化株式を中心になって捌いたグローバルコーディネーターは，野村證券，ゴールドマン・サックス，三菱UFJモルガン・スタンレー，JPモルガン証券，という日米の巨大な4大証券会社であった[11]。

超金融緩和政策と銀行救済・国債大量発行

　世紀の転換点に採用された，歴史上例をみない超金融緩和政策（量的金融緩和政策，とくにアベノミクスの異次元金融緩和政策）は，深刻化する財政赤字をさらに悪化させる一方で，国債市場をバブル市場に転換させた元凶であった。「デフレからの脱却」という名目で，日本銀行を時の政権に従属させ，政府の失政の責任を中央銀行に転嫁した政策でもあった。

　つまり，アベノミクスのみたてはこうである。「デフレ不況」は，日本経済にマネーが十分供給されないためである。だから，物価の下落と不況の深刻化を阻止するために，日本銀行は，他に例をみないような超金融緩和政策を採用せよ，と政府は日銀総裁を国会に呼びつけて叱咤激励しつづけた。その方法は，日本銀行が民間銀行の保有する国債などを大量に買い取り（国債買いオペレーション），その買い取り代金をそっくり銀行に供給し，民間銀行のもとに使い切れないほどのマネーをプールする。そして民間銀行は，その潤沢すぎるマネーを企業に低金利で大量に貸し出すなら，企業活動は活性化し，物価も上がり，日本経済はデフレ不況から脱却できる，というものであった。

　だがこの政策は，現実によって否定され，誤りであることが証明された。実際，「デフレ不況」から脱出できなかったし，インフレを起こそうとする政府の意図に反して，物価も上がらなかった。

　では，なぜこのような結果になったのか。「デフレ不況」の原因は，マネーが不足したからではなく，長期にわたる賃金の削減で国内需要が不足したからである。これに加えて，2014年4月の消費税率の8％への引き上げが消費不況をさらに深刻化させた。つまり消費不況が，政府のいう「デフレ不況」の真因だったのである。

　だから，不況から脱出するには，賃金カットを止め，むしろ賃上げを断行し，リストラを止め，まさに国民の生存権を擁護するためのさまざま政策を展開する必要があったのに，こうした政策はおこなわれなかっただけでなく，毎年，社会保障費をカットしてきた。

　また，物価が下がりつづけたのは，マネーが不足（マネーストックの不足）

したからでなく，国民の消費支出がマイナスになり，各種の財やサービスに対する需要が激減したことに加え，「世界の工場」に成長した中国などから安価な商品が大量に輸入され，円高と相まって，日本の国内物価は下押しされつづけたからである。

そもそも物価の下落は，生活費を引き下げるので，国民生活には多くのメリットをもたらす。したがって，物価がマイナスにおちいることを阻止し，プラスに転化するまでマネーを供給するといった超金融緩和政策に踏み切ること自体が，国民の生活と生存権を脅かす政策であったといえよう。

では，どうしてこのような超金融緩和政策が発動されたのか，その真のねらいは次のような新聞記事が語ってくれる。

すなわち，第一に，不良債権に悩む民間の銀行にとって「量的緩和がつづく限り日銀はいつでも国債の買い取りに応じてくれるという安心感がある。また金利の低下局面では，日銀の買い取り価格は当初の取得価格を上回る可能性が高く，その場合には売却益も確保できる。量的緩和により銀行部門はいわば継続して補助金が与えられてきたようなものである」[12]。

第二に，日本銀行の国債買いオペレーションによって供給されたマネーは，不良債権化するリスクを懸念した銀行の貸し渋りによって，資金需要のある中小企業には貸し出されず，不良債権化するリスクのない国債投資へと大挙して向かっていった。銀行は，毎年ほぼ30兆円を超えて発行されつづけた国債の大量の買い手となった。

銀行が国債を買い支えてくれるので，政府は大量国債の消化基盤を持ったことになる。超金融緩和政策は，銀行救済と国債大量発行を真の目的にして発動されたことになり，それはまた「財政赤字大国」への転落と財政破綻に道を開く結果をもたらした。

毎年の歳入予算の半分以上を税収ではなく，借金によって，つまり国債発行によって調達している現代日本財政は，危うい綱渡りで予算が成立している。その命綱に当たるのが，日本銀行の超金融緩和政策によって強力に支援された銀行や郵貯による国債の大量購入である。

もし，銀行や郵貯が国債の購入よりももっと利回りの良い投資物件に資金を回すようになれば，大量国債の発行は不可能になり，予算が組めなくなり，財政は破綻する。民間銀行の代わりに日本銀行が直接国債を引き受けるようになれば，実体経済の裏付けのないインフレマネーが財政ルートを通じて大量に散布されるので，ハイパーインフレが起こり，国民生活は破壊される。

　迫り来る財政破綻とハイパーインフレをどのように回避するのか，それが現代日本財政の直面する最大の難問である。この難問への解答は，多様かつ多元的であるが，さしあたっていえるのは，歳出の削減と歳入の確保にある。どの予算を削り，どこから税収を確保するのかは，わが国の将来像をどのように描くのかによって決定される。

　わが国は，若い経済成長国の時代が終わり，成熟経済国になり，少子高齢社会が到来した。このようなわが国の現状を踏まえて将来像を展望するなら，従来の経済成長を最優先させた予算の削減，つまり公共事業関係費・防衛費・各種の天下り団体に向けられる予算の大幅削減であり，また上場企業のなかで蓄えられている350兆円ほどの内部資金の活用と法人税率の引き上げ，富裕層への増税（所得税と相続税の最高税率の引き上げ・金融所得への課税），金融取引税の創設，などによる歳入の大幅増に踏み込むことである。

(1) *OECD Economic Outlook* No.98, Nov. 2015 General Government Gross Financial Liabilities.
(2) 『エコノミスト』2011年10月11日，34-35ページ。
(3) 『週刊東洋経済』2011年4月2日，39ページ。
(4) 『日本経済新聞』2011年10月28日。
(5) 日本財政学会編『財政再建と税制改革』（有斐閣，2008年），7ページ。
(6) 同上書，10ページ。
(7) 『朝日新聞』1999年6月20日。詳しくは自治体問題研究所編集部『社会保障の経済効果は公共事業より大きい』（自治体研究所，1998年）を参照されたい。
(8) 日本銀行調査統計局『金融経済統計月報』2008年11月号。
(9) 久留間健・山口義行・小西一雄編『現代経済と金融の空洞化』（有斐閣，1987年），24ページ。

(10) 『日本経済新聞』2005年9月3日。
(11) 『毎日新聞』2015年11月5日，「日本郵政株大解剖」『エコノミスト』2015年10月20日号，「日本郵政株式の売出しで財務省が果たした役割」『ファイナンス』2015年12月，などを参照されたい。
(12) 『日本経済新聞』2003年12月16日。

COLUMN 8　1％の富裕層がもっと富裕になるしくみ──不公平税制

　世界トップクラスの貧困・格差大国日本。どうしてこうなったか。その一因は，もっとも高い所得を得ている富裕層に，さらに富が集中する不公平な税制改革がおこなわれてきたことにもある。

　戦後経済成長の時代に，国民のあいだで「1億総中流」意識が支配的になったのは，所得が巨額になると所得税も多く支払い，所得が低いと納める所得税も少額になり，結果として国民諸階層の格差が極端に拡大することはなかったからである。

　たとえば，年間1億円の所得の富裕層が支払う所得税は，最高税率が75％であった1974年まで，7500万円に達し，手元に残る税引き後の所得は2500万円であった。その後，所得税の最高税率は，1984年に70％，87年に60％，89年に50％と引き下げが進み，1999年には37％まで下げられたので，税引き後でも手元には6300万円が残されることになった。

　つまり「金持ち減税」がくりかえされた結果，1億円の高額所得者が税引き後に手元に残すことができる所得は，2500万円から6300万円に一挙に増大した。所得税の減税は，3800万円の恩恵を富裕層に与えたことになる。10億円の所得なら3億7000万円の恩恵である。その結果，国民諸階層のあいだで格差が拡大し，「1億総中流」意識は崩壊し，貧困・格差大国日本が出現した。

　野村総合研究所によれば，2013年現在の日本では，純金融資産1億円以上を保有する富裕層100万世帯が，5400万世帯の保有する1286兆円の資産のほぼ2割（241兆円）を独占している。とくに，純金融資産5億円以上を保有する超富裕層5万4000世帯への資産の集中（73兆円）が加速している。

　財政再建のための増税が必要ならば，低所得者に負担を強いる消費税ではなく，所得税の最高税率を1974年の水準まで戻すなら，それだけでほぼ10兆円の増収（この増収規模は消費税5％分の税収に等しい）になる。生活に困らず余裕のある富裕層の所得に増税することは，財政再建に貢献するだけでなく，貧困・格差大国から脱出する第一歩になる。リーマン・ショック後の財政赤字の改善のため，すでに欧米では富裕層増税に乗り出している（第13章を参照）。

第9章
アメリカと日本の経済は一体なのか？

　これまでの章で，日本の経済政策を決定する重要な局面で，しばしばアメリカの意図が介在してきたことにふれた。国内から外に出て，国際社会の目であらためて日米関係を観察すると，日本は独立国というよりアメリカの51番目の「ニッポン州」であるかのような，さまざまな現実に直面する。

　ときに日本の国益を損なってでもアメリカとの関係を優先させ，アメリカの対日要求を飲み，経済システムを取り入れ，米ドルに極端に依存する事態が見られるからである。

　世界の経済地図が塗り変わる21世紀の入口に立ったとき，戦後続いてきた不平等な日米関係を見通し，新時代に対応した新しい関係が求められている。

9-1　金融のグローバル化と外国資本の対日進出

アメリカ系金融機関と寡占化する国際金融・証券市場

　現代の金融ビジネスは，ニューヨーク・東京・ロンドンなど，国際金融センターと言われる地球上の主要拠点をコンピュータのネットワークで連結し，24時間無休でグローバルに展開されている。そこでは外国為替相場，各種金利，証券価格の瞬時の変動にビジネスチャンスを見いだし，巨額の売買取引がくりかえされる。時々刻々，巨万の売買差益が実現するか，場合によっては破綻に直結するような損失を抱えこむビジネス世界が広がっている。

　戦後，アメリカ・ドルが基軸通貨の地位を獲得して以降，ニューヨークは，グローバルな経済取引の最終的な支払決済の地となっただけでなく，世界のマ

ネーフローの拠点になり、アメリカ一国で世界の資本輸入額の71.5％（2003年）[1]を独り占めする、マネーの調達と運用の国際金融センターになってきた。

とくに旧ソ連体制の崩壊した1990年代以降、市場経済システムが世界を席巻するにつれて、アメリカ型システムは一種のグローバル・スタンダードとして各国に輸出され、アメリカ系の多国籍的な金融機関が、世界各国の主要な金融・証券市場において市場占拠率を高めてきた。

現代の国際金融・証券市場の特徴は、わずかに5～10社の巨大金融機関によって市場が独占されていることであり、しかも、その少数の金融独占体のほとんどがアメリカ系の金融機関であることであろう。

OECDや各種の調査機関が指摘するように[2]、各国の国内市場以外で発行された株式や債券についてのグローバルな証券ビジネスの集中度はきわめて高い（図表9-1）。国際株式の市場占拠率（2008年現在）は、上位5社で40.1％であり、上位10社となると58.2％にも達している。同様に、国際債券の市場占拠率では、上位5社で41.6％であり、上位10社となると64.4％にも達している。国際的に発行される株式や債券のほぼ60％台が、JPモルガン・チェース、ゴールドマン・サックス、バンク・オブ・アメリカ（メリル・リンチ）、モルガン・スタンレー、シティグループ、ドイツ銀行、UBSといったわずか10社の巨大金融機関によって独占的に引き受けられている。

しかも、市場を独占する上位10社、なかでも上位5社の金融機関の内訳はアメリカ系の投資銀行であり、イギリスの『フィナンシャル・タイムズ』紙[3]によれば、国際発行株式の4割（1998年末で38.5％）がアメリカの大手投資銀行5社（ゴールドマン・サックス、モルガン・スタンレー、メリル・リンチ、JPモルガン、ソロモン・スミス・バーニー・インターナショナル――以上、当時の金融機関名）によって独占的に引き受けられていた。

アメリカ型資本主義経済システムは、ハイリスク・ハイリターン型の金融取引が選好され、経済社会を不安定化し、競争のなかで経済格差を助長するシステムでもあった。それは2008年9月の「リーマン・ショック」に端を発する、100年に1度の世界金融・経済恐慌の発生によって歴史的に証明された[4]。

図表9-1　各市場における取り扱いランキング（2008年，金額ベース）

株式

08年順位	企業名	金額（億ドル）	件数	シェア（%）	07年順位
1	JPモルガン・チェース	596	163	9.5	2
2	ゴールドマン・サックス	570	127	9.1	5
3	モルガン・スタンレー	497	136	7.9	6
4	バンク・オブ・アメリカ（メリル・リンチ）	473	174	7.5	1
5	UBS	381	160	6.1	3
6	シティグループ	381	140	6.1	4
7	クレディ・スイス	306	117	4.9	7
8	ドイツ銀行	205	105	3.3	8
9	バークレイズ	129	47	2.1	9
10	野村ホールディングス	104	41	1.7	11
24	大和証券SMBC	30	22	0.5	38
86	みずほフィナンシャルグループ	3	19	0.1	56
	市場全体	6,301	2,328	—	—

債券

08年順位	企業名	金額（億ドル）	件数	シェア（%）	07年順位
1	JPモルガン・チェース	4,013	1,104	9.4	3
2	バンク・オブ・アメリカ（メリル・リンチ）	4,010	1,275	9.4	1
3	バークレイズ	3,960	1,043	9.3	2
4	ドイツ銀行	3,027	788	7.1	5
5	シティグループ	2,733	898	6.4	4
6	RBS	2,166	686	5.1	6
7	クレディ・スイス	1,928	610	4.5	9
8	ゴールドマン・サックス	1,925	495	4.5	8
9	モルガン・スタンレー	1,860	554	4.4	7
10	UBS	1,842	761	4.3	10
17	野村ホールディングス	521	217	1.2	22
18	大和証券SMBC	486	281	1.1	23
22	みずほフィナンシャルグループ	392	328	0.9	25
23	三菱UFJフィナンシャルグループ	357	202	0.8	27
	市場全体	42,801	12,062	—	—

（出所）『エコノミスト』2009年6月23日，28ページ

図表 9-2　投資部門別株式保有比率の推移

■政府・地方公共団体　■金融機関　■事業法人等　□証券会社　■個人・その他　■外国法人等

年	政府・地方公共団体	金融機関	事業法人等	証券会社	個人・その他	外国法人等
2014	0.2	27.4	21.3	2.2	17.3	31.7
2010	0.3	29.7	21.2	1.8	20.3	26.7
2000	0.2	39.1	21.8	0.7	19.4	18.8
1990	0.3	43.0	30.1	1.7	20.4	4.7
1980	0.4	38.2	26.2	1.5	27.9	5.8
1970	0.6	31.6	23.9	1.3	37.7	4.9

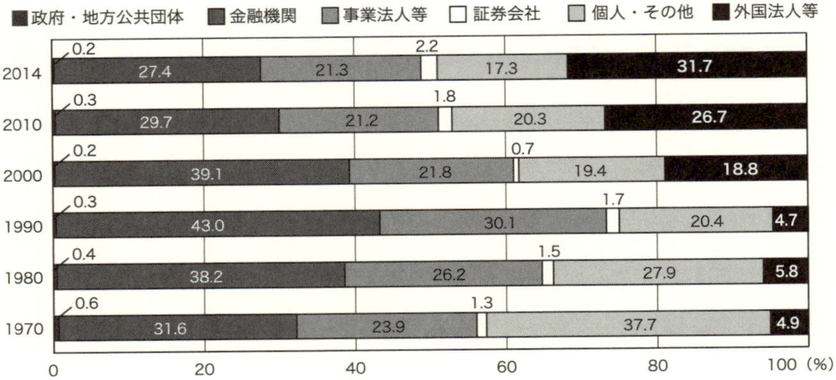

（出所）日本取引所グループ「株式分布状況調査結果」各年度版より作成

激増する外国人投資家の持ち株比率

　金融ビッグバン改革が進展するにつれて，外国資本の対日進出も加速してきた。とくに，金融機関が不良債権対策から保有株を市場で売却し，事業法人も時価会計の導入から財務上のリスクとなった保有株を売却するようになると，外国人投資家による日本株投資が活発化した。株式の買越額は過去最高のペースで進展し，2013年度に至って，外国人投資家の株式買越額は15兆円を記録した。

　外国人投資家の日本株投資が活発化し，日本企業の大株主として登場するようになると，日本株全体の保有構造も変化してきた。投資部門別株式保有比率の推移（図表9-2）をみると，従来の最大の株式保有者であった金融機関と事業法人の株式保有比率の合計は，1970年度から2000年度にかけて，60％台を維持していた。戦後の企業集団は，企業間での株式の相互持合の構造に依存したからである。

　だが，1990年代後半の金融ビッグバン改革は，資本のグローバルな自由移動を加速させ，「もの言う株主」の外国人投資家が「株式会社ニッポン」の最大株主になった。2014年度の株式保有比率でみると，外国法人（31.7％）が最大となり，次いで金融機関（27.4％），事業法人（21.3％）の順である。外国法

人の保有比率は，金融ビッグバン前の5.8％（1990年度）から，18.8％（2000年度），26.7％（2010年度），そして直近の31.7％（2014年度）へと激増している。

いまや外国人投資家は，わが国の大株主の地位を占めている。日本の株式市場に対する外国人投資家の影響力が高まり，株主への高い配当や資本の効率的利用など，高利回りと市場原理主義を最優先する企業経営が追求され，終身雇用や年功序列的な賃金体系などの日本的経営は株主総会で退けられる。その結果，株主への配当金，役員報酬，企業の内部留保金が増大する一方，従業員の給与は削減され，連続してマイナスを記録してきた（図表9-3）。そのうえ日本政府は，対日進出した外国企業から新技術や経営手法を取り入れるとの名目で，2011年末までに26兆円の対日直接投資残高が達成されるような目標を設定した[5]。

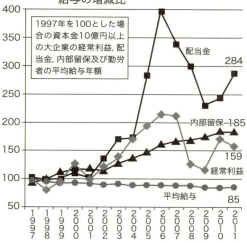

図表9-3　大企業の利益・配当金・内部留保と給与の増減比

（資料）財務省「法人企業統計（全企業・除く金融保険業）厚生労働省「毎月勤労統計調査」から作成
（出所）『しんぶん赤旗』2013年2月9日

外国人投資家の株式保有比率はあらゆる産業・企業に及んでいるが，とくにわが国を代表する大手銀行，証券会社，保険会社，ノンバンク，地方銀行に対する比率の高さは注目される。ほぼ36兆円に達する公的資金の援助を受けて，バブル崩壊後の不良債権処理をやり終えたわが国金融機関は，その30～40％の株式を外国人投資家によって保有されている。

大手銀行における外国人投資家の株式保有比率をみると，国が49.55％の株式を保有しているりそなホールディングス（HD）を除いて，わが国を代表する3大金融グループの三菱UFJFG（33.9％），みずほFG（29.9％），三井住友FG

表 9-4　主な金融機関の外国人持ち株比率

		2006年3月(%)	2005年3月(%)	増減率
大手銀行	三菱UFJ・FG	33.9	30.3 ※	3.6
	みずほFG	29.9	24.0	5.9
	三井住友FG	39.4	23.8	15.6
	りそなHD	7.5	8.4	▲0.9
	住友信託	39.7	37.0	2.7
	三井トラストHD	33.6	24.4	9.2
大手証券	野村HD	43.6	37.9	5.7
	大和証券G本社	37.2	31.5	5.7
	日興コーディアルG	49.5	44.6	4.9
損保	ミレアHD	36.7	36.5	0.2
	損保ジャパン	39.7	36.6	3.1
	三井住友海上	40.1	38.8	1.3
	あいおい	24.5	21.5	3.0
	日本興亜	39.1	37.3	1.8
	ニッセイ同和	13.2	9.4	3.8
生保	T&D・HD	26.9	22.6	4.3
ノンバンク	オリックス	59.3	57.3	2.0
	クレディセゾン	54.1	51.9	2.2
地方銀行	横浜	35.3	33.2	2.1
	福岡	30.7	21.1	9.6
	千葉	23.4	19.5	3.9
	ほくほくFG	12.5	10.2	2.3

(注)　増減率はポイント．▲は減少．FGはフィナンシャルグループ，HDはホールディングス，Gはグループ．※は旧三菱東京FGの比率
(出所)『日本経済新聞』2006年5月27日

(39.4%) のいずれも高い比率に達している．証券会社においても同様の傾向がみられ，かつての日本の4大証券会社の頂点にいた現・野村HDですら，外国人投資家によって43.6%の株式を保有されている．

損保会社においても，業界トップの三菱系の東京海上日動火災保険を傘下にもつミレアHD株は，36.7%を外国人投資家によって保有されている．地方銀行でも，かつての都銀に匹敵する大手の横浜銀行でも35.3%が外国人投資家によって保有された（図表9-4）．

日本株全体に対する外国人投資家の保有比率の平均値が26.7%であるが，わが国の代表的な大手金融機関に対する株式保有比率はさらに高く，30〜40%に

達している。金融機関は，年々の決算でほぼ連続して過去最高益を記録してきたが，このような業績の回復を受け，株主配当への増額期待が，外国人投資家の株式保有比率を上昇させる直接的な動機であった。

だが，金融機関はわが国の最大株主であり，日本の企業経営全体に大きな影響力をもっているので，外国人投資家がその金融機関の30～40％の株を保有する大株主になることは，たんに金融機関に対する影響だけでなく，日本の企業経営全体に対しても大きな影響力をもつ。

すなわち，従来の日本的経営が解体され，アメリカ型モデルへと経営内容が転換される。従業員の賃金よりも株主への配当金が優先され，終身雇用や年功序列といった日本的な雇用慣行が廃止され，雇用不安が増幅する[6]。さらに，期待利益が見込めなくなったときの逃げ足の早さも外国人投資家の特徴であることから，外国人投資家の株式保有比率の上昇は，金融機関の経営の不安定要因にもなる。

9-2　アメリカ・ドルへの従属と増大するリスク

為替相場に振りまわされる日本経済

　金融グローバル化を主導する大国がアメリカであることは，他のどの国にも増して，金融グローバル化の影響を深刻に受けるのは日本であることを意味する。というのも，戦後日本は，国際関係から国内の政治・経済に至るまで，対米従属的な地位におかれてきたからである。

　たしかに，戦後わが国は対米輸出という外需依存によって経済成長を続けてきた。だが，対米貿易黒字として積み上がった金額とほぼ同額のジャパンマネーを，対米融資や証券投資というかたちでアメリカに環流させ，対米資本収支の赤字を記録してきた。わが国は，対米貿易で稼いだマネーを，アメリカに再投資してきたのである。

　この点について，アメリカの経済戦略研究所クライド・プレストウィッツ所

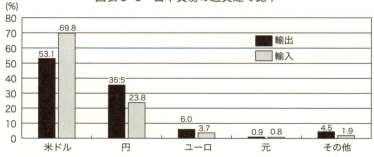

図表9-5 日本貿易の通貨建て比率

(出所) 2015年下半期、財務省HPより作成

長は次のように言う。すなわち「レクサスはいいクルマだ。トヨタは米国人に売っていると思っているが、我々は日本のクルマを日本人のカネで買っている。米国にとってこんなうれしいことはないが、こんなことがいつまで可能なのか」[7]と。この言葉は、戦後の日米関係を端的に表現しているといっていい。

日米貿易関係は、日本の大幅黒字であり、その大半はふたたびアメリカに還流していっているが、対米貿易黒字で受け取ったマネーの多くはアメリカのドルである。というのも、日米貿易だけでなく、日本の輸出入において使用される貿易通貨としての円の利用は著しく低水準であり、アメリカ・ドルの支配下にあるからである（図表9-5）。

そもそも日本の対外貿易における円建て比率は、輸出で35.5％であり、輸入となるとさらに低く23.8％にすぎない。国内では円を使用しているのに、貿易となるとアメリカのドル建てに依存し、輸出では53.1％、輸入となると69.8がドルでの支払いとなる。海外に日本製品を輸出しても、その受取代金の半分以上はアメリカ・ドルにほかならない。したがって、貿易黒字を積み増せば積み増すほど、その受取代金としてアメリカ・ドルを受け取ることになるからである。

だが、ドルで受け取っても、ドルは日本国内で流通しないので、トヨタをはじめとした輸出業者は、外国為替市場で大量のドル売り・円買いをくりかえし、それが円高圧力となって日本経済に跳ね返ってくる。したがって、貿易黒字が増えれば増えるほど円高圧力が高まり、その結果、円高不況を深刻化させ、産

業・雇用の空洞化も進展する。

このような円・ドル相場の変動に振りまわされる日本経済の脆弱性は，アメリカとドルに従属した戦後のゆがんだ日米関係に起因する。

円高＝ドル安で損失の拡大する日本の対外資産

問題は，国内にとどまらない。というのも，対外資産大国日本の資産は円建てではなくドル建てで保有されているので，円高＝ドル安になると，日本の対外資産も為替差損を抱えこむ運命にあるからである。

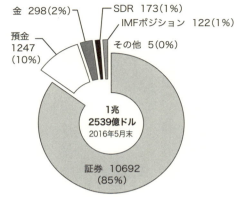

図表9-6　日本の外貨準備高の内訳
（単位：億ドル）

（出所）財務省HP「外貨準備などの状況」より作成

民間部門だけでなく，世界最大のわが国の外貨準備高も，そのほとんどはドル建てで保有されている[8]。2016年5月末現在の外貨準備高は1兆2539億ドルに達するが，そのうちの85％にあたる1兆692億ドルは，証券，とくにアメリカの財務省証券（国債）に運用されている。外貨準備の中の金準備の割合はわずか2％の298億ドルにすぎない（図表9-6）。

このように，世界第2位の日本の外貨準備高（約140兆円）は，そのほとんどがドル建てとみなされるので，円・ドル相場が変動して，1円の円高＝ドル安になるとほぼ1兆4000億円の損失が発生し，10円の円高＝ドル安ならほぼ14兆円の損失に見舞われることになる。

多国籍企業の利益を擁護し，経済成長を最優先する政府・財務省は，円高とデフレ阻止目的で日銀に大規模な為替介入を命じ，日銀は2003～4年にかけて，ほぼ35兆円の円売り・ドル買いの為替介入をくりかえし，膨大なドル資産を積み増しした。

この点について，元日銀総裁の速水優氏は，次のような警告を発している。「政府が30兆円以上も昨年来使って，円安誘導をしている。つまり，ドルを買って円を売るというおろかなことが行われているのです。こういうことは本当に恥ずかしい。ほかの国もみんな，よく知っている人は，日本は何をやっているのだと言っています。……これだけ大きな赤字を持って，国債を発行していて，まだ政府短期証券の借り入れをやってはドルを買っている。そのドルが値下がりしたら，どうやってそれを埋めますか。だれが責任を持つのですか。埋めるのには血税しかないでしょう。そんなことがまかり通っているのです」[(9)]。

　通貨当局者としての元日銀総裁の警告は，日本の対外資産の抱えたリスクを喝破(かっぱ)している点で正鵠を射るが，このような警告に沿った政策展開を在任中に実施してほしかった，と考えるのは筆者だけではないであろう。

ウォール街発の世界金融恐慌と日本の経済社会

　このように，現代の金融グローバル化は，国際金融・証券市場におけるアメリカの商業銀行や投資銀行の市場占拠率を高め，そのわずかトップ5ですら国際証券市場において4割近くのシェアを独占するまでになり，アメリカ主導で展開されてきた。

　アメリカ型モデルは，株価と証券ビジネス，高利回りと市場原理主義を最優先するので，金融グローバル化を受け入れた国々では，外国為替相場，各種金利，証券価格の瞬時の変動にビジネスチャンスを見いだすハイリスク・ハイリターン型の取引が支配的な傾向になる。日本の金融・証券市場も，目先の利益を追求するマネーゲームが旺盛になり，市場規模が天文学的にまで拡大してきた。投資経験の未熟な若者がネットを利用したデイトレーディングに走り，株式の個人取引割合を引き上げる一方で，投資の破綻例も多発してきている。

　とくに日本の場合，戦後アメリカへの従属的な地位を維持し，アメリカとドルに従属した各種の経済運営の結果，現代日本の経済社会は，格差の拡大するリスク社会となり，円・ドル相場に振りまわされる脆弱な経済社会になった。

　だが，2007年夏から2008年にかけ表面化した世界大恐慌は，第二次世界大

戦後のアメリカを頂点にした世界支配体制に，大きな転換点が訪れたことを意味する。金融のグローバル化を主導してきたアメリカの巨大金融機関は次々に破綻し，政府から公的な援助を受け，政府の管理下に置かれ，さらに世界の金融・証券市場も歴史的な大暴落に直面し，世界経済も恐慌状態に落ち込んだ。

　このような新しい経済動向を踏まえて，戦後の日米関係は，対等平等の視点から新たに再構築される時代に入った。それは，もはやアメリカは日本の最大の貿易相手国ではなくなった（最大の貿易相手国は2006年度以来，中国）だけでなく，自国の困難な問題（財政赤字と貿易赤字など）を日本に転嫁しはじめていること，さらにカジノ型金融独占資本主義国として，他国を金融的に支配し，収奪する対外姿勢を強化しているからである。

(1) Friederke Tiesenhausen Cave, "IMF Warns of Risk to Global Financial Stability", *Financial Times*, Apr. 6 2005.
(2) Thomason Reuters, Global Investment Banking Review, full year 2014 および Tomason Reuters,debt Capital Markets Review, Managing Underwriters, full year 2014。
(3) *Financial Times* , Dec. 31 1998.
(4) 現下の世界金融・経済恐慌については内外で多くの研究がなされているが，さしあたってここでは，高田太久吉『金融恐慌を読み解く――過剰な貨幣資本はどこから生まれるのか』（新日本出版社，2009年），相沢幸悦『恐慌論入門――金融崩壊の真相を読みとく』（NHKブックス，2009年），広瀬隆『資本主義崩壊の首謀者たち』（集英社新書，2009年）をあげておく。
(5) 『日本経済新聞』2006年1月15日。
(6) 対日進出した外資系企業で働く従業員数は，1990年から2004年にかけて3倍になり104万7000人に達するが，日本法人の完全子会社化もすすみ，経営の主導権が本社に移行するにつれて，労使紛争が多発してきた（『朝日新聞』2005年12月26日）。
(7) 『朝日新聞』2006年1月28日。
(8) 外貨準備の通貨別比率は各国とも明らかにしていないが，日本の財務省は，わが国の外貨準備の運用先は引き続き米国債を中心にする，と明言している（『朝日新聞』2005年4月5日）。
(9) 速水優・眞野輝彦「グローバリゼーションと国際金融問題」（『聖学院大学総合研究所紀要』No.30，2004年），40-41ページ。

COLUMN 9 「金融の未来」地図

　リーマン・ショック後，新しい時代の到来について特集を組んだイギリスの『フィナンシャル・タイムズ』紙は，「金融の未来」について「新しい歴史がはじまり，アメリカの世界支配の日々は残り少なく，新興市場がいよいよ新しい秩序を決めていくだろう」(Martin Wolf, "The Future of Finance Part Four : The global economy new dynamics", *Financial Times*, Nov. 9 2009) と予測する。

　実際，世界最大の金融機関は，これまでのアメリカの投資銀行や商業銀行に代わって，トップには中国工商銀行・中国建設銀行など中国の銀行が台頭してきた（下表）。これは，世界経済地図が世紀単位で変わりつつあることの兆候を示している。「世界の工場・世界の市場」になった中国は，その上場企業の株式時価総額でも，2009年7月に日本の株式時価総額を抜いて世界第2位になった。外貨準備高（2010年3月）も，日本の外貨準備高1兆ドルの2倍以上の2兆4000億ドルに達し，チャイナ・マネーの影響力の大きさを示している。

2006年			
順位	金融機関	国	時価総額（兆円）
1	シティグループ	米国	27.70
2	バンク・オブ・アメリカ	米国	24.97
3	HSBC	英国	22.45
4	三菱UFJFG	日本	18.44
5	JPモルガン・チェース	米国	17.12
6	UBS	スイス	14.06
7	ウェルズ・ファーゴ	米国	12.62
8	中国建設銀行	中国	12.38
9	RBS	英国	12.26
10	みずほFG	日本	11.55
13	三井住友FG	日本	9.65
27	野村HG	日本	5.16
63	大和証券グループ本社	日本	2.10

2009年			
順位	金融機関	国	時価総額（兆円）
1	中国工商銀行	中国	14.29
2	中国建設銀行	中国	12.59
3	JPモルガン・チェース	米国	9.86
4	HSBC	英国	9.62
5	中国銀行	中国	8.89
6	ウェルズ・ファーゴ	米国	5.96
7	バンコ・サンタンデール	スペイン	5.55
8	三菱UFJFG	日本	5.54
9	ゴールドマン・サックス	米国	4.83
10	バンク・オブ・アメリカ	米国	4.31
22	三井住友FG	日本	2.69
37	みずほFG	日本	2.10
60	野村HG	日本	1.31
106	大和証券グループ本社	日本	0.60

＊数字はいずれも3年間時点
（資料）トムソン・ロイター
（出所）『週刊ダイヤモンド』2009年7月4日，37ページ

第10章 ウォール街はなぜ破綻したのか？

　14年間ほどの在職期間に，日本円にしてほぼ526億円の報酬を受け取り，アメリカのフロリダ州に150億円の別荘を持ったリチャード・セヴェリン・ファルド・ジュニア（Richard Severin Fuld, Jr.）氏とは，いったい何をした人だろうか。

　彼の職業は，投資銀行のトップ（CEO），勤務先はリーマン・ブラザーズ。この銀行は，周知のように，世界の金融と経済を危機的な状況に追い込む「リーマン・ショック」というかたちで破綻した。

　あまりピンとこない額であるが，ウォール街ではこのような高額報酬はファルド氏だけに限らない。ファルド氏ばかり目立つのは，破綻した金融機関のトップだったので議会の公聴会に引っ張り出され，表面化したからである。

　他方で，最大の投資銀行ゴールドマン・サックスの銀行の現役幹部は「自社の金儲けを優先し，顧客の利益は脇に置いている」[1]とニューヨーク・タイムズ紙に告発し，この銀行をやめた。ニューヨークのウォール街に若者たちが押しかけて，「ウォール街を占拠せよ」「われわれは99％だ」「貪欲をやめろ」と抗議活動を続ける背景は，こんなところにある。

10-1　パックス・アメリカーナ時代の転換点

国際金融センターの機能麻痺

　21世紀の初頭，ほぼ1世紀にわたって続いてきたアメリカを頂点にした世界体制，いわゆるパックス・アメリカーナの時代は，その終わりの始まりともい

える歴史的な地殻変動を迎えている。いま世界で何が起こっているのか，これから世界経済はどうなっていくのだろうか。21世紀の入口で私たちは，のっぴきならない事態に直面している。

　周知のように，アメリカのニューヨーク・マンハッタン地区，中でもウォール街は，世界中の巨大金融機関の集積地になっている。そこは，ドルとアメリカ中心に組み立てられた戦後の国際金融システムにおいて，世界中のマネーが集中し，さまざまな金融取引が展開される国際金融センターとして機能してきた。ウォール街は，いわば世界のマネーの心臓部にほかならない。その心臓部で，金融機関の経営破綻が広がった。

　ウォール街の金融機関は，世界中からマネーを集め，さまざまな金融商品や取引手法に組み替えて運用し，気の遠くなるような巨額の利益を手にしてきた。リーマン・ブラザーズのファルド最高経営責任者（CEO）の公聴会に出席した議員のあいだでは，「ウォール街の幹部は利益を私有するが，損失は国民に押しつける」との批判が続出した。

　2008年の金融危機が，過去のさまざまな危機と違っているのは，戦後の国際金融センター・ウォール街の金融ビジネスが破綻し，世界のマネーの心臓部で機能麻痺が起こっていること，その影響が世界大不況をもたらしたことである。

消滅したアメリカの大手投資銀行

　アメリカでは，2008年の1年間でさまざまな金融機関が破綻し，リストラや合併・買収（M＆A）が多発した。まず商業銀行では，破綻に瀕したワコビアが151億ドル（1兆5800億円）でウェルズ・ファーゴに買収された。また業務停止となった貯蓄貸付組合（S&L）大手のワシントン・ミューチュアルは，JPモルガン・チェースに買収された。買収するサイドの巨大銀行も，シティグループはアブダビ投資庁から出資を受け入れることになったし，そもそも銀行全体が，金融救済法による公的資金（全体でほぼ75兆円）で政府に不良債権を買い取ってもらわないと破綻しかねないほどの経営危機におちいった。

　投資銀行（日本でいう証券会社）となるとさらに深刻で，壊滅状態にある。

まず，山一證券を買収し日本でも有名になった全米第2位の巨大投資銀行メリル・リンチは，バンク・オブ・アメリカに救済合併された。5位のベアー・スターンズもJPモルガン・チェースに救済合併された。あのライブドアに買収資金を提供していた4位のリーマン・ブラザーズは破綻し，「リーマン・ショック」として後に語り継がれていくことになった。

　政権が替わっても，絶えず時の政府の財務長官を出しつづけていた世界最大の投資銀行ゴールドマン・サックスは，公的資金で救済してもらうために商業銀行に転換した。2位のモルガン・スタンレーも同じ理由で商業銀行への転換を図った。その結果，アメリカの大手投資銀行は消滅した。

　保険会社では，子会社アリコなどを売却しはじめた保険大手のAIG（アメリカン・インターナショナル・グループ）は，中央銀行のFRB（連邦準備銀行）からほぼ15兆円の融資を受けても追いつかず，政府からもほぼ4兆円の公的支援（資本注入）を受けた。

　こうした事態は，アメリカ型金融モデルが破綻したことを意味する。わが国は1990年代後半以降，貯蓄よりも投資を優先するアメリカ型金融モデルをめざして金融ビッグバンを強行してきたが，早晩，金融モデルの再見直しに着手せざるを得なくなる。

　これほど深刻な大手金融機関の破綻と再編成は，戦後60数年のうちではじめてのことであり，1930年代の世界大不況の再来を暗示している。戦後，世界のさまざまな金融ニーズに対応し，かつ金融商品や取引手法自体を開発・提供してきた国際金融センターは機能麻痺の状態におちいり，その影響はアメリカ国内だけでなく世界各国の経済へも波及していった。

10-2　新金融商品の開発と巨大投機市場

バブル経済と証券化金融商品

　ウォール街の金融危機の直接のきっかけは，2007年夏頃から表面化した，

図表 10-1 米国発金融危機の原因と米規制改革法案のポイント

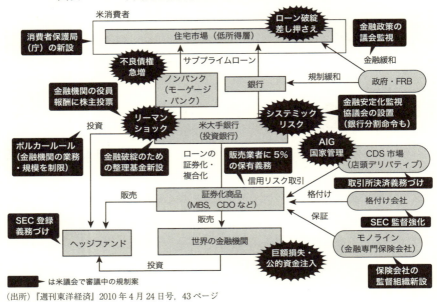

(出所)『週刊東洋経済』2010年4月24日号,43ページ

アメリカの住宅市場をめぐるサブプライムローン(信用力の低い層への略奪的な変動金利型住宅ローン)問題である。

住宅バブルが進行し,住宅を持てない層が増大していたなかで,アメリカ国内に流入する世界のマネーに新しいビジネスチャンスを提供しようとする金融機関は,住宅市場をターゲットにした新しいビジネスに着手した。住宅ローンを担保にした証券化商品(モーゲージ担保証券 Mortgage Backed Securities：MBS,債務担保証券 Collateralized Debt Obligations：CDO)を組成し,それを販売するビジネスである。これは,ローンが焦げ付かないうちに証券に組み替えて販売し,広く投資家にリスクを転嫁するしくみでもあった(図表10-1)。

最初の3～5年は低金利で誘い込んで住宅ローンを組ませ,その後は2倍もの高金利に変動する略奪的なローンのため,多くが遅延や返済不能におちいる事態が広がった。そのようなアメリカ国内の住宅市場の問題なのに,その影響が世界中に及ぶことになったのは,住宅ローンを証券に組成し,その証券化さ

図表10-2　ドルの過剰流通とバブルの発生

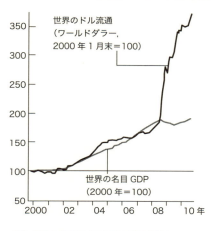
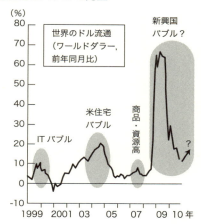

（注）世界のGDPの2010年はIMF見通し
（出所）『日本経済新聞』2010年11月8日

れた金融商品（MBSやCDO）が世界中に販売されたからであった。住宅バブルの崩壊でMBSやCDOの価格が暴落し，その推計損失額は，IMFによれば，2008年4月段階でほぼ1兆4000億ドル（150兆円）に達した。

　ウォール街の金融機関は，新しいビジネスのフィールドを自分たちで創り出し，莫大な利益を手中にしてきた。世界中のさまざまなリスクこそ自分たちの新しいビジネスチャンスであり，リスクがない場合には，自らリスクを創り出しさえしてきた。

　スタンダード・アンド・プアーズ（S&P），ムーディーズなどの格付会社は，ウォール街の金融機関が販売するハイリスクの金融商品に高い格付を与えることで世界の投資家を安心させ，ウォール街にマネーを引き寄せる役割を果たした。

　こうしたビジネス展開の背景には，資本主義経済にとって不可避の過剰マネー（資本）の存在がある。利益の追求が最優先される資本主義経済にあっては，社会や貧しい国にどんな金融ニーズがあっても，そこに利益が期待できなければ，マネーは投資されない。人類のほぼ40％にあたる25億人の人々が1日2ドル未満の生活（世界銀行「世界開発指標（WDI）2007」）を余儀なくされていても，

過剰なマネーはそのような国や人々には向かわず，利益を生み出す機会を求めて世界中を徘徊（はいかい）する。

マネーが入り込んだ市場は，価格が異常に膨張する（図表10-2）。株式バブル，不動産バブル，ITバブル，住宅バブル，原油バブルなどさまざまなバブル市場の膨張と崩壊がくりかえされ，経済を混乱におとしいれてきた。これらの混乱のたびに大口投資家は，確実に利益を独り占めしてきた。

投資機会がなければ，金融機関は自ら投資機会を創り出してきた。投資（investment）機会というよりもむしろ，金利や価格の変動に利益を見いだす投機（speculation）のための機会を創り出してきた，といってよい。投機とは，新しい富は何も生み出さず，もっぱら金利や価格の変動を利用して，自分たちに有利に富を配分させる寄生的な経済行為である。各種のローン，リース，不動産などを担保にして新しく組成される証券化商品は，アメリカとドルを中心にした世界の過剰マネーに，ハイリスク・ハイリターン型の新しい大規模のビジネスチャンスを提供してきた。

バブル経済の膨張と破裂がくりかえされたのは，新自由主義的な規制緩和と投機的なビジネスチャンスを優先したアメリカ・イギリス・日本であり，その結果，国民経済と国民生活は多大なリスクにさらされた。だが，市場原理と新自由主義に距離を置き，公的な規制を緩和しなかったドイツやフランスでは，アメリカや日本のようなバブル経済は発生していない。これは注目すべきことがらである。

アメリカ型金融モデルの台頭と崩壊

アメリカ型金融モデルの特徴は「銀行よ，さようなら，証券よ，こんにちは」のキャッチフレーズに象徴される。つまり，実体経済に沿った預金の受入と貸出といった伝統的な銀行業務にともなう金利収入よりも，資産管理や企業の合併・買収（M&A），さまざまな金融商品の開発，投資，売買にともなう手数料収入などの非金利収入を最優先する金融ビジネスである。実際，アメリカの大手金融機関の利益構成は，預金の受入と貸出といった伝統的な銀行業務による

金利収入の割合を低下させ，ハイリスクの資金運用からなる売買差益などの非金利収入の割合が7～8割にも達していた。

とくにゴールドマン・サックスのような大手投資銀行は，株式・債券の引受といった伝統的な投資銀行業務の割合を低下させ，巨額の自己資金を動員し攻撃的に売買をくりかえすトレーディング業務に傾注し，ハイリスク・ハイリターン型の資金運用に精を出してきた（図表10-3）。

図表10-3　ゴールドマン・サックスの純営業収益（2009年4～6月期）

▽投資銀行業務	1,440	(▲15)
投資助言	368	(▲54)
株式引き受け	736	(19)
債券引き受け	336	(25)
▽トレーディング・自己投資	10,784	(93)
債券・商品・為替	6,795	(186)
株式	3,178	(28)
企業・不動産投資	811	(12)
▽資産運用・証券管理	1,537	(▲28)
合　計	13,761	(46)

（注）単位百万ドル，カッコ内は前年同期（3～5月）比増減率％，▲はマイナス
（出所）『日本経済新聞』2009年7月16日

アメリカ型金融モデルが広がれば広がるほど，モノづくりから離れて，より効率的にマネーを運用することが最優先される。人間の生存にとって不可欠の衣食住に関連したモノづくりや製造業とは乖離して，マネーが独り歩きをするようになる。

旧ソ連の崩壊と中国の市場経済の導入によって，経済体制上の国境の壁はなくなり，市場経済の原理で世界の経済活動がおこなわれるようになった。そのことは，マネーの地球的な規模での運動と，拡大した世界市場の分割合戦に拍車をかけた。

マネーが大掛かりに運動するためには，その運動の受け皿が必要なので，次々に新しい金融商品が企画立案され，販売される。金融デリバティブのような新しい取引手法も開発され，金融市場は爆発的な膨張を遂げていく。

そのような金融市場の巨大化に即応して，金融業界も巨大化する。世界の金融市場は，アメリカの金融機関を中心にわずか1桁の巨大金融機関によって支配された。実際，国際発行株式の引受の場合，イギリスの『フィナンシャル・タイムズ』紙によれば[2]，すでに1998年の時点で，アメリカの大手投資銀行5

行の市場占拠率は，ほぼ40％にも達していた。上位10行では70％台の市場占拠率を記録した。

また経営的には，銀行と証券会社が一体化することによる投機の危険，それぞれの業務の違いと利益相反などを考慮した1930年代の銀行・証券・保険の分離規制（グラス・スティーガル法）が緩和・撤廃され，あらゆる金融ビジネスを効率的に展開できるような金融ガリバー，というより巨大で複雑すぎて自分自身すら管理できないような巨大な金融コングロマリットを誕生させてきた。

周知のように，日本版金融ビッグバンは，アメリカ型金融持ち株会社を誕生させ，三菱UFJFG，みずほFG，三井住友FGの三つの金融コングロマリットが出現した。この三つの金融コングロマリットの目標は，アメリカ型金融モデルを体現することだったので，いまとなってはかれらの希望の星はかすんでしまったことになる。

人々の暮らしや国民経済と乖離した金融ビジネスは，人類に対して貢献することもなく，実体経済の金融ニーズとは無縁に展開されるので，もはや存在価値を喪失したも同然であろう。アメリカで製造業が衰退してきたこと，財政赤字と貿易赤字を拡大しつつ，中国や日本から，暮らしや経済に必要な物を大量に輸入するようになったのも，アメリカ経済においてアメリカ型金融モデルが支配的な傾向になったからである，といえる。

10-3　経済のグローバル化・情報化・金融化

現代経済の三大潮流

アメリカ型金融モデルと金融ビジネスが一世を風靡したのは，20世紀末から今日にかけて，世界経済のあり方が大きく変化してきたからである。その変化はすでに述べた通り，以下の三つのキーワードによって読み解くことができよう[3]。

第一に，経済がグローバル化したことである。資金や原材料を地上のもっと

も安価な国から調達し，それを人件費の安価な国に運んでいって，そこに工場を立地し生産する。完成品は，高所得の国々に運んでいって販売する。このような地球的な規模の経済活動をおこなうには，企業の手足を縛る各種の規制や国境の壁を緩和・撤廃しようとする。

第二に，経済の情報化が進展したことである。

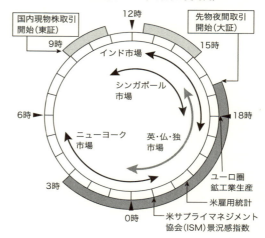

図表10-4　各国市場の取引時間
（日本時間ベース，海外は夏時間）

（出所）『日本経済新聞』2011年8月14日

いままで経験したことのないようなスピードでビジネスが展開される時代がやってきただけではない。本社（本店）と世界各国に配置された支社（支店）をコンピュータのグローバルなネットワークで接続する。このネットワークを利用すると，時々刻々，地球上のどこかで起こるできごとも，瞬時に自分たちのビジネスチャンスに取り込めるようになる。

第三に，このような恩恵を最大限に引き出したのは，金融ビジネスであり，経済の金融化，さらには金融の証券化が急展開してきたことである。ロンドン－ニューヨーク－東京と地球の自転にあわせて次々にオープンする市場において，24時間休むことなくさまざまな金融取引が継続する（図表10-4）。時間と空間を超えたビジネスがおこなわれ，予測が的中すれば巨万の富を手にするが，そうでない場合には破産するハイリスク・ハイリターン型のビジネスが展開される。

かのジョージ・ソロス率いるヘッジファンドは，1992年のイギリス・ポンドをめぐるイングランド銀行との通貨攻防に勝利し，わずか数カ月で9億5000

万ドル（ほぼ1200億円）を手中にしたが，その6年後の1998年のロシア危機では，20億ドル（ほぼ2560億円）の損失を被った。

またイギリス王室の資産管理を担当した名門マーチャント・バンク（日本でいう大手証券会社）のベアリング社は，弱冠28歳の支店長の取引（日経平均株価指数先物）の失敗で，233年の歴史に幕を下ろした。

アメリカ型金融モデルと金融ビジネスは，このような経済のグローバル化，情報化，金融化の流れに沿って，かつ自らその流れを創り出しつつ展開された。

金融危機から世界大不況へ

リーマン・ショックに象徴される金融危機は，過去の危機とはまったく違った問題[4]を内包する。戦後の国際金融センター・アメリカのニューヨーク発の危機である点はすでに指摘した。加えて，証券化という金融手法によってリスクを転嫁したはずなのに，その転嫁されたはずのリスクが世界の金融市場において一挙に表面化したことである。

さらに，販売された証券化商品は世界中に拡散しているので，各国の金融機関や投資家は巨額の損失を抱えこみ，世界の実体経済に対しても深刻な影響を与え，世界の経済混乱と不況への引き金を引いてしまった。

その上，今回の危機の深刻さは，規制当局が実態をよく把握できていなかった点である。というのも，金融デリバティブ取引の場合，たんに取引額が巨額であるだけでなく，規制のない自由な相対取引のため，当局に報告する会計帳簿に記入する必要もなく，金融当局に報告されない。そのため，破綻に瀕した金融機関の報告があってはじめて事態の深刻さが表面化し，対応が後手に回った。

そこで，現場やさまざまな情報に通じている玄人筋の声にも耳を傾けよう。かつての大蔵省（現財務省）財務官で，ヘッジファンドやウォール街の情報にも通じ「ミスター円」と呼ばれる榊原英資氏は，新聞のインタビュー（2008年10月）で，今回の金融危機について次のように答えている。

すなわち「今起こっていることは戦後最大の金融危機だ。しかもまだ2合目

くらい。……市場は金融混乱があと2年以上続くとみている。そして実体経済に波及するのはさらにその後だ……米国金融王国の終わりの始まりが来た，と見るべきだ」(5)。リーマン・ショックからわずか一月後なのに，玄人筋は厳しい指摘をしていた。そして，実際その通りになった。

　まじめなモノづくりを放棄し，金融主導で濡れ手に粟のビジネスに邁進してきたアメリカが金融危機におちいることによって，銀行は貸し渋りに走り出した。そのため企業も個人も，貯蓄よりも投資と消費に走っていた従来型の行動パターンは，資金面での支えを失ってしまった。借金をしてでも世界中のモノを大量に消費してきたアメリカ経済が，モノを買わなくなってしまった。

　トヨタのレクサスも，中国製の衣料や食品も，ヨーロッパのブランド品も，消費大国アメリカで売れなくなってしまった。世界は，なんでも買ってくれ，消費する巨大な胃袋を失ってしまった。アメリカ相手の世界の輸出産業は，売上高を下方修正し，赤字におちいる企業も続出した。このようにして，アメリカ発の金融危機と不況の大波が世界に伝播したのである。

(1) Greg Smith, "Why I Am Leaving Goldman Sachs", *The New York Times*, Mar. 14 2012.
(2) *Financial Times*, Dec. 31 1998.
(3) 現代経済の劇的な変化と金融ビッグバンなどについて，より詳しくは拙著『これならわかる金融経済（第3版）』（大月書店，2013年）を参照されたい。
(4) 詳しくは「座談会　米国発の金融危機とドル体制のゆくえ」（『経済』2008年10月号，14-41ページ）および高田太久吉『金融恐慌を読み解く』（新日本出版社，2009年）を参照されたい。
(5) 『朝日新聞』2008年10月7日。

COLUMN 10　ウォール街の主役と利益共同体

　1990年代に入っての冷戦終結と中国などの市場経済の導入によって，市場経済のしくみで動く国々と人口が爆発的に増大した。さらに地球を覆いつくすインターネットを利用したビジネスが活発化し，モノづくりでなくマネーを運用する金融経済が肥大化することで，アメリカのウォール街の影響力は飛躍的に拡大した。

　新しい金融商品や取引手法を次々に開発し，世界のマネーを引き寄せ，その運用を支配することで空前の金融的収益を稼ぎ出してきたアメリカ・ニューヨークの金融街＝ウォール街の主役は，大手投資銀行（日本でいう証券会社）である。

　米連邦政府は，金融規制を緩和し，中央銀行のFRBも金融緩和政策によって投資銀行の業務展開を側面から支援した。そもそも連邦政府の内外の財政金融政策の責任者である財務長官のポストは，民主党と共和党の二大政党のあいだで政権が変わっても，最大の投資銀行であるゴールドマン・サックスのトップ経験者が占めてきた。

　日本に金融ビッグバン（1996年11月）を強要した民主党クリントン政権下のアメリカの財務長官は，ロバート・エドワード・ルービン（Robert Edward Rubin）であるが，彼はゴールドマン・サックスの共同会長であり，財務長官退任後はアメリカ最大の銀行を傘下にもつシティグループの経営執行委員会会長になった。

　リーマン・ショックの処理にあたり，共和党ブッシュ政権から公的資金を引き出したのは，ヘンリー・メリット"ハンク"ポールソン（Henry Merritt "Hank" Paulson）であり，彼はゴールドマン・サックスの会長兼最高経営責任者（CEO）であった。

　ブルームバーグ社によれば，2015年現在，アメリカの金融政策を担当する中央銀行・連邦準備銀行幹部の3分の1は，ゴールドマン・サックス社の出身者によって占められているという。それだけでなく，イギリスの中央銀行・イングランド銀行のカーニー総裁も，欧州中央銀行のドラギ総裁も，ゴールドマン・サックス社の出身である。

　彼らは，ウォール街の利益共同体の主役である。そして，連邦政権の中枢はウォール街の主役たちに占められていた。カジノ型金融独占資本主義国アメリカをこの世に誕生させたのは，このようなウォール街の利益共同体の面々である。

第11章
戦争は経済と関係するのか？

　平和な暮らしと社会は万人の願いであり，誰だって人々を殺傷する戦争をしたいとは思わない。それなのに，なぜこんなにも戦争がくりかえされるのか。
　そこには，戦争がビジネスにつながるしくみがある。兵器を製造する軍需産業は，その国を代表する巨大企業である場合が多い。これらの巨大企業は，その国の軍事予算（防衛費，国防費など）の大口の顧客でもある。
　見えない戦略爆撃機といわれる米空軍のB-2ステルス機の価格は，同じ重さの金の価格に等しく，ほぼ2000億円と評価される。こんな高価な爆撃機を米国防予算で買ってもらっているのは，アメリカの代表的な軍需企業のノースロップ・グラマン社であり，同社の年間の売上高（2010年）はほぼ3兆円である。
　戦争が起これば軍事予算は拡大し，この拡大する予算は軍需産業に巨額の利益をもたらし，株価を引き上げ，役員報酬を引き上げ，株主への配当金も引き上げる。戦争は，軍需産業に巨大なマーケットと利益を提供する，ひとつの人為的なできごとにほかならない。

11-1　「平和国家」から「戦争する国家」へ

軍需経済と憲法第9条
　2015年9月19日，第二次安倍政権は，世界中に自衛隊を派兵できる「安保関連法」（通称「戦争法」）を強行採決し，戦後70年の「平和国家」から「戦争する国家」へ大きく舵を切った。大多数の憲法学者や日本弁護士連合会が憲法違反であると断定した「安保関連法」の成立は，武器の生産と輸出にかかわる

軍需産業を活性化させている。2016年度の一般会計予算でも、社会保障関連費が抑えこまれる一方、防衛関係費が増額され、戦後はじめて5兆円が配分された。

周知のように、日本国憲法第9条は、戦争や武力行使を永久に放棄し、かつ「陸海空軍その他の戦力は、これを保持しない。国の交戦権は、これを認めない」と宣言する。

戦車や戦闘機、武器・弾薬などを生産する軍需産業は、国民生活に不可欠の消費財を生産するわけでもなく、企業活動に不可欠の生産財を生産するわけでもない。平時の経済社会における国民生活にとって、純粋に無駄で浪費的な産業が軍需産業である。

軍需産業がもっとも繁栄するとき、多くの人々が殺傷され、建物や自然が破壊される。しかし、戦時下、大量の武器・弾薬が使用されればされるほど、それを生産する軍需産業は政府の軍事予算から大量の発注を受け、ビジネスは活況を呈し、企業利益が拡大し株価も上昇する。政府の軍事予算に支えられて、さらに高性能な武器の研究開発がおこなわれ、事業が拡張される。

戦後アメリカがたどってきた戦争と国防予算と軍需産業の歩みは、日本国憲法第9条とは対極の世界を示している。だが、そのアメリカの「核の傘」のもとにあり、全土に米軍基地を提供し、世界中に自衛隊を派兵できる「安保関連法」を強行したわが国は、今後、「戦争なんてよその国のこと」とはいえない時代に引き戻されてしまった。

防衛装備庁と国際兵器市場への参入

安保関連法（通称「戦争法」）が強行採決される4日前の2015年9月15日、日本経団連は、安倍政権に対して「防衛産業政策の実行に向けた提言」を提出していた。

その内容は、「防衛装備品（兵器）の海外移転（輸出）は国家戦略として推進すべきである」こと、兵器の「研究開発の拡充、装備・技術協力、契約制度改革、企業と省庁との連携強化を着実に実施すべき」こと、「基礎研究の中核となる

大学との連携を強化すべき」であり「大学には情報管理に留意」させること（これは武器の研究開発を加速化させる軍産学複合体の構築である），日本製兵器の内外への販売のため，オールジャパンで「官民一体となった展示や販売の戦略を展開する」こと，などである。

　日本経団連の「提言」は「安保関連法」の背景と狙いをよくあらわしている。また，前年の2014年6月の改正防衛省設置法で新設された防衛装備庁（職員数1800名）の役割についてもうかがい知ることができる。それは，武器の研究開発から生産・購入・輸出までを一元的に管理し，武器の「開発及び生産のための基盤の強化」を目的にした「武器輸出庁」としての役割である。

　このような事態は，じつは周到に準備されていた。2010年8月，政府の「新たな時代の安全保障と防衛力に関する懇談会」が菅直人首相（当時）に提出した報告書は，政府の「防衛計画の大綱」のたたき台となった。その報告書は，日本の武器輸出を禁じた武器輸出三原則について「国際共同開発・生産の道を開く」ことを目的に，「事実上の武器禁輸政策をできるだけ早く見直すことが必要」と訴えた。

　国連平和維持活動（PKO）参加五原則についても，「時代の流れに適応できない部分があり，修正について積極的に検討すべきだ」と踏み込み，自衛隊の海外派遣を随時可能にする恒久法の制定を求めた[(1)]。

　政府の懇談会がこのような報告書を出す背景には，防衛大臣主催による日本の防衛産業トップとの意見交換会が開催され，防衛産業（図表11-1）と新しい関係に踏み込んでいたことがある。

　そのひとつが，武器輸出三原則の廃止であった。「自衛隊機を民間転用」「次期哨戒機を旅客用に輸出」「防衛産業を活性化」といった見出しで，新聞は以下の内容を報道していた。すなわち，「政府は自衛隊が使う輸送機などの民間転用を進める方針を固めた。……民間機と仕様が変わらないため，武器や武器技術の海外輸出を禁じる『武器輸出三原則』には抵触しないと政府は判断した。……財政事情などで防衛費は減少しており，輸出の実現で防衛産業の活性化と技術レベルの維持を狙う」[(2)]。そして2014年4月，安倍政権は，武器輸出三原

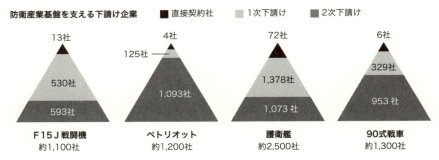

図表 11-1　わが国の主要な防衛（軍需）産業とその下請け企業

（出所）『週刊東洋経済』2012 年 1 月 21 日，34 ページと 36 ページより

則を廃止し，「防衛装備移転三原則」を定めた。

　防衛産業ならずとも，アメリカ・ウォール街発の「100 年に 1 度」の世界恐慌で，ほとんどの産業が青息吐息の状態にあるが，安倍政権は，防衛産業の活性化のために，武器輸出の原則禁止から原則容認へと，戦後の歴代政府の方針を 180 度転換した。

　わが国の主な輸出産業は平和産業とも言うべき自動車・家電・機械であったが，これに加えて軍需産業も，高性能な日本製兵器を携え，海外市場に進出する道が開かれた。経済成長と企業利益を優先する政府は，少子高齢社会の到来にふさわしい福祉・医療・環境・平和の分野で国内需要を喚起するよりも，国

際兵器市場に参入し，世界の軍需経済から利益を獲得する，危険な一歩に踏みこんだ。

11-2　世界の軍事費と日本の軍需産業

世界の軍事費の35％はアメリカ

　日本の防衛関係費は増額され，2016年度の一般会計予算ではじめて5兆円の大台に乗った。財政赤字が深刻化し，政府債務が1000兆円を超えているのに，予算編成の「事業仕分け」によって削減されるどころか，対前年度比1.5％（740億円）増の5兆541億円が計上され，一般会計歳出額の5.7％を占めた。防衛関連予算の中身には，新型ステルス戦闘機F 35，新型空中給油，イージス艦，オスプレイ，無人機グローバルホークなどの軍備拡大が盛りこまれた。これは米軍と一体となった自衛隊の海外派兵体制の整備を意味する。

　わが国の防衛関係費は，いままでは国内総生産（GDP）の1％以内に抑えられていたとはいえ，絶対額で見ると世界でもトップ10に入っている（図表11-2）。

　スウェーデンのストックホルム国際平和研究所（SIPRI）[3]によれば，2015年の世界の軍事費は，1兆6760億ドル（約202兆円）だった。世界10大軍事大国の軍事費の合計額（1兆3500億ドル・約163兆円）は，世界の軍事費総額の80.5％を占める。2001年と比べると，世界の軍事費は50％以上も増加している。

　国別の軍事費では，アメリカが抜きん出て巨額であり，一国で世界の軍事費の35.5％を占め，5960億ドル（約72兆円）である。アメリカに次いで世界で2番目に軍事費が多かったのは中国の2150億ドル（約26兆円）である。次いで，3位サウジアラビアと4位ロシアが600〜800億ドル台であり，8位の日本をはじめ，それ以外の国々は，300〜500億ドル台の軍事費を計上している。

　イギリスの『フィナンシャル・タイムズ』紙によれば，「西洋の航空宇宙産業と軍需産業は，ここ10年，自国市場で軍事費が低迷しているために，儲けになる海外との契約を推進している」[4]と報じている。

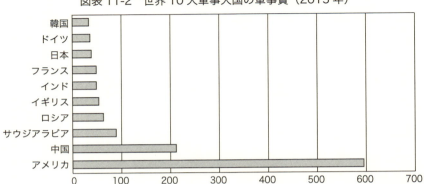

図表11-2 世界10大軍事大国の軍事費（2015年）

（注）中国，ロシア，ドイツ，韓国の軍事費は推計値。世界の軍事費総額は1兆6760億ドル。
（出所）Stockholm International Peace Research Institute, Trends in World Military Expenditure, 2015

　日本の防衛関係費の内訳は，自衛隊員の人件費などの「人件・糧食費」が2兆1473億円，火器・戦車・戦闘機・護衛艦などの装備品調達・修理・整備など「物件費」が2兆7135億円，などである。
　防衛関係費の半分以上が物件費であり，火器・戦車・戦闘機・護衛艦などを生産し，販売する防衛産業に対して支払われる。図表11-3は，物件費の一部が防衛産業各社にいくら支払われたかを示している。
　みられるように，わが国を代表する重化学工業各社は，火器・戦車・戦闘機・護衛艦などを生産する主要な軍需企業でもある。大口の契約企業（2009年度）は，つねにトップの三菱重工業2629億円，三菱電機1827億円，川崎重工業1043億円などであり，三菱グループの契約額がとくに大きい。これらの企業は，いずれも防衛省から多数の「天下り」を受け入れている。たとえば三菱重工業39人，三菱電機40人，川崎重工業27人などである[5]。
　これらの軍需企業は，防衛省から天下りを受け入れることで，防衛予算を自社にとって有利に配分してもらい，税金に依存して安定的，計画的に利益を拡大できる。他方，自衛隊員は他省庁よりも早く定年を迎えるので，退職者は年金支給開始まで民間企業に依存し，そのための天下り先を確保できるかどうかは切実な問題となる。こうして，軍需企業と防衛省は強固に結びつき，軍産複

図表11-3 防衛装備品調達先企業の上位一覧

年度	1位 企業	金額(億円)	2位 企業	金額(億円)	3位 企業	金額(億円)	4位 企業	金額(億円)	5位 企業	金額(億円)
1999	三菱重工	2,797	川崎重工	1,322	三菱電機	1,121	東芝	538	石川島播磨重工	535
2000	三菱重工	3,074	三菱電機	1,208	川崎重工	987	石川島播磨重工	540	日本電気	465
2001	三菱重工	2,755	川崎重工	1,213	三菱電機	1,010	日本電気	577	石川島播磨重工	545
2002	三菱重工	3,481	川崎重工	1,102	三菱電機	735	石川島播磨重工	527	東芝	498
2003	三菱重工	2,817	川崎重工	1,588	三菱電機	949	日本電気	563	東芝	389
2004	三菱重工	2,706	川崎重工	1,429	三菱電機	1,032	日本電気	906	石川島播磨重工	493
2005	三菱重工	2,417	川崎重工	1,297	三菱電機	1,142	日本電気	1,078	東芝	495
2006	三菱重工	2,776	川崎重工	1,306	三菱電機	1,177	日本電気	831	アイ・エイチ・アイマリンユナイテッド	446
2007	三菱重工	3,275	三菱電機	961	日本電気	717	川崎重工	668	東芝	570
2008	三菱重工	3,140	三菱電機	1,556	川崎重工	1,530	日本電気	982	富士通	443
2009	三菱重工	2,629	三菱電機	1,827	川崎重工	1,043	日本電気	722	富士通	495

(出所)『週刊東洋経済』2012年1月21日，56ページ

合体の結束が強化される。

だが，問題はこれにとどまらない。

防衛費と日米軍需産業

注目されるのは，わが国の軍事利権は，アメリカ政府・軍需産業と密接な関係にあり，むしろアメリカの国防予算を頂点にした軍事利権の構造の一部になっていることであろう。

というのも，1954年に締結された日米相互防衛援助協定と，この協定にともなう特定秘密保護法とは，日本に対して「自国の防衛力及び自由世界の防衛力の発展及び維持に寄与し，自国の防衛能力の増強に必要となることがあるすべての合理的な措置を執り，且つ，アメリカ合衆国政府が提供するすべての援助の効果的な利用を確保するための適当な措置を執るものとする」(第8条)と明記され，アメリカ主導で，わが国に軍備の増強を義務づけ，しかもそのよう

図表11-4　米軍事産業と自衛隊の兵器購入

米軍需産業名	軍需売上高	自衛隊の主要兵器購入
ロッキード・マーチン	448.8	F35ステルス戦闘機，P3C対潜哨戒機，C130輸送機など
ボーイング	313.8	オスプレイ，F15戦闘機，AH64Dアパッチ・ヘリなど
レイセオン	227.1	地対空ミサイル・パトリオットPAC2，ミサイルPAC3など
ジェネラル・ダイナミックス	210.2	護衛艦のミサイルSM2，イージス艦のSM3ミサイルなど
ノースロップ・グラマン	206.0	E2ホークアイ早期警戒機など

(注)　軍需売上高は，2012年，単位は億ドル。
(出所)　『週刊ダイヤモンド』2014年6月21日号，『経済』2008年6月号などより作成

な軍備の増強にかかわる一切の秘密を保持するよう義務づけている。

　こうして自衛隊の軍備は年々増強され，しかも主力兵器はほとんどをアメリカの軍需産業から購入するしくみになっている。防衛省資料に「国産」とあっても，多くの場合，アメリカ製の兵器を日本の軍需産業が生産し，組み立てる「ライセンス国産」である。

　しかも，日本がライセンス国産で取得した兵器の価格は，アメリカ国内の価格の2倍ほどになる例も珍しくないようである。それは，アメリカの軍需産業が「ライセンス・フィー」（手数料）や「ロイヤリティ」（特許料）を上乗せするからであり，何よりも秘密保持を盾にした価格決定の不透明性にある。そうすることで，アメリカの軍需産業は，日本の防衛関係費から恒常的にかつ長期的に莫大な利益を受け取ることができる。

　ライセンスを供給された日本の軍需産業は，アメリカ軍の先端的な戦闘機などの軍事技術を取得でき，価格の上乗せ分は防衛関係費によって支払われるので，価格が高いからといって企業財務にはまったく影響しない。

　政府・防衛省が直接アメリカの兵器を買い付ける場合はもちろんのこと，このような「ライセンス国産」の場合でも，アメリカの軍需産業も，日本の軍需産業も，わが国の防衛関係費から利益を受け取っている。

　図表11-4は，アメリカの五大軍需企業から調達される自衛隊の主力兵器を紹介している。まず，アメリカの軍需企業の売上高（2012年）は巨額であり，

ロッキード・マーチン社でほぼ3兆6000億円，ボーイング社でほぼ2兆5000億円である[6]。そしてこれらの巨大軍需企業から，わが国の防衛省は，自衛隊の主力兵器である戦闘機，哨戒機，輸送機，アパッチ・ヘリ，イージス・ミサイル，E2C早期警戒機，クラスター爆弾などを購入している。

このように，わが国の防衛関係費は，日米の軍需企業に対して，兵器調達の政府市場を提供している。

11-3　宇宙基本法と新型戦争システム

宇宙基本法とミサイル防衛

　自衛隊をアメリカの軍事戦略の中に組み込み，さらなる軍備の増強を強いるのは，2008年5月に成立した「宇宙基本法」である。そもそもこの宇宙基本法自体が，アメリカの指揮のもとで宇宙空間を利用した米日共同のミサイル防衛システムを稼働させるための法律であった[7]。

　日米の軍事問題を長年研究してきた立命館大学の藤岡惇氏は，以下のように指摘する。「ミサイル防衛（MD）の第一の任務とは，日本国民のいのちと暮らしを守ることではなく，米国の握る『制宇宙権』とこれをバックにした新型戦争システムを守ることになるのは当然だ。新型戦争システムは，地球規模で統合され，攻守一体となっている」[8]。

　この「新型戦争システム」はすでに現実に機能し，「いま米軍やイスラエル軍は，宇宙の軍事利用の第二段階技術〔監視衛星や通信衛星―引用者〕を使って，自動車で移動中のゲリラを『自衛』目的で暗殺しつづけているが，日本でも宇宙の軍事利用が第二段階に入ると，このようなおぞましい光景が生まれてくるだろう」[9]と指摘する。

　アメリカは，宇宙空間を利用したこのような新型戦争システムに日本を動員するために，憲法が禁じた「集団的自衛権」の容認，宇宙基本法の制定を迫ってきた。すでに宇宙基本法が成立し，さらに第二次安倍政府は，集団的自衛権

などを容認する安保関連法を強行採決したので，今後，日本の軍需産業は，宇宙の軍事利用のための新しい技術開発と兵器生産に踏みだし，武器を輸出し，アメリカの軍需産業と歩調を合わせて新型戦争システムにかかわっていくことになろう。世界の宇宙関連産業は，2015年現在でほぼ40兆円の規模に拡大してきている。

　すでにわが国の弾道ミサイル防衛関連経費は年々増額され，2016年度現在で累計約2兆円に達している[10]。宇宙の軍事利用には莫大な費用が必要となり，防衛費の増大圧力になるだけでなく，そこで開発される技術も最先端の研究成果も，軍事機密のベールに覆い隠され，不当な軍事利権の温床になる。

　昨今，日本人宇宙飛行士の宇宙飛行がメディアをにぎわせているが，このような未知の世界の夢と宇宙の商業的な利用の背後で，新型戦争システムをより高度に構築しようとする宇宙の軍事利用が進展している。

アメリカの国防予算と軍産学複合体

　アメリカの国防予算は，世界中の軍事費の3割強を占めるほど巨大である。2009年7月，アメリカ下院は全会一致で，国防総省によるほぼ63兆6000億円の予算案を可決した。これは国防総省の予算として近年最高の額となっており，そのうち13兆円ほどがイラクとアフガニスタンの戦争にあてられた。ブッシュ大統領からオバマ大統領に引き継がれたイラクとアフガニスタンの戦争の費用は，すでに合計で100兆円を超えていた。

　このような巨額の国防予算をテコにして，アメリカでは，兵器を生産し販売する民間企業（軍需産業）・軍部（国防省）・政治家・大学やシンクタンクの専門家などが広く深く連携した「軍産学複合体」を形成し，アメリカ国内だけでなくグローバルに政治的・経済的・軍事的に強大な影響力を行使している。

　アメリカの軍産複合体制を研究したシドニー・レンズ（Sydney Lens）は，「軍産複合体が1945年以後，多くの機会に──ベトナム，朝鮮，ラオス，キューバ等々で──核爆弾をつかうことを真剣に考えたことは，けっして偶然ではない。軍産複合体は，その陸海軍やCIAを通じて，次から次へと「小型」戦

争をおこない，そして次々に多くの政府を転覆させた」[11] と指摘した。

このようなアメリカの軍産複合体を活性化させる上で，9.11などの同時多発テロ事件，イラク戦争は大きな貢献をすることになった。それは，9.11以後，2008年度まで累計8050億ドル（80兆円）にも達する戦費と，それを支えたこの間の軍事費総額3兆6800億ドル（360兆円）に象徴される[12]。

このような莫大な軍事費を調達するために，アメリカの財政赤字はますます深刻化し，とくに平和な暮らしを支える各種の福祉や社会保障関係費は切り詰められる。他方で，軍産学複合体関係者や金融ビジネスに精を出したウォール街の関係者はますます繁栄する。アメリカ国民の所得格差は拡大し，貧富の格差が深刻になる。

しかもアメリカでは，貧富の格差が再生産されることで，国民の戦時動員体制が維持されているようである。

11-4　志願兵制の基盤になる貧困

生活苦から志願兵として戦場へ

アメリカで志願兵制が維持されているのは，その背後に，借金で身動きできなくなった人々，学資ローンを利用して短大・大学を卒業する若年層，その他の経済的に恵まれないワーキングプア，不法移民などの貧困層の存在がある。

「もはや徴兵制など必要ないのです。……政府が格差政策を次々に打ち出すだけでいいのです。経済的に追いつめられた国民は，黙っていてもイデオロギーのためではなく生活苦から戦争に行ってくれますから」[13]。

イラク戦争が開始された2003年に米軍がリクルートした新兵は21万2000人であったが，そのうちの3分の1は，高校を卒業したばかりの10代の若者たちであった。この若者たちの出身家計は貧しく，少しでも家計を助けようと思う若者の親思いの気持ちは，高額の給与を保証する米軍への入隊というかたちでアメリカの志願兵制を支える。

第11章　戦争は経済と関係するのか？　　165

18歳から24歳の理想的兵役年齢の若者は，大学の新卒者ということになる。日本と同様に教育費に公的予算を回さないアメリカの学費は高い。大半が私立大学ということもあって，アメリカの大学の1年間の学費は，日本円に換算するとおおむね150〜450万円といったところである。とくにハーバード，MITなどの著名大学の学費は高い。
　高等教育を受けたいアメリカの大学生は，学資ローンを利用することになる。低所得者用の教育補助として返済不要の奨学金も一部に存在する。だが，アメリカの学資ローンのほとんどは民営化されており，政府が年率8.5％という高率の利子を民間金融機関に補助するものが主流である。
　すると，アメリカの学生たちは，卒業する時点で平均して280万円ほどの債務を負うので，卒業してからの返済には20年から30年間かかる。このような債務も，米軍に入隊すれば軍が代わって返済してくれるので，本人負担はなくなる。その上，在学中に入隊する契約をした場合，最初に60万円ほどのボーナスがもらえて，月々の手当が3万円ほどもらえるといったプログラムもある。こうした若者たちが，「米軍勧誘ハンドブック」を手にした国務省のリクルーターの誘いに乗り，アメリカの志願兵制度を支えている。リクルートされた新兵は，ほぼ全員がイラクに送り込まれ，戦場に立つ。
　軍のリクルーターに誘われるのは，教育を受けている若者たちだけでなく，社会人も同様である。貯蓄よりも消費を選好し，借金してでも豊かな消費生活を送ろうとするアメリカ人のライフスタイルは，住宅ローンだけでなく，車などの分割払いのローン，クレジットカードのローンなどが生活の隅々まで行き渡っている。その上，社会保障制度が貧弱で，公的医療保険制度は，昨今オバマ大統領のもとではじめて議会を通過するまで，長年存在しなかった。病院もほとんどが民営化されている。
　そのため，たとえばアメリカで虫垂炎（盲腸）になり手術を受けると，びっくりするほど高額の手術代金の請求書が舞い込んでくる。日本なら盲腸の手術代金は，差額ベッド代を除いて1日の入院で1万2000円ほどであるが，アメリカでは，ニューヨークなら243万円，ロサンゼルスで194万円ほどである[14]。

平均的な所得を得ている世帯でも，あるとき病気になり入院すると，一転して借金漬けになる例が非常に多い。そこに軍のリクルーターがやってきて入隊を進める。

このようなアメリカの志願兵制を，他国のこととして看過できない時代が日本にもやってきている。日本学生支援機構（旧育英会）の奨学金（貸与月額で文系4年制大学の最高額の12万円）を利用した場合，卒業時の貸与総額は576万円になり，返済金利3.0％，返済期間20年で，毎月3万2000円，総額775万円を返済することになる。それなのに新卒者の7人に1人は就職浪人となり，就職内定者であっても，正社員に内定したものは60％にすぎない。

不安定で低所得を強いられる非正社員の割合は，4割近くの1980万人に達している。最低賃金時間額の全国加重平均額（2015年度）が798円という低水準に抑えこまれているため，1日8時間，週5日間労働しても月収12万7680円ほどにしかならず，生活保護水準（13万5000円ほど）に届かないワーキングプアと呼ばれる貧困層が日々再生産される構造が定着しているからである。これは，アメリカだけでなく，わが国でも経済的徴兵制の基盤が整ってきたことを意味する。

軍縮に踏み出した欧米

リーマン・ショック以降，各国の財政赤字は深刻になり，ヨーロッパでは，ギリシアの財政危機をきっかけに赤字削減のための緊縮財政に踏み出した。そこでは軍事予算も「聖域」とみなされることなく，大胆にメスが入れられようとしている。

ドイツでは，2010年度で3兆5000億円ほどの軍事予算から1200億円が削減され，その後，5年間で1兆円ほどの削減が計画された。また「ドイツ国防省は当局が軍の規模を3分の1余り縮小することや徴兵制の廃止を検討しているとの一連の報道に関連して，軍事費削減に関するどんな提案も排除されることはないと指摘した。グッテンベルク国防相は現在約25万人となっている現役兵士を10万人減らすための法案を草稿していると，ドイツ紙ハンブルガー・

アーベントブラットとシュツットガルト・ツァイトゥングが複数の政府当局者の話を基に伝えた」(15)。

またイギリスでは，保健省，国際開発省を除く全省庁に対して，2014年度まで予算の25％削減を義務づけ，日本円で約5兆円に達する国防予算も例外ではない。フランスでも，3兆6000億円の軍事予算を15％ほど削減し，また軍人も，3年計画で5万人ほど削減するようである。

こうしたヨーロッパ諸国の軍縮政策に対して，アメリカのゲーツ国防長官は，アフガン，イラク戦略への影響を恐れ「懸念」を表明しているが，深刻な財政赤字と貿易赤字におちいっているアメリカこそ，国防費と巨額出費の元凶となっている対外派兵をやめる時期にあるといえよう。ただ，リーマン・ショック後，財政赤字が深刻化したために，アメリカも，オバマ政権下の3年間で国防予算をほぼ10兆円削減した。

これらの国々のなかにあって，自国のGDPの2倍以上の政府債務を抱え，もっとも深刻な財政赤字大国におちいっている日本は，他国に先駆けて防衛費の大胆な削減をおこなうことが，憲法の理念を実現し，世界平和に貢献する道でもある。

(1) 時事通信，2010年7月28日。
(2) 『日本経済新聞』2010年3月22日。
(3) Stockholm International Peace Research Institute, Trends in World Military Expenditure, 2015
(4) Financial Times, Jun. 11 2010.
(5) 『週刊金曜日』編『三菱重工の正体』(2008年)，28ページ。
(6) アメリカの軍需産業の詳しい分析は，広瀬隆『アメリカの巨大軍需産業』(集英社新書，2001年)を参照。
(7) より詳しくは，平澤歩「ミサイル防衛日米軍事産業の補完的一体化」(『経済』2007年7月，72-85ページ)を参照されたい。
(8) 藤岡惇「宇宙基本法の狙いと問題点」(『世界』2008年7月)，31ページ。
(9) 藤岡惇，同上，30ページ。
(10) 2016年2月25日の衆議院財務金融委員会での防衛副大臣の答弁，『しんぶん赤旗』

2016年2月26日，および『経済』特集「軍学共同と戦争する国づくり」2016年3月号では，日本の軍産学複合体の解明をおこなっている。
(11) Sydney Lens, *The Military-Industrial Complex*, 1970（小原敬士訳『軍産複合体制』岩波新書，1971年），「日本語版への序文」より。
(12) 河音琢郎「現代アメリカの軍事戦略と軍拡財政」（『経済』2008年6月号），および西川純子「軍産複合体について」（『経済』2016年3月号）も参照されたい。
(13) 堤未果『ルポ 貧困大国アメリカ』（岩波新書，2008年），177ページ。
(14) 堤未果，同上，66-67ページを参照。
(15) 「ドイツ国防省：軍縮『タブーではない』——政権が財政健全化計画を強化」Bloomberg.co.jp，2010年6月3日（http://www.bloomberg.co.jp/apps/news?pid=90920012&sid=ahSEHfmrUp4A）

COLUMN 11　軍産複合体（military-industrial complex）

　世界最大の軍需産業であるアメリカのロッキード・マーチン社の軍事部門の売上高（2010年）は，428億ドル（約4兆円）である。戦闘機，軍用輸送機，人工衛星，ミサイルなどを製造・販売し，その売上げの93.4％は，アメリカの国防総省をはじめとした政府部門である。
　このような軍需産業は孤立した大企業ではなく，世界の軍事費の4割を占める莫大なアメリカの国防予算に群がる軍部・政府機関・財界・政治家・在郷軍人会・科学者などからなる利益共同体＝軍産複合体である。
　この軍産複合体は，アメリカの外交政策の領域について，合法的な抑制が困難な「国家の中の国家」を形成し，公共的というよりも，私的利害関係によって戦争に踏み出す危険性を内包している。
　アフガニスタン侵攻とイラク戦争時にブッシュ政権の副大統領であったディック・チェイニーは，イラクの復興事業にかかわったハリバートン社の最大の個人株主であり，副大統領就任の直前まで同社の経営トップの地位にあった。またアフガニスタン侵攻とイラク戦争を強力に推進し，国防長官として指導的な役割を発揮したドナルド・ラムズフェルドとは，30年以上にわたる師弟関係にあった。
　製薬会社や通信会社を経営していたラムズフェルドは，国防長官の在職中，鳥インフルエンザが問題になり，その特効薬タミフルが爆発的に売れたが，タミフルの特許をもつギリアド・サイエンス社の会長を直前まで務めていた。米国防省から発信された情報で，鳥インフルエンザの発生を知っていたにもかかわらず，多数の株を保有していたので，巨額の富を築いた，と報道（CNN）されている。
　軍産複合体は，もちろんアメリカだけではなく，軍事予算をもつ国のほとんどに存在している。日本の軍産複合体は，アメリカ軍産複合体と密接な関係にあり，アメリカの国防予算の延長線上に日本の防衛予算が存在するといえる。
　とくに第2次安倍政権下では防衛関連予算が戦後最高の5兆円に達し，また大学を巻きこんだ科学技術関連予算も，軍事関係目的の配分が強化され，軍産学複合体が形成されてきている。

第12章
日本は東アジアで孤立するのか？

　秋葉原や新宿の家電量販店だけでなく，銀座のブランドストリートも，数百万円の時計，宝飾品などを「爆買い」する集団で賑わっている。2010年に日本のGDPを抜き，世界第2位の経済大国になった中国からの買い物客たちである。

　中国の街角インタビューで「日本製のブランド品の名前を聞かれた一人の中国人学生は，一息に，20以上の名前をあげた」[1]と報じているのは，日本と中国の特集を組んだイギリスの『フィナンシャル・タイムズ』紙である。家電製品だけでなく，日本の化粧品，アニメ，漫画，テレビ番組などが中国の若者たちにも広がっている。貿易立国日本の最大の相手国も，2006年度以来，アメリカから中国に替わった。日中両国は相互に，広く熱い経済関係をもつようになった。

　他方で，「黒いスーツ，黒いシャツ，黒い靴，黒いソックスを身につけた」（同上紙）中国の29歳の怒れる若者は，戦前の日本軍の中国侵略に抗議し，尖閣諸島は中国の領土と主張する。国際社会の目は，アジアの2人の巨人である日本と中国について，政治的には冷え切った関係であるが，経済的には互いに熱い関係にある「政冷経熱」の関係と特徴づける。

12-1　激変する世界経済地図

21世紀の世界経済を主導する東アジア経済

　21世紀の前半において，従来のようなアメリカを頂点にした先進工業国の

世界経済体制は崩壊し、アメリカを追い越し世界最大の経済大国になった中国などの東アジア諸国の経済を中心にして、世界経済が動く時代が来つつある。

日本・アメリカ・中国の3カ国についての将来予測でも、ヨーロッパの銀行によれば、2020年には中国の経済規模（GDP）がアメリカを抜いて世界最大に

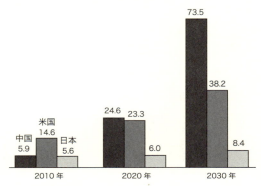

図表12-1　スタンダード・チャータード銀行が予測した日米中の名目GDP
（2010年は実績。数字は兆ドル）

（出所）『朝日新聞』2011年3月5日

なり、日本の経済規模は、中国やアメリカの4分の1ほどにとどまる。さらに2030年になると、中国は73.5兆ドルになり、アメリカは38.2兆ドル、そして日本は8.4兆ドルになると予測されている（**図表12-1**）。

リーマン・ショック前のアメリカのゴールドマン・サックス社の調査研究[(2)]ですら、中国の経済規模（GDP）は、2020年代末にアメリカを抜き、世界最大の経済大国に君臨し、中国だけではなくBRICs諸国（ブラジル、ロシア、インド、中国）が21世紀の世界経済を主導するであろう、と予測していた。ドルとアメリカの時代の終わりが始まっている。

日中経済関係も、近年著しく進展し、すでに日中貿易額は日米貿易額の2倍の時代になった。日本の最大の貿易相手国は、アメリカから中国に交代した。今後、日中貿易はさらに拡大していく。そして近い将来、中国の所得水準が上昇し、一家に一台の自家用車を持つようになれば、日本海を挟んだすぐそこに、アメリカのほぼ4倍もの巨大市場が登場する。日本の対外経済関係のあり方は、日米経済の時代から日中経済の時代へ、根本的に変わっていくだろう。

現在の日中関係は、「政冷経熱」のゆがんだ関係にある。だが、日本の21世紀の国際社会における地位を構想したとき、こうした中国とのゆがんだ関係は

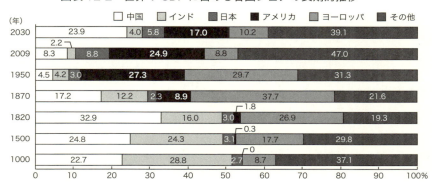

図表 12-2　世界の GDP に占める各国シェアの長期的推移

（出所）http://www.ggdc.net/MADDISON/oriindex.htm, The World Economy 1-2001 AD, p.259. および内閣府『世界経済の潮流　2011 年 I』第 1-4-2 図・1-4-3 図，より作成

すぐにでも改善することが重大な課題となり，さらにはヨーロッパ連合（EU）に学び，東アジア連合（EAU）のような関係を創出することが求められる。

歴史的にみれば，アジア諸国が世界のGDPの過半以上を占めていた時代が長かった。中国とインドの二つの国の経済規模は，第二次産業革命の成果が西洋に波及する1820年代まで，世界経済の50％以上を占めていた（図表12-2）。その後，ほぼ200年間は欧米の時代になったが，中国やインドなどが産業革命やIT革命の成果を吸収し，急激な経済成長を続ける21世紀は，ふたたび東アジア経済圏が世界経済を主導する時代となるだろう。

ヨーロッパ連合（EU）は，経済機関車のドイツと外交上手なフランスを軸にして，アメリカ経済圏や東アジア経済圏に対抗してきた。この例にならうなら，経済機関車としての日本と外交上手な中国を軸にして東アジア連合（EAU）のような国際的な連合体がアジアで創出されるなら，その先には大きな展望が開けるであろう。日本は，現在，歴史的な選択を迫られている。

G7からBRICs，そしてThe Next Elevenへ

冷戦構造の崩壊は，国境を越えたビジネスを可能にし，経済のグローバル化を促進した。情報通信技術が経済取引に採用され，経済の情報化が促進される

ことで，世界経済はますます一体化してきた。

　さらに，利潤の追求を最優先する資本主義経済は，地道なモノづくりよりも，相場の変動を利用し一瞬にして巨額のマネーを得ようとする金融ビジネスを拡大し，経済の金融化を促進してきた。こうした傾向は，G7と呼ばれる発達した経済諸国に共通しているが，とくにアメリカにおいて顕著であり，実物経済よりも，金融経済の膨張を招いてきた。

　今次の世界大恐慌が表面化する前，すでにアメリカの有力シンクタンクの調査研究[3]は，21世紀の遅くない時期に，世界経済における経済大国の地位を担うのは，現在のG7諸国に代わってブラジル・ロシア・インド・中国の4カ国（BRICs），さらにメキシコ・韓国・ベトナムなどの「次の11カ国（The Next Eleven, The N-11）」といった国々であると予測していた（図表12-3）。図は，縦軸に並ぶ中国，インドなどの国々を自動車に例えて，横軸に示す年代のどの時点で，アメリカ，日本，ドイツ，イギリスなどG7諸国のGDPを追い抜くかを示している。

　みられるように，中国のGDPの成長は著しく，すでにフランスとドイツのGDPを追い越し，さらに2010年には日本のGDPを追い越し，アメリカに次ぐ世界第2位の経済大国になった。「人類史上最大規模かつ最速で貧困層の削減を達成した」[4]中国は，すでに「世界の工場」になり，さらに「世界の市場」へと発展してきた。

　この調査研究の21世紀の中長期的な予測によれば，成長を続ける中国は，2020年代にはアメリカのGDPを追い抜き，世界最大の経済大国になる。ちなみに，この予測は現在の世界大恐慌が起こる以前のデータなので，事態はもっと早く進展するであろう。

　この調査研究によれば，2025年の世界GDPランキング予測では，アメリカがまだ世界一であるが，2位には僅差で中国，この米中二大経済大国のほぼ4分の1の規模で，3位日本，4位インド，5位ドイツ，6位ロシア，7位イギリス，8位フランス，9位ブラジル，10位イタリア，といった新しい世界経済地図ができあがる。中国をトップにしたBRICs諸国は，いずれも世界GDPランキン

図表12-3 BRICsとThe N-11がG7のGDPを追い越す時期

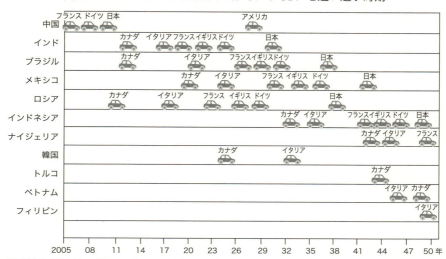

(出所) "The N-11: More Than an Acronym", Goldman Sachs, *Global Economics Paper No.153*, Mar. 28 2007, p.3.

グにおいてトップ10入りする。

　さらに2050年にはその傾向がますます顕著になり，世界GDPランキングのトップ10は，中国，アメリカ，インド，ブラジル，メキシコ，ロシア，インドネシア，日本，イギリス，ドイツ，になると予測している[5]。

　21世紀の世界経済を牽引することになるBRICsおよびThe N-11の諸国には，中国・インド・インドネシア・韓国・ベトナムといったアジア諸国がひしめき合っている。実際，アジア経済圏は，その規模から言えばすでにヨーロッパ経済圏，北アメリカ経済圏を超越した経済圏に成長してきている。

12-2　アジア経済圏と中国経済の成長

アジア・ヨーロッパ・アメリカ経済圏

　IMFなどによれば，2016年現在の世界全体の経済規模（名目GDP総額）はほ

図表12-4　世界の経済規模・人口とその割合（2016年）

	アジア	北米	ヨーロッパ	中南米	中東	アフリカ	オセアニア
GDP（兆ドル）	23.9 (31.8%)	20.1 (26.8%)	19.3 (25.7%)	4.9 (6.6%)	3.2 (4.3%)	2.1 (2.9%)	1.4 (2.0%)
人口（億人）	39.4 (54.1%)	3.6 (4.9%)	8.2 (11.3%)	6.1 (8.4%)	3.3 (4.6%)	11.7 (16.1%)	0.4 (0.5%)
国数	25	2	50	32	14	53	14

（出所）IMF World Economic Outlook Database より作成

ぼ75兆2627億ドル（約8128兆円）であるが，それは，地球上の三つの地域に集中している（図表12-4）。

　なかでも成長著しいアジア経済圏（日本，中国，韓国，インド，およびASEANなど）は，すでに世界の経済規模の3分の1を担う巨大経済圏にまで成長した。世界の主要な多国籍企業は，中国，インドなどに大挙して進出し，アジア経済圏は，世界経済の生産拠点になっている。

　日本の多国籍企業の海外現地法人数は，2014年度に2万4011社（売上高272兆2000億円）に達し，アジアに進出する企業数は，1995年度末では4600社（うち中国880社）であったものが，2014年度末には1万5964社（同7604社）におよんでいる。しかも，こうした傾向にはますます拍車がかかっている。

　それだけでなく，アジア経済圏は世界の人口の半数を占め，将来の巨大消費市場でもある。たしかに，全体を平均化した一人当たりのGDPでみると，2014年現在，アジア経済圏はヨーロッパ経済圏，北アメリカ経済圏に比較して1桁近くも低い水準にあるが，これは農山村部に居住し現金収入の極端に低い人々の割合が，ほぼ50億人のアジアの人々の多数を占めているからである。

　だが近年，都市部の中間層の拡大と消費は急成長を続けてきた。年間可処分所得ベースで5001～3万ドル未満の所得を得ている中間層の人口は，1990年にはアジア全体で1億4000万人ほどであったが，2015年には19億4000万人と推計され，この25年間で13.8倍に膨張し，旺盛な消費をおこなっている。この中間層人口の19億4000万人は，ヨーロッパの人口（8億2000万人）とアメリカの人口（3億5000万人）を合計した人数を8億人近くも上まわる。つまり，ア

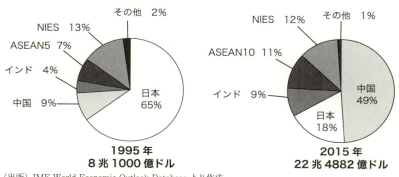

図表12-5　アジア経済圏のGDPの国別シェア

（出所）IMF World Economic Outlook Database より作成

ジアはすでに世界最大の消費市場でもある。

これまで述べてきたように，2008年9月のリーマン・ショック以降，世界の主要国は恐慌に突入し，軒並みマイナス成長におちいったが，中国，インド，ASEAN諸国は6％台の成長を維持している。中国は，2015年のバブル崩壊後これまでのような2桁台の成長は不可能になったが，それでも6％台の成長を維持している。

実際，世界の貿易総額に占めるアジアの比率は，2012年度で見ると38％台に達し，アメリカやEUの10％台をはるかに上まわり，アジア経済圏が世界貿易の主要舞台になっている。これは，中国やアジアの新興国が，リーマン・ショック後の世界大恐慌の救世主とみなされる経済的根拠となっている。

「世界の工場」＝「世界の市場」になったアジア

現在の世界大恐慌の救世主でもあり，21世紀の世界経済を主導するアジア経済圏のなかでも注目される存在は，中国である。年率2桁台の高度経済成長を継続してきた中国経済は，世界経済に大きな影響を与えつづけ，世界経済地図を塗り替えている。

アジア経済圏のGDPの国別シェアについて，1995年と2015年の20年間の変化を比較してみると，日本のGDPがアジア経済圏に占めるシェアは，この20

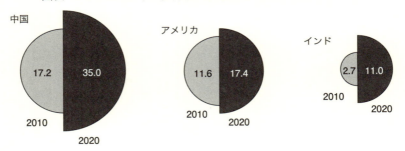

図表 12-6　2020 年の世界最大自動車市場予測（単位：100 万台）

（資料）JD Power；companies
（出所）*Financial Times*, Sept. 13 2011.

年間で65％から18％へと，4分の1近くに激減した（図表12-5）。代わって中国のGDPは，アジア経済圏の9％にすぎなかったのが，この間で5倍以上増大して，49％を占めるまでに拡大してきた。2010年には日本と中国の国別シェアは逆転し，中国は日本を抜いてアジア経済圏で最大の経済大国になった。このような中国経済のめざましい成長は，さまざまな経済指標によって確認できる。

イギリスの『フィナンシャル・タイムズ』紙によれば，世界の自動車市場は今後大きく変貌する。国別の年間販売台数で見ると，2008年時点では1320万台のアメリカが世界最大の自動車市場であり，中国は860万台であった。だが，2010年には中国1720万台，アメリカ1160万台，さらに2020年になると中国でアメリカの2倍以上の3500万台が販売され，アメリカは1740万台にすぎないと予測される（図表12-6）。

実際，中国における自動車需要は爆発的に膨張しており，それはプレミアムカーといわれる高級自動車市場にもおよんでいる。同紙の伝えるところでは[6]，2010年の第1四半期のドイツのBMW社の営業利益は2009年全体の利益を超過したが，それは中国の需要拡大によって実現した。またダイムラー・ベンツの世界第3位の市場となり，かつ急速に拡大している市場が中国市場である。

生産・消費・マネーの分野において，中国経済が世界経済に占める位置について，2009年時点での到達点を若干紹介する[7]。自動車生産は，1379万台を

生産しアメリカを抜いて世界一，家電生産は世界シェアの77％，粗鋼生産量は世界シェア47％，繊維製品生産量は世界の全人口に4枚の衣類を供給している。また，銅消費は世界の28％，大豆の消費は世界の50％にもおよんでいる。外貨準備高は世界の外貨の30％のシェア，新規株式公開（IPO）は世界の30％のシェア，などなど，これらの経済指標のすべてが世界一である。

OECDの試算によれば，中国の成長率が2年で2％低下した場合，2017年の世界経済は－0.51％，日本経済は－0.62％，アメリカ経済は－0.31％下押しされる。

12-3　緊密化する日中経済関係

日本最大の貿易相手国となった中国

日中間の経済交流は，1978年，外資・技術・経営ノウハウを導入し経済建設に踏み出した中国の改革・開放政策，1993年の改正憲法による社会主義市場経済の導入，2001年の中国の世界貿易機関（WTO）への加盟，などを契機に拡大していった。

原材料の貧弱な日本は，近代化をすすめてきた明治時代以来，貿易立国として歩んできた。第二次大戦後，欧米の資金・技術を取り入れ，低賃金，日本的経営，高い技術水準，成長を支援する各種の政策などによって，奇跡的な高度経済成長を達成してきた。国際関係ではアメリカとドルの強い影響力のもとにあり，戦後日本の対外経済関係は，経済摩擦をくりかえしながらも，日米貿易と日米関係が基軸であった。

戦後，世界経済の頂点にあったアメリカとドルの体制は，冷戦後の経済のグローバル化・情報化・金融化を主導してきたが，それは不可避的に「市場の失敗」をくりかえすことでもあった。ハイリスク・ハイリターン型の金融ビジネスによる大規模破綻の続出，貧富の差の拡大と社会不安の増大などを経て，アメリカの地位は，相対的に地盤沈下してきた。

他方，ブラジル，ロシア，インド，中国などの国々は，急激な経済成長を続けている。とくに東アジア経済圏に位置する隣国・中国の経済成長は驚異的であり，世界の工場，世界の市場として登場してきた。その結果，貿易立国日本の最大の相手国は，地盤沈下を続けるアメリカから成長著しい中国に交代した。

　日本の貿易相手国上位10カ国は，2000年から2010年の10年間で大きな変化を示している。2000年時点の日本の最大の貿易相手国はアメリカであり，日本の輸出総額のなかで25％（23兆1347億円）を占めていた。第2位の中国はまだ10％（9兆2158億円）の水準であった。だが2010年になると，このランキングは逆転し，トップの中国が20.7％（26兆4985億円）を記録し，シェアを半減させたアメリカは12.7％（16兆2854億円）に転落した。日本の貿易相手国は劇的な変転を示した。

　この10年間の変化を経済圏で見ても，アメリカ経済圏の地位低下はもちろんのこと，EUの場合も，14.6％（13兆4749億円）から10.5％（13兆4368億円）へ激減している。だが，アジア経済圏のシェアは41.4％（38兆3169億円）から51.0％（65兆3386億円）へ増大し，日本の輸出入総額に占めるアジア経済圏のシェアは過半数を超えた（図表12-7）。

　もはや貿易立国日本は，アジア経済圏なくして成り立たない時代がやってきた。とくにトップの貿易相手国になった中国との輸出入総額が拡大するにつれて，日中経済関係はさらに緊密化していくに違いない。

　ただ，日本のようにすでに発達した工業国にとっての共通の問題点も表面化している。それは，国内産業と雇用が海外に流出し，空洞化の危機にさらされてしまうことである。2008年度では，日本の製造業がアジアなどの海外に生産をシフトしたことから，国内生産額は35兆円，雇用では96万人が下押しされた。国内の製造出荷額は334兆円であり，また製造業の就業者数は1000万人だったので，国内の生産高も雇用人数も，ほぼ10％が海外に流出したことになる[8]。

　こうした傾向はさらに加速し，日本企業の海外現地法人が雇っている常時従業者数[9]は，2014年度末現在で575万人に達しているが，2014年平均の日本国

図表 12-7　貿易相手国上位 10 カ国の推移（輸出入総額：年ベース）

年	2000 年			2010 年		
総額		925,926 億円			1,281,646 億円	
1	アメリカ合衆国	231,347 億円	（25.0%）	中華人民共和国	264,985 億円	（20.7%）
2	中華人民共和国	92,158 億円	（10.0%）	アメリカ合衆国	162,854 億円	（12.7%）
3	台湾	58,042 億円	（6.3%）	大韓民国	79,642 億円	（6.2%）
4	大韓民国	55,135 億円	（6.0%）	台湾	66,188 億円	（5.2%）
5	ドイツ	35,271 億円	（3.8%）	オーストラリア	53,402 億円	（4.2%）
6	香港	31,094 億円	（3.4%）	タイ	48,337 億円	（3.8%）
7	マレーシア	30,594 億円	（3.3%）	インドネシア	38,706 億円	（3.0%）
8	シンガポール	29,375 億円	（3.2%）	香港	38,381 億円	（3.0%）
9	タイ	26,117 億円	（2.8%）	サウジアラビア	37,173 億円	（2.9%）
10	インドネシア	25,839 億円	（2.8%）	マレーシア	35,321 億円	（2.8%）
地域等	アジア	383,169 億円	（41.4%）	アジア	653,386 億円	（51.0%）
	ASEAN	138,050 億円	（14.9%）	ASEAN	187,261 億円	（14.6%）
	EU	134,749 億円	（14.6%）	EU	134,368 億円	（10.5%）
	中国＋香港	123,252 億円	（13.3%）	中国＋香港	303,367 億円	（23.7%）

（注）（　）は総額に対する構成比。ASEAN および EU は各年加盟国ベース。上記数値はすべて確定値
（出所）財務省 HP より

内の完全失業者数は236万人に達している[10]。国内の失業者数の2.4倍の従業員が，海外進出した現地の日本企業で雇われている。

他方，日本だけでなく世界の主要な企業が進出し，世界の工場・世界の市場として高度経済成長を続けている中国も，国内ではインフレ・物価高，不動産バブルの膨張と崩壊，都市と農村とのあいだの貧富の格差，水質汚濁や大気汚染などの深刻な環境破壊，緊張を強いられる労働現場で発生する過労自殺[11]，少数民族問題，言論表現の自由の侵害，といったさまざまな問題を抱えている。

東アジア経済共同体

周知のように，ヨーロッパではドイツとフランスが中心になってヨーロッパ連合（EU）を結成し，現在では27カ国が参加したヨーロッパ経済圏を構成している。アジア諸国がこのようなヨーロッパ経済のあり方に学ぼうとするとき，まず指摘されるのは日本と中国との関係である。

この点について, 「『東アジア共同体』の創生の成否は, 日・中・韓, とくに日・中が, いかに政治的対立を超え, 相互信頼関係に基づく共同体意識を醸成し, イコール・パートナーとして協調しながら, ASEANとの連携強化に努めることができるかにかかっている。……EU統合の鍵となったのは, フランスとドイツが, 二度にわたる悲惨な大戦の歴史を超えて協力し, その協力関係を, 統合とさらなる進展への原動力としたことである」[12]との指摘は説得力をもつ。

　このような指摘はヨーロッパからも出ている。たとえば, イギリス経済紙による日中関係の特集冊子では, 「日中の両国政府は, 侮蔑, 嫌悪, 復讐のサイクルを突破しなければならない」[13]と指摘し, 中国の国家主席がやるべきことは, 自分の所属する政党や国内のインターネットで流布している反日感情をとがめることであり, 日本の首相がやるべきことは, 戦犯を祀っている靖国神社への参拝を止めることであり, ドイツがやったように日本も公式に謝罪することである。国家主席も首相も, 「そんなことをやっても国内政治の上では報酬は期待できないが, しかし, 双方の国民にとって, また双方の経済にとって, 大いに利益となるであろう」[14]と指摘する。

　いまなお, 日中間で「政冷経熱」の関係から脱出できていないにせよ, それ以上に注目されるのは, 日中の位置する東アジアにおいて, EUの歴史にみられるような各種制度の整備がさして進展を見せていないにもかかわらず, 東アジアの中での事実上の経済統合が急速に進展していることである。すでに拡大を続ける日中貿易について指摘したが, 東アジア経済圏における域内貿易も, 広く, 深く進展してきた。

　EU・NAFTA・東アジア経済圏の域内貿易比率の推移 (1980〜2009年) を見ると, 四半世紀のあいだに, それぞれの経済圏が域内貿易比率を高めてきている。なかでも東アジア経済圏の域内貿易比率 (35.5%から50.3%へ) は, さすがに共通通貨ユーロを持つEU (61.3%から66.3%へ) にはおよばないものの, NAFTA (33.8%から41.4%へ) をはるかに上まわっている (図表12-8)。とりわけ東アジア経済圏の域内貿易比率の伸びは, この四半世紀で15%ほども高くなり, EUやNAFTAがそれぞれ一桁程度の伸びであるのに対して, もっとも

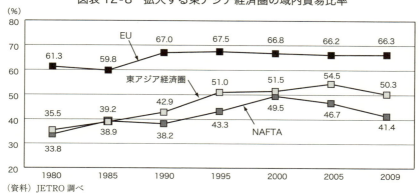

図表 12-8 拡大する東アジア経済圏の域内貿易比率

(資料) JETRO 調べ

大きな伸びを記録している。

　東アジア経済圏のこのような事実上の経済統合の進展は，EUやNAFTAのような制度としての経済統合の整備をうながす。問題は，日中をはじめとした当該諸国の交渉の進展にかかっている。交渉の範囲は，産業・農業・通貨・環境・エネルギーといった経済分野だけでなく，安全保障，文化・教育，議会制度，といった広範囲におよぶことになろう。

　とはいえ，やはり最優先されるのは，東アジア経済圏の形成である。世界経済における急激なグローバリゼーションの進展は，1997〜98年にかけてのアジア通貨危機と東アジア経済の混乱，リーマン・ショック後の世界恐慌のように，世界経済を不安定化させている。

　というのも，グローバリゼーションの主要な推進主体は，アメリカ政府・多国籍企業や金融機関・IMFであり，これらの三位一体的な，いわゆる「ワシントン・コンセンサス」のもとで，アメリカとウォール街のハイリスク・ハイリターン型金融ビジネスによる世界経済の一元的な支配体制の確立[15]といった性格をもっている。その結果もたらされたのが，リーマン・ショックとその後の世界金融危機と世界恐慌である。

　東アジア経済共同体の形成は，さしあたって，アジア諸国がこのような不安定化する世界経済のリスクを最小限に抑え込んでいく上でも，有効な機能を発

揮するであろう。

近年，TPP（環太平洋戦略的経済連携協定 Trans-Pacific Strategic Economic Partnership Agreement）への参加・不参加をめぐる議論が活発化している。問題は，TPPに参加することによって国民生活がいっそう豊かになり，安全・安心の経済社会が実現されるのかどうかである。

この点では，アメリカの主導するTPPへの参加は，むしろ国民生活と経済社会をいままで以上に不安定な貧困・格差社会に転落させてしまうことになりかねない。

というのも，TPP参加国は，自由競争の妨げになる関税や非関税障壁を撤廃することを主要なテーマにしているからである。国境の障壁をなくすことで経済的な利益を獲得できるのは，国際競争力の高い日米の多国籍企業であり，これらの企業はTPPを推進することで，国境を越えてさらに広大なマーケットを支配できる。大企業の利益を擁護する日本経団連がわが国のTPPの推進主体であることからもわかる。

すでに，わが国は，アメリカの外圧を受けたかたちで，金融の自由化・国際化（日本版金融ビッグバン）をなしとげ，アメリカ型の金融システムを導入した。その結果は，地域の経済や生活に根ざした中小金融機関の整理淘汰が進み，三大金融持ち株会社による金融支配が確立し，また相場の変動に振りまわされる不安定なハイリスク・ハイリターン型の経済社会であった。

農林水産省は，TPPに参加した場合の国内産業への影響を次のように試算している。食料自給率（カロリーベース）は，現行の40％から13％へと激減する。農産物・水産物・林産物の生産は減少し，農業の多面的な機能も喪失するので，GDPは8兆4000億円ほど減少する。また就業機会も350万人分ほど減少する。生存の基本条件である食料自給率の大幅な低下は，独立国としての条件を放棄するに等しい。

農業分野だけでなく，アメリカの通商代表部によれば，政府調達，薬価制度，食品安全基準，保険，郵便，雇用・労働などの広範囲の分野で，アメリカの多国籍企業が参入できるように日本の国内制度の変更を求めている。

したがって，TPPに参加した場合，いままでのような金融システムだけでなく，より広範囲の経済システムについても，市場原理主義を最優先するアメリカ型システムに変更させられ，わが国の公的年金・保険制度も解体することになりかねない。

TPPは，日本・中国・韓国など東アジアの主要国が東アジア経済共同体を形成し，EU経済圏やアメリカ経済圏に並ぶ主要な経済圏になることによって被るアメリカの不利益を回避し，アメリカ主導で成長著しい東アジア経済を「環太平洋経済共同体」として取り込もうとする，アメリカの新たなアジア支配戦略である。

したがって，TPPへの参加問題とは，今後，わが国が，すでに主要な貿易相手国から転落したアメリカと引きつづき経済連携を強化していくのか，それとも成長著しい中国・韓国など，東アジアの隣国との経済連携を強化し，東アジア共同体（EAU）の形成を展望していくのか，そのどちらの道を選択するのかといった問題でもある。

東アジア経済連合と日本の選択——アメリカ一極支配後の世界

世界の経済体制は，アメリカ一極支配後のあり方をめぐる激変の渦中にある。わが国は，いかなる選択を求められるのか。

はっきりしているのは，少子高齢社会の日本が，新興国のBRICs諸国と経済成長の規模やテンポを競うことはもはや不可能であり，無意味である。だとすれば，経済社会の内容・そのあり方が問われることになる。国際社会から注目され，日本のような国に住みたいと評価されるような国づくりが求められている。

戦後日本経済の歩みをふり返って，そこから教訓を得ようとすれば，成長優先・利益優先の「企業国家」日本ではなく，またバブルの膨張と崩壊をくりかえす「カジノ型金融国家」でもない経済社会のあり方が求められている。

それは国内的には，マネーの地域循環型経済を確立しつつ，賃金所得を安定させ，社会保障を充実させて将来不安を解消し，広範囲の国民諸階層の個人需

要に根ざした介護・福祉・医療分野，環境や教育分野に，ヒト・モノ・マネーを重点的に配分した社会を構築することであろう。

対外的には，中国をはじめとしたアジア諸国との連合の実現に求められよう。世界のGDPは，21世紀初頭において，EUとNAFTAとアジア諸国のあいだでほぼ3等分されている。とくにアジアは世界人口の49％を占め，一人当たりGDPではまだ欧米の8分の1に過ぎず，今後，無限の経済発展の余地を残している。

たしかにアジア諸国は，EUに結集したヨーロッパ諸国と比較して，政治経済体制の上で複雑かつ多様である。だが，すでに東アジア11カ国（日本・中国・インド・ASEAN4・アジアNIEs）は，EUに匹敵する密接な経済交流を実現している。

さらに，2015年12月には，東南アジア諸国連合（ASEAN）に加盟する10カ国は，域内の貿易自由化や市場統合などをめざす広域経済連携の枠組み「ASEAN経済共同体（AEC）」を発足させた。域内人口は欧州連合（EU）を上まわる計6億2000万人で，域内総生産が2兆5000億ドル（約300兆円）に達する巨大な経済圏が本格的に始動しはじめた[16]。

このような密接な経済交流を基礎に，EUを先行事例として，平和で独立したアジア各国間の連合を立ち上げ，21世紀の世界経済の中心的な役割を発揮するなら，日本とアジア諸国の将来には明るい未来が切り拓かれるに違いない。

(1) "Japan and China-Prospect for Commerce, Collaboration and Conflict between Asia's Two Giants", A Special Series of Exclusive Interviews and Reports, Sponsored by CLSA, *Financial Times*, 2004, p.9.
(2) "Dreaming with BRICs : The Path to 2050", Goldman Sachs, *Global Economics Paper No. 99*, 2003.
(3) 前掲，"Dreaming with BRICs : The Path to 2050", "The N-11: More Than an Acronym", GoldmanSachs, *Global Economics Paper No. 153*, Mar. 28 2007 は，世界最大の投資銀行であったアメリカのゴールドマン・サックス社の調査報告書であり，中長期的な21世紀の世界経済地図について，興味あるシミュレーションをおこなっている。

(4)「ルポ 中国西部成長の奇跡」(『週刊東洋経済』2008年8月9日号,104ページ)。
(5) "The N-11: More Than an Acronym", Goldman Sachs, *Global Economics Paper No. 153*, Mar. 28 2007, pp. 8-10.
(6) "Demand for luxury power BMW's China sales", *Financial Times*, May. 6 2010.
(7)「中国の世界支配」(『週刊エコノミスト』毎日新聞社,2010年2月16日,18-41ページ),ほかに「Cover Story 中国大変調! 世界経済『最後の砦』は大丈夫か?」(『週刊東洋経済』2009年2月28日,32-95ページ),「Cover Story 中国・アジア新市場」(同2009年11月28日,40-99ページ)。
(8)『日本経済新聞』2010年5月31日。
(9) 経済産業省「第45回海外事業活動基本調査(2015年7月調査)概要」。
(10) 総務省「労働力調査(基本集計)平成25年平均(速報)結果の要約」。
(11)「世界最大の電子機器の請負工場での多数の労働者の自殺は,この国の急成長の背後の特殊な事情について,内外で議論に火をつけている」"Showing the Strain", *Financial Times,* May. 29 2010.
(12) 谷口誠『東アジア共同体——経済統合のゆくえと日本』(岩波新書,2007年),47ページ。
(13) 前掲,*Financial Times*, 2004, p. 4.
(14) 前掲,*Financial Times*, 2004, p. 4.
(15) 外務省スタッフであり OECD 事務局の経験者である谷口誠は,以下のように指摘する。「わたしの OECD 事務局での経験でも,米国財務省出身のある幹部が,幹部会で,米国財務省では,財政政策の立案に当たり,それが国内政策であっても,常に,国境を越えたヨーロッパ,アジア,ラテンアメリカへの波及を考慮に入れ,米国の世界戦略の一環としてとらえ,作成していたと発言し,列席の OECD 幹部を驚愕させたことがあった。アジア通貨危機に際し,アジアに痛みを与えた米国財務省と IMF の対応ぶりをみても,その背景に『ワシントン・コンセンサス』の影が感じられる」(谷口,前掲書,217ページ)。
(16)「東アジアの巨大市場 AEC 期待と不安の発足」(『エコノミスト』2015年6月30日号),「分業するアジア——ASEAN 中国の生産ネットワーク」(『ジェトロセンサ』2016年3月号)などを参照されたい。

COLUMN 12　「ふたたび勃興する」アジア経済

　産業革命前の18世紀まで，世界経済の中心はアジアであった。経済規模（GDP）で見ると，インドと中国のシェアが世界経済の5割前後を占めていたからである（173ページ，図表12-2参照）。
　21世紀の幕開けとともに，世界経済の中心がふたたびアジアの時代へと大転換しつつある。内閣府は，OECD（2001）"The World Economy: A Millennial Perspective"について紹介した「過去1000年間の世界経済におけるアジア」とのコラムで，以下のように指摘する。
　「紀元1000年時点では，中国とインド，日本その他のアジア地域のGDPは，世界の約70％を占め，その後も60〜65％の規模を保っていた。18世紀後半に，英国で第一次産業革命が始まったが，19世紀初めの時点（1820年）においても，中国（清），インド（ムガール帝国）を含めアジア経済が世界に占める割合は約6割であった。しかし，その後，19世紀に産業革命が欧州全域やアメリカ大陸に拡大し，技術革新により欧米が経済成長を遂げていく中で，アジア経済が世界に占める割合は急速に低下し，1950年には2割弱となった。……両国〔中国・インド―引用者〕が世界経済の中で再びその存在感を増しているが，長い歴史を振り返れば，初めてのことではないのである。中国やインドは，『新興』経済（emerging economies）として分類されることも多いが，これは，産業革命後200年ほどの文脈であり，本来は『再び存在感を増す』あるいは『再び勃興する』経済（re-emerging economies）と呼ぶべきかもしれない」（内閣府『世界経済の潮流 2010年Ⅰ』2010年，19ページ）。
　2020年代に中国のGDPがアメリカを抜き，世界最大の経済大国になると予測する欧米の調査研究が多く発表されている。事実，事態はそのような予測通りに進んできているので，世界の経済地図は，いま，1000年単位の転換期を迎え，アジア経済圏がふたたび世界経済の中心になる時代がやってきた。わが国は，このように塗り替わる世界経済地図において，その立ち位置をどこに置けばよいのか，そのことが問われている。

第13章
私たちはどんな
経済社会をめざすのか？

　最終章では，これまでの章の検討を踏まえて，私たちのめざすべき経済システムを考えてみよう。望ましい21世紀の日本の経済社会とはどのようなものなのか，またそれはどうしたら実現されるのだろうか。

　たとえば，小学校から大学まで授業料はほとんど無料，入院・出産費用もほとんど無料，子どもが3人いればその手当で一家が生活でき，失業しても困らない，年間の労働時間は私たち日本人よりも3カ月も少ない──などなど。こんな豊かでゆとりのある暮らしをしている国があるなんて絵空事に思えるだろうか？　しかし，そんな国は実在する。ドイツやフランスである。北欧の国々の暮らしはもっと充実している。

　このような暮らしが他の国々にできて，もっとたくさんのマネーを持ち，財・サービスに溢れている「経済大国」の日本にできないはずはない。豊かでゆとりのある暮らしを実現するための制度が，整備されていないだけである。

　このような制度の整備をするのか，しないのか，それは国民一人ひとりの主権者が決めることである。いうまでもなく，経済界や官僚は主権者ではない。経済界や官僚たちが反対しても，市場が一時的に反発し，株価が下がろうとも，この国の経済社会のあり方は，私たち99％の意思によって決定されるべきものだ。

13-1　大企業・金持ち減税の廃止と所得の再分配

　「100年に1度」の世界恐慌の発祥地アメリカよりも，日本経済の落ち込みの

ほうが深刻となった事態は，海外進出と海外需要に依存しきった経済社会の脆弱性とリスクの高さを証明している。

戦後日本のアメリカ依存と外需依存型経済は，いま明らかに大転換を迫られている。それはたんに日本の経済社会の利益にかなうだけでなく，激変する世界経済と国際社会のあり方に対応した，わが国の21世紀の展望を切り拓くための課題でもある。

国内経済や地域社会の疲弊を放置したまま，多国籍化した日本の巨大企業・金融機関の利益のためなら地の果てまで日本製品を売りまくる日本経済のあり方は，国内外ともに，もはや通用しない時代が訪れている。

日本の経済社会にいま求められているのは，まじめに働いても貧困・格差を再生産する経済のしくみを抜本的に見直し，国内需要と福祉の充実に支えられた，誰もが平穏な普通の暮らしができる経済システムにほかならない。

規制緩和と市場原理主義政策からの脱却

まず見直されるべきは，「小さな政府」「規制緩和」「民営化」といったキャッチフレーズで断行されてきた，一連の市場原理主義的なイデオロギーと政策である。

「官」つまり公共部門は非効率であり，無駄が多く，しかも不透明のため，不祥事が後を絶たないので，競争原理をはたらかせて効率化し，無駄を省くためにできるだけ民営化する——といった市場原理主義的なイデオロギーと政策が，四半世紀にわたり断行されてきた。

だが，「官」の規制緩和と民営化を主張してきた経済界は，長期不況と不良債権問題が深刻化すると，「官」から巨額の公的な資金援助を引き出し「官」を最大限利用してきた。公的資金の注入によって救済されるしくみは金融機関だけでない。2009年4月から，5000人以上を雇用する大企業にかぎり，公的資金で株式を買い取り資本を注入するしくみ（「産業活力再生」特別措置法）も整備された。不況を理由に数千人規模で従業員を解雇する大企業に対して，公的資金が援助される。公的資金の認定第1号は，2009年6月30日，NEC・日立・

三菱電機の関連会社である半導体メーカーのエルピーダメモリであり，400億円が投入された。

　こうした事実は，一連の市場原理主義的なイデオロギーと政策とは，私たち99％の国民諸階層と中小企業にリスクを転嫁しつつ，国家と財政を独り占めにしようとする政・財・官による三位一体的な利益の追求にあったことを意味する。

　公的部門が非効率で無駄が多いなら，効率的で無駄遣いのできないような厳しい規則を制定すべきであった。不透明で不祥事が後を絶たないなら，徹底した情報開示と厳しい罰則規定を制定し，不祥事の再発防止に努めるべきであった。だが，このような肝心な改革はなされず，規制緩和と民営化だけが断行されてきた。

　その結果はもはや明らかである。巨大企業と金融機関はさらに巨大化し，不況下にあっても史上最大の利益を享受し，より強固な経済支配を実現した。だが，私たち99％の国民生活や地域経済を担う中小零細企業は，ますます地盤沈下を余儀なくされた。わが国の6350万人の勤労者の就業と生活はますます不安定化し，非正規雇用に追いやられ，「派遣切り」「ネットカフェ難民」「ワーキングプア」，解雇と失業，将来不安といった悲惨な経済社会に突き落とされた。

　他方で，政・財・官による三位一体的な利益はそのまま温存され，一部の政治家は関連業界から政治献金を受け取りつづけ，またキャリア官僚の天下りもそのまま継続している。

　いかにしてこのような社会から脱却するか。戦後，わが国を従属させてきたアメリカの新大統領のメッセージは，そのひとつの方向を示しているようだ。

富裕層増税に乗り出す欧米

　ホワイトハウス前に集まった200万人の支持者を前にして大統領の就任演説をおこなったバラク・オバマは，それまでブッシュ政権がおこなってきた税制改革を抜本的に見直し，大企業・金持ちへの増税と低所得者への減税を実施し，高額所得層から低所得層への所得の再分配のための政策に踏み出している。

「富の集中は，隠された時限爆弾」（*Financial Times*, Jun. 25 2009）にほかならない。オバマ政権は，年収ほぼ2500万円超の高所得家計の個人所得税を引き上げ，最高税率をブッシュ政権以前の39.6％に戻す。また，金融商品の売買差益や株式の配当金についても，税率が20％まで引き上げられ，ヘッジファンドの成功報酬への課税も強化する。さらに各種の企業優遇措置の廃止，国際取引への課税強化などにより，全体としてほぼ20兆円の増収を見込んでいる（『日本経済新聞』2009年4月28日）。富裕層向けの増税措置に乗り出しているのは，アメリカだけではない（図表13-1）。

だが，わが国の場合，株式配当金への税率は，上場株式では100万円以下で7％，それを超えた金額に対して15％という低税率である。大多数の国民が利用している銀行預金から受け取る利子所得への税率は一律20％であり，株式の配当金への税率よりも高く設定されている。銀行預金を株式市場へ誘導し，アメリカのような「投資立国」をめざそうとするわが国の税制は，株式保有層のような金持ちに有利な税制のままである。これでは，国民諸階層の所得格差は拡大する一方である。

しかも，低所得者層への負担を強いる消費税は3％から5％へ引き上げられ，さらに8％（2014年4月），10％（2015年4月）への引き上げ法案が可決（2012年8月）された（ただし，その後2度にわたり10％への引き上げは延期）。生存に必要な衣・食・住にも，宝石や奢侈品にも同じ税率が適用されるわが国の逆進的で不公平な消費税は，国民の所得格差を拡大するだけでない。消費のたびに課税されるしくみなので，国民の消費意欲はいっそう冷え込み，国内需要が縮小し，景気の足を引っぱる結果をもたらしている。

わが国の金融経済システム改革の手本とされてきたアメリカが変わりはじめた。手本となる国が変わってきているのだから，わが国も変われないはずはない。拡大する格差を解消するには，現行の税制や予算配分の抜本的な見直しによって，大企業や高所得層の利益に手をつける大規模な所得の再配分を実現する必要がある。「トリクルダウン」や「成長至上主義」といった古い観念を捨て，GDP世界第3位の経済大国の中身を充実させる時代認識が求められている。

図表 13-1　諸外国の富裕層向けの増税措置の概要

アメリカ
財政赤字削減案（2011年9月発表。10月現在，「財政赤字削減のための合同特別委員会」（超党派）で検討中）
① 高所得者（25万ドル）に対するブッシュ減税の不延長（最高税率35%→39.6%等）（13年～）
② 高所得者に対する所得控除の制限（13年～）

フランス
財政赤字削減計画（2011年8月発表。10月現在，①②は法律として成立，③は議会審議中）
① 資本所得に係る社会保障関連諸税の税率引上げ（12.3%→13.5%）（11年分～）
② 個人が5年超保有する不動産の譲渡益に係る軽減措置の一部廃止（12年2月1日～）
③ 高所得者（単身：25万ユーロ，夫婦：50万ユーロ）に対する新規の所得課税（税率3%）（12年分～）(注1)

イタリア
第2次財政健全化策（2011年9月発表。同月に法律として成立）
① 所得税付加税（30万ユーロを超える所得に対して3%）の導入（11年～13年の時限措置）
② キャピタルゲイン（国債を除く）に係る所得税を12.5%から20%に引上げ（12年～）

スペイン
富裕税の復活に関する勅令法（2011年9月発表。同月に成立・施行）
○ 富裕税（70万ユーロを超える資産に対して0.2～2.5%）の復活(注2)（11年，12年の時限措置）

ポルトガル
財政健全化策（2011年8月発表。10月現在，議会審議中）
① 所得税付加税（15.3万ユーロを超える所得に対して2.5%）の導入（12年，13年のみの時限措置）
① 株式市場におけるキャピタルゲインにかかる所得税を20%から21.5%に引上げ

（注1）財政赤字対GDP比が3%になるまでの時限措置。なお，課税最低限の金額は，下院財政委員会で採択されたもの。
（注2）富裕税は1991年に導入されたが，2009年に廃止されていた。
（出所）財務省資料「金融・経済危機を背景とした欧米諸国における議論」2011年11月8日

　なお，イギリス経済紙（*Financial Times,* May. 6 2009）によれば，略奪的なサブプライムローンで稼ぎまくっていたアメリカのトップ25の巨大金融機関は，1999～2008年の期間に，円換算でほぼ370億円もの政治献金をおこない，政党や大物政治家への積極的なロビー活動を展開し，自分たちのビジネスに邪魔な規制を緩和させてきた。とくに大統領選挙のある2007～8年にかけて，アメリカの証券業界は152億円もの政治献金をおこなったが，それを受け取っていたのが，かの二大政党（共和党65億円・民主党87億円）であり，また政治家

ではバラク・オバマ（およそ15億円），ジョン・マケイン（およそ9億円），ヒラリー・クリントン（およそ7億円）などであった。こうした事実は，民主党・オバマ政権の政策展開に暗い影を投げかけていることもまた確かである。

13-2　景気対策の転換・社会保障で雇用創出

ハコモノづくりから福祉充実へ

わが国では，いままでのようなハコモノづくりの公共事業，「官」から「民」への「構造改革」と規制緩和政策は，景気回復どころか私たち99％の貧困と格差を拡大させてきたことは，事実によってくりかえし証明されてきた。

そもそも個人消費は，わが国経済（GDP）のほぼ55％を占める，国内需要（他に政府支出と民間投資）の王様にほかならない。個人消費の拡大に支えられた国内需要の拡大こそ，底堅い景気回復のための不可欠な条件である。

内閣府の推計でも，世界的な大不況で欧米への輸出が激減し，国内の需要と供給のバランスが崩壊し，2009年1～3月期での国内需要不足は過去最悪の45兆円にも達していた。外需依存の危険性と内需不足の深刻さがくりかえし証明された。

では，いかにしたらこれ以上の財政赤字の拡大を回避しつつ，国内需要と個人消費を増やすことができるのか。その回答もまた明解である。賃金を上げること，不安定就労をなくし雇用を安定化させること，年金などの将来不安を解消することである。

さらに，このようにして底上げされた個人消費の向かう先を，少子高齢社会の到来したわが国にとって，広大な国民的ニーズの伏在する分野（介護・福祉・医療，教育・文化・レクリエーション，バリアフリーの街づくり，環境保全など）に向けていったならば，着実に景気が回復する。

このような景気回復は，多国籍企業や外資にとってメリットはないが，国民経済の安定と国民生活にとっては待ち望んできた景気対策である。こうした景

図表13-2　社会保障と他の産業の雇用創出効果の比較

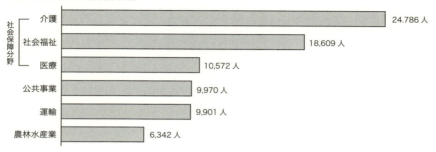

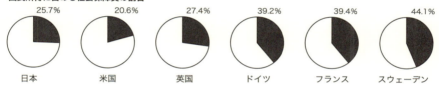

（出所）『朝日新聞』2009年4月19日

気対策の積み重ねを通じて，日本の経済社会は21世紀の新しい世界を切り拓いていくに違いない。

　というのも，介護・福祉・医療といった社会保障分野は，各種の調査によって確かめられているように，環境や省エネ分野とともに，今後もっとも大きな成長の見込める分野にほかならない。福祉関連事業の発展は，関連する産業分野に大きな波及効果をもたらし，新たな雇用を生み出し，さらに国民の将来不安を取り除く効果も期待されるからである。

　社会保障分野とそのほかの産業での雇用創出効果を比較すると，そこには大きな相違が存在する（図表13-2）。需要1億円あたりの雇用創出人数は，社会保障分野が圧倒的に多数であり，介護では2万4786人，社会福祉でも1万8609人の人々に新しい雇用機会を与える。

　だが公共事業となると，雇用創出効果は激減し，わずかに9970人にしか雇用機会を与えない。機械化された大規模な公共事業は，大手ゼネコンに恩恵が

あるだけで,雇用機会を拡大する効果はない。

したがって,景気を回復させ,経済を成長させるためには,民間部門では,国内の6350万人の勤労者の賃金所得と雇用を安定化させ,公共部門では,予算配分において社会保障分野に重点配分することである。

だが現代日本では,周知のように,まったく逆のことがおこなわれてきた。政府は「構造改革」「骨太方針」のもとに,2002年度予算から毎年2200億円の社会保障予算を削減しつづけ,8年間で総額8兆円の社会保障費を削減した。2013年度来のアベノミクス(第二次安倍政権の経済政策)は,従来型の景気対策を継続しただけでなく,防衛予算を増額させた。これでは,ますます個人消費を萎縮させ,不足する国内需要を痛めつけ,不況の長いトンネルから脱出できない。抜本的な政策転換がわが国においても求められているのである。

経済の成長と福祉の拡大は両立できる。むしろわが国の21世紀の課題は,そこにあるといってよい。周知のように,ヨーロッパ,とくに北欧諸国はこの課題を達成してきている。「小さな政府」「規制緩和」「民営化」といったキャッチフレーズで社会保障予算を削減してきた一連の市場原理主義的なイデオロギーと政策の誤りは明らかである。

福祉を充実させたいなら,その前に経済を成長させパイを大きくしなければならない,といった議論は,戦後の日本で言いつづけられてきた。その結果が今日の貧困・格差社会であり,福祉切り捨てと将来不安社会であり,年間3万人もの自殺者を出す社会である。「パイを大きくする」との議論は,事実によって,その誤りが明らかになっている。

マネーの地域循環型経済システムの確立

現代日本のマネーは,全国の地方から東京一極集中へ,さらに東京からグローバルマーケットへ,一方的に流れている。実体経済を身体に置き換えれば,マネーはその身体を流れる血液なので,血液の行き渡らない経済は,壊死する。したがって,地域経済の金融ニーズに満遍なく対応できるマネーの地域循環型システムが築かれていることが,地域経済の安定と発展にとって不可欠である。

金融のグローバル化が進展するにつれて地域経済が地盤沈下におちいっていったのには，はっきりした背景が存在する。地域のなかで預金として集められたマネーが，その地域経済の発展のために利用されないで，外部へ流出しているからである。

都道府県の銀行の預貸率（預金残高に対する貸出金残高の比率）を比較すると，金融機関の本店の集中する東京だけが100％を超えている。つまり東京（金融機関の本店）は，都内（支店）から集まったマネーに加えて，都外（地方銀行と地方支店）からもマネーを集め，それを都内に貸し出している。さらに，高い利回りを求めて，欧米や中国などへのグローバルな投融資にもふり向けている。

図表13-3　主な都府県の都府県内預貸率

都府県名	預貸率
東　京	110.0%
千　葉	52.2
埼　玉	59.3
神奈川	54.9
茨　城	56.5
大　阪	71.8
京　都	55.3
兵　庫	52.9
奈　良	43.0
和歌山	43.3

（注）預貸率は各都府県内の銀行の預金と貸出金合計から算出。2009年2月現在
（出所）『Nikkei Business』2009年4月27日号，32ページ

他方，東京以外の地方の預貸率は，大阪が相対的に高く71.8％に達しているだけで，どの県も40〜50％台の大幅に低い水準にある。東京以外の全国の地方は，地元で集めたマネーが外部に流出し，地域経済の発展のために利用できていない現状にある（図表13-3）。

このようなゆがんだマネー循環から脱出しないかぎり，地域経済の発展は展望できない。それだけでなく，「貿易黒字国」日本の対外輸出の黒字分も，国内に環流させ，内需拡大型のマネー循環を構築することである。

アメリカの「地域再投資法（CRA）」（1977年）は，マネーの地域循環型システムの先行事例といえる。CRAは，その地域で集めたマネーはその地域の金融ニーズを満たすために再投資することを明記しているからである。

年々規制が強化されてきたCRAは，銀行など預金を扱う金融機関に対し，貸出，投資，その他の金融サービスについて，地元の低所得者や中小企業のさ

まざまな金融ニーズに適切に対応する責任があることを明らかにしている。監督官庁は，4段階のCRAの評価基準に照らして，銀行など金融機関の取り組みを格付評価し，その結果を公表している。「良好」以上の格付を受けない銀行は，金融ビジネスにも一定の制約が課されるので，貸し渋りなどの行為はできなくなる。

　このような規制のシステムのないわが国では，個人や中小企業を中心にした地域の金融ニーズが，銀行の貸し渋りにあって満たされない現状にある。その結果，中小企業経営はますます困難になり，場合によっては老舗(しにせ)といわれる中小企業も転廃業を余儀なくされ，地域経済の疲弊と地盤沈下が続いている。国民諸階層のニーズに直結した衣・食・住・環境・介護・福祉などの分野は，21世紀の成長産業の分野であり，地域社会に根づいた中小企業の活躍する分野でもあるが，金融ニーズが満たされないなら，それも不可能である。

　「金融ビッグバン」以後，わが国では金融機関どうしの合併・買収（M&A）も進展し，非効率とみなされる地域の店舗は統廃合され，金融機関の窓口すら地域から消滅してきている。郵政民営化によって郵便局すら地域社会から姿を消し，とくに過疎地といわれる地方の高齢者世帯には不都合が生じている。これではますます過疎化が進み，首都圏と地方とのヒト・モノ・カネ全般の格差は拡大する一方である。

　地域社会から預金として集まったマネーが東京などの大都市圏へ集中する現状を改革し，地域社会の活性化と地域経済の安定を実現するため，地域再投資法のような地域循環型経済システムの整備が火急の課題になっている。

13-3　外需依存・ドル依存からの脱却

外需依存型経済の転換と国内需要の育成

　戦後の日本は，経済成長と企業利益を優先させる「企業国家」であり，対米輸出を柱とする外国への「集中豪雨的」輸出と外需依存に支えられてきた。ア

メリカという巨大な胃袋・外需に依存しきった日本経済の脆弱性は，アメリカの消費市場の崩壊によって一挙に表面化した。

　一国の需要は，国内の需要（企業＋個人＋政府）＋外国の需要（輸出）からなっている。わが国の場合，国内の需要，なかでもその中心である個人需要を冷え込ませたままで，少数の国際競争力の高い大企業を中心にして外国に輸出をおこない，外需依存型の経済成長を追求してきた。輸出に主導された外需依存型の経済成長は，相手先の事情によって振りまわされるので，アメリカ市場の崩壊がストレートに日本経済を直撃する，不安定きわまりない経済成長モデルである。

　「モノづくり国家」といわれる日本の製造業は生産拠点を海外に移転し，国内産業と雇用は空洞化の危機に直面し，地域経済は衰退している。

　安定した国民経済と適度の経済成長を達成するには，安定した国内需要に依存した経済運営がおこなわれなければならない。安定した国内需要とは何かといえば，その中心の個人需要を喚起することである。個人需要の喚起とは，個人の可処分所得，つまり6350万人の働く人々の給与水準を安定的に維持することである。

　給与が削減され，いつ解雇されるかわからない状況まで従業員が追い詰められ，さらに老後の生活すら不安定な年金制度や社会保障のもとでは，個人消費は極端に冷え込んでしまう。賢明な経営者たちは，目前の従業員の給与の削減は一時的に会社の利益を膨らませるが，社会全体では商品の売れ行き不振を招き，結局，めぐりめぐって自分たちの首を絞める結果になることに気づくべきである。

　現代の企業経営者は，ミクロ的な視野だけでなく，マクロ的な視野から経営に臨み，さらにグローバルな視野に立って自国経済や国民生活を考える，Think globally, act locally といった複眼的なものの見方・考え方を身につける必要がある。政府も，年金制度と社会保障の充実は底堅い安定した個人需要の喚起，したがって健全な国内需要と経済の安定成長を保障する結果になることを銘記すべきである。国民の同意を得ることなく年金積立金を株価対策のため

に利用し，株価の下落で損失を発生させるような現状は，即時に改善すべきである。「骨太の方針」と称して毎年2200億円もの社会保障費の削減を断行してきたことは，ますます社会不安を助長し，個人需要を冷え込ませ，景気の足を引っ張ってきた愚策といえよう。

結局，国際競争力の高い少数の大企業だけが多国籍企業としてわが世の春を謳歌（おうか）する一方で，日本経済は不況の長いトンネルの中に置いてけぼりにされてきた。このような悪循環からの脱出が求められている。

アメリカ・ドル依存と「悪魔の循環」からの脱却

わが国経済は，グローバル経済下の国内産業・雇用の空洞化問題以外に，さらに深刻な問題を抱えこんでいる。それは，現在の日米経済関係が続き，アメリカ・ドル依存のマネー循環から脱却しないかぎり，日本企業と従業員は，稼げば稼ぐほど，働けば働くほど，日本経済ではなくアメリカに貢ぎ，アメリカ経済を豊かにしてしまう，といった問題を抱えているからである。

日本の企業や政府が外国に保有する対外純資産はほぼ367兆円（2014年末残高）に達しており，日本は世界最大の対外資産大国である。だが，この対外資産は自国の円建てで保有しているのではなく，アメリカのドル建てで保有されている。

したがって，円・ドルの為替相場が変動し円高ドル安になると，それに連動して為替差損が発生し，わが国の対外資産は減価してしまう。たとえば10％の円高（＝ドル安）が進めば，対外純資産367兆円は330兆円に減価する。円とドルとの為替相場の変動により，円高にふれると外国に置かれた日本の資産はなくなっていく。額に汗して稼いだ日本の富が消滅していく。

その背景はこれまでに述べてきた通りである。貿易黒字大国日本とはいえ，輸出で受け取る代金の内訳をみると，自国通貨の円は35％ほどにすぎず，その多くはアメリカ・ドルで受け取っている。アメリカは戦後，国際取引で使用される基軸通貨（ドル）特権を行使し，アメリカ国内でも対外支払でも，ドルで支払ってきた。日本の政府と企業もそれに従ってきた。その結果，日本が対米

輸出で稼いだ莫大な貿易黒字分の受け取り通貨は，円ではなくドルであった。

　貿易黒字で受け取ったドルは，ふたたびウォール街の金融商品やアメリカ政府の国債に投資されるが，その一部は日本国内に持ち込まれる。だが，ドルは日本国内では使えないので，ドルを売って円を買う市場取引（ドル売り円買い）がおこなわれる。これは，円高ドル安相場を促進する。その結果，日本は円高不況におちいり，対外資産価値もさらに減価する。

　円高不況に直面した日本政府は，不況対策と称して大盤振る舞いの公共事業を実施してきたが，その財源は国債の発行に依存したので，財政赤字が深刻化する。他方，外需依存の大企業は，円高でも輸出できるように人件費などのコストを限界まで削減し，過労死をもたらすほどの厳しい仕事を強要し，それによって国際競争力を高める。輸出が回復すると，また手元に輸出代金のドルが貯まり，円高ドル安相場をもたらす——といった「悪魔の循環」をくりかえしてきた。

　このような「悪魔の循環」と日本の富の流出を阻止する道は，外需依存，アメリカ・ドル依存の経済構造を抜本的に改革することしかない。

13-4　環境問題をどう解決するか

宇宙船「地球号」の未来

　中長期的な視野で21世紀の経済社会のあり方を展望するときに，外せないのは環境問題である。

　環境問題の深刻さは，すでに1972年にローマ・クラブのレポート『成長の限界』[1]が警鐘を発していた。そこでは，現在のままの環境破壊が続けば，資源の枯渇や環境の悪化によって100年以内に人類の成長は限界に達するので，破局を回避するためには従来の経済のあり方を見直すべきである，と論じられていた。

　その後，環境問題はさらに深刻化し，大気・水質・土壌の汚染，生態系・オ

ゾン層の破壊，二酸化炭素の排出と地球温暖化などの問題が表面化してきた。このままでは，宇宙船「地球号」は人類の住めない星になってしまう。現在のアメリカ並みの消費生活を全人類が続けるには，さらに地球4～5個分の資源が必要，との指摘もある。

だが地球環境問題は，先進工業国とこれから経済発展をめざす国々とのあいだで利害が衝突する問題でもある。この利害対立を乗り越えて，人類にとって最重要で緊急に解決を要する至難の課題にどう取り組んでいくのか，そのことが問われている。

こうして21世紀のグローバル経済は，世界中の経済格差の拡大や地球環境問題の深刻化に直面している。これらの人類全体の課題に積極的に対応できるような経済のしくみが問われている，といえよう。

チェルノブイリからフクシマへ

2011年3月11日。この日は，たんに日本だけでなく，チェルノブイリ後の世界にとって，深刻な放射能汚染問題を再認識させ，原子力発電から自然エネルギーへの転換を促す歴史的な日となった。

大地震と津波に襲われたこの日，死者・行方不明者は合わせて2万人を超え，建物の全壊10万戸超，半壊などは50万戸超に達した。その上，東京電力の福島第一原子力発電所の爆発事故によって，大量の放射能が大気中に拡散した。

福島の原発事故は，国際社会の注視するなかで現在も困難な作業が続いている。その後の政府の調査によって，わが国の原発管理体制の重大な欠陥が表面化した[2]。

津波に襲われてから長時間原子炉を冷やすことができなかったために原子炉建屋の爆発が起こり，放射能を空中に散布することになったが，この冷却システムの「非常用復水器」が停止していたことを，現場の運転員も，東京電力本店の幹部も，「誰も停止に気づかなかった」。消防車の使用に当たっては「ホースをつなぐ口さえ知らなかった」。政府首脳が原子炉建屋の水素爆発を知ったのは，「4分後にTVでやっと把握」した。

東電は，すでに2008年に15.7メートルの大津波の可能性を指摘され，防潮堤の設置に数百億円の費用が必要になると試算していたが，「大津波は来ないと判断」した。過酷な事故については「想定し出すときりがない」と想定しなかった。

　さらに，政府首脳は，緊急時迅速放射能影響予測ネットワークシステム(SPEEDI)の存在を知らず・知らされず（だが，アメリカ＝在日米軍には，SPEEDIによる放射能汚染地域情報は文科省・外務省からただちに報告されていた），一部の住民は放射能を浴びる地域に「避難」させられた。

　原発の安全審査の最大の要(かなめ)ともいえる原子力安全委員会の委員の3割近くが原子力業界から寄付を受けていたことから，委員会の中立性に疑問が投げかけられた[3]。原発の「安全神話」は完全に崩壊した。

　まだ人類がその完全な管理と制御の手段を持ち合わせていない原子力利用は，平時においても，メンテナンスをする作業員が被曝(ひばく)しながらの作業を余儀なくされる非人間的なものである。さらに使用済み核燃料＝死の灰に至っては半永久的に管理を要し，それに失敗すれば放射能汚染を免れ得ない。

　福島の原発事故はすぐに世界に伝播し，ドイツ，スイスなどでは脱原発・自然エネルギーへの政策転換となってあらわれた。原発依存を前提にするようなエネルギー多消費型の経済成長は，根本的な転換期を迎えているといえよう。脱原発社会をどう実現するのかという，のっぴきならない課題に取り組まざるを得ない時代がやってきた。

13-5　まとめ

　大変動期を迎えた私たちの社会と世界が，これから先どうなるのか，それを正確に予測することはたしかに困難である。

　だが，はっきり言えることは，立憲主義のもと，議会制民主主義国においては，社会や世界のあり方を決める権利をもっているのは，市場でもなく，企業

でもなく，国家官僚や政治家でもなく，私たち一人ひとりの主権者にほかならないということだ。現在の社会も，未来の社会も，そのあり方は，結局のところ一人ひとりの主権者の意思と「清き一票」によって決定される。

ただ，私たちは，日々の生活と仕事に追われ，ともすると自分たちのいる社会や世界のあり方に無関心になったり，他人事のように思いがちである。

だが，そうなれば，経済成長と企業利益を優先する「企業国家」日本だから，大企業と日本経団連，内外の大口投資家，株主，既得権益をもつ国家官僚や政治家は，大手を振って自分たちの主張を押し出してくる。その主張に従って経済成長を達成しても，社会はよくならないし，私たちの生活もよくならない。なぜなら，成長の果実は，よりよい社会を実現するために国民全体に分配されるよりも，企業内部に留保され，経営者・株主・投資家・既得権益をもつ関係者のために配分されるからである。バブル崩壊後の「失われた歳月」は，そのことを十分すぎるほど実証した。

その結果，貧困・格差はますます拡大し，社会は「勝ち組」と「負け組」に分裂し，対立が激化した。99％の人たちの賃金，雇用機会，労働条件，生活環境，将来の生活設計などが悪化しただけでない。市民としての権利すら，市場原理主義と規制緩和の大波により剥奪され，社会生活は抑圧され，閉鎖的になる。何かあると，一人ひとりに自己責任が押しつけられ，社会システム・企業・組織の欠陥とその責任は免罪される。これではいつまでたっても99％のための豊かでゆとりのある生活はやってこない。

このような悪循環から脱出するには，私たち主権者が，この国のあり方と未来について，自主的に決定し行動に立ち上がることをおいてない。かつて，ノーベル文学賞受賞者のロマン・ロラン（Romain Rolland）は，反戦・平和を願いつつ，「世界が，その分別臭くてさもしい利己主義に浸かって窒息して死にかかっている。世界の息がつまる。もういちど窓を開けよう。広い大気を流れ込ませよう」と呼びかけた。窓を開けて，新鮮な空気を流れ込ませるためには，そもそも自分たちのいる世界と経済社会の現状について真実を知り，その特徴や問題点を理解しておくことが不可欠である。そうすれば，それを解決するた

めの手段や方向が見えてくるにちがいない。

　99％の私たちが望んでいるのは，決してたいそうなことではなく，ごく自然な普通の暮らしである。

　経済成長と500兆円のGDPの果実を平等に配分し，まじめに働けば，誰もが安心して生活できる所得を受け取れる。平穏な暮らしが成り立つように，長時間労働と残業で拘束されることなく，ドイツやフランスのように週35時間労働とし，有給休暇も完全消化できる。生活水準に関係なく初等教育から高等教育まで無料化し教育の機会均等を実現する。退職後の暮らしに困らない所得と福祉を充実する。

　こうしたことは，すでにドイツやフランス，北欧の国々では多くが実現している。経済大国日本にできないことではない。それを拒んでいるのは，さきに指摘した「企業国家」日本の利害関係者たちがくり広げる各種の市場原理主義の経済活動・政策・規則・慣例などである。さらに，それを受け入れてきた私たちの「沈黙」（たとえば低い投票率など）にあったことも事実である。だが，このままでは，生活破綻がいっそう進行し，原発の再稼働で放射能汚染が再発する危険性も高まり，そのうえ兵器の開発と武器輸出などの軍需経済の台頭で戦争の危険性すら予測させる。

　このような危険な時代の到来に歯止めをかけるのは，平和で普通の暮らしを願う99％の人々が，自分のできる範囲とやり方で「NO！」という意思表示をすることである。主権者として当然の権利を行使し，選挙などを通じて政治の場にその意思を反映させ，経済社会システムを「企業国家」日本の古いシステムから，99％にとって望ましいシステムに改革することである。

　この点で，近年，明るい展望を与えているのは，SEALDs（シールズ）やAEQUITAS（エキタス）などに集う若者たちの登場である。2015年9月の第二次安倍政権による安保関連法の強行採決と前後して，大学生や若い勤労市民のあいだで，自由と民主主義，そして経済デモクラシーを求める運動が急速な広がりをみせた。

　SEALDsは次のように宣言している。

「私たちは，戦後70年でつくりあげられてきた，この国の自由と民主主義の伝統を尊重します。そして，その基盤である日本国憲法のもつ価値を守りたいと考えています。この国の平和憲法の理念は，いまだ達成されていない未完のプロジェクトです。現在，危機に瀕している日本国憲法を守るために，私たちは立憲主義・生活保障・安全保障の3分野で，明確なヴィジョンを表明します。」(http://www.sealds.com/)

また，AEQUITAS（エキタス）は，ラテン語で「正義」や「公正」を意味する言葉であるが，「ブラック資本主義への宣戦布告」として以下のように宣言する。

「私たちは全ての人の尊厳が公正に尊重され，全ての人が文化的な生活を営める社会の実現，『社会的正義』の実現を求めます。……先進国の中でも日本の最低賃金は低く，非正規雇用の低賃金労働者の増大も相まって，賃金相場が崩れてしまい，波及的に正社員の賃金低下をもたらしました。また，最低賃金の引き上げは，低迷する経済を活性化させるためにも必要不可欠な経済政策です。……この，大企業や金持ちのほうしか見ず，一般の労働者をどんどん切り捨てていく，『ブラック資本主義』を終わらせる必要があります。私たち自身が私たちのための政治を実現し，社会的正義を実現していかなければなりません。それは国が与えてくれるものではなく，私たち自身の手で掴み取らなければならないものです。」(http://aequitas1500.tumblr.com/)

草の根から立ち上がった，このような若者たちの民主主義と社会正義を求める運動は，戦後日本の社会運動史上はじめてのことである。この国の未来を担う若くて元気な主権者たちが成長している。この国の未来は決してブラックではなく，若者たちによって灯された未来への展望は，ますます広く社会と国民のあいだに広がっていくであろう。

(1) ドネラ・H・メドウズほか『成長の限界──ローマ・クラブ「人類の危機」レポート』（ダイヤモンド社，1972年），ドネラ・H・メドウズほか『限界を超えて──生きるための選択』（ダイヤモンド社，1992年）。
(2) 『朝日新聞』2011年12月27日。
(3) 『朝日新聞』2012年1月1日。

COLUMN 13　脱原発と持続可能な経済社会

　日本経団連は，原発事故の後でも，以下のように提言する。「準国産エネルギーである原子力の果たす役割は引き続き重要である。安全性確保を大前提に国民の理解を十分に得ながら，引き続き着実に推進していく必要がある」（日本経団連「エネルギー政策に関する第1次提言」2011年7月）。

　こうした経済界の原発擁護の姿勢は，原発ビジネスを強化しようとする傘下の企業戦略を反映している。『日本経済新聞』（2011年4月15日）によれば，原発メーカーの東芝は，今回の原発事故の影響で「2015年度に原子力事業の売上高を1兆円にする目標が遅れる」ことを懸念しつつも，「15年度までに世界受注を39基」の目標を追求し，今後も「東芝として原発を経営の柱に据える戦略は変えず」と明言する。

　東芝が原発ビジネスを推進するのは，世界の原発ビジネスを担ってきたアメリカの原発企業ウェスチングハウス（WH）を買収したからである。『読売新聞』（2006年2月7日）は，「東芝は6日，米原子力大手『ウェスチングハウス（WH）』を買収することで，WHの親会社の英核燃料会社（BNFL）と最終合意したと発表した。買収額は54億ドル（約6210億円）。……ロンドンで会見した東芝の西田厚聡社長は『今回の買収で東芝は世界的な原子力メーカーになれる』と述べた」と報道している。世界のエネルギー政策が原発から撤退するなかで，原発ビジネスが斜陽産業化し，経営危機におちいりつつあったアメリカの原発企業を引き取った企業が，日本の東芝であった。

　だが，「安全神話」が完全に崩壊した「3.11フクシマ」以降，ドイツ，スイスなど欧州は，脱原発に大きく舵を切った。広島・長崎の悲惨な被爆体験をもつわが国は，他国に先駆けて脱原発に踏み切り，持続可能な経済社会のために自然エネルギーへ転換することが求められる。原発関連産業と利益共同体に向かっている莫大な資金を，震災復興と脱原発・自然エネルギー開発に向けることで，明日の日本が見えてくる。

補章
経済学の古典から現代資本主義を読む

　数万分の1秒の速度で売買がくりかえされ，一瞬の価格変動を利用して利益を上げる取引が，日米の株式市場で6割以上のシェアを占める。世界中の金融資産の一極集中が加速化し，世界人口72億人のなかで，1％の富裕層と99％の保有する金融資産とが同額になった。こうした事態は，現代資本主義経済の特徴と問題点を白日の下にさらしている。

　価格変動を予測し，コンピュータを利用したハイリスク・ハイリターンの超高速取引を駆使して，巨万の利益が追求される現代資本主義は，「カジノ型金融独占資本主義」といった特徴をもつ。くりかえされるバブルの膨張と崩壊，リーマン・ショック，数分で乱高下する各国の株式市場など，現代の経済社会は投機マネーと金融ビジネスの荒波に翻弄されている。そのリスクは99％の国民・中小企業・大衆投資家に転嫁される。リスクをビジネスチャンスにする1％の企業・金融機関・富裕層は，さらに強固な経済支配と富を手にする。貧困・格差はますます拡大し，社会の矛盾と不平等，生活の危機が深刻化する。

　現代の経済社会が抱えこむこのような諸問題は，じつは，資本主義経済そのものから内在的に発生する問題にほかならない。それは，時代の検証に耐え，生き残ってきた経済学の古典を紐解いても確認できる。1世紀ほど前に書かれたのに，いま読み返してみると，昨日書かれたかのような新鮮さをもつ古典の生命力に驚かされる。

　この補章は，最新の金融経済現象に着目し，この現象の本質をつかむ上で参考となる古典に学びながら，現代資本主義の特徴と問題点にアプローチする。

1 落ちるナイフをつかむ

　周知のように，現代は資本主義の経済社会である。資本主義の「規定的目的」であり「推進的動機」は利益（剰余価値）の追求にあり，その利益（剰余価値）をさらに資本に転化すること（資本の蓄積）が何よりも最優先する。この点について，もっとも明快かつ体系的に解明したのが，マルクス『資本論』[1]であった。

数万分の1秒で稼ぐ

　利益を追求する方法は，科学技術の発展とともに，ますます複雑化し，高度化した。とくに，現代の金融ビジネスの利益追求は，一瞬の価格変動をねらって，独自に開発したコンピュータを使い，数万分の1秒の速さで売買をくりかえし，巨額の売買差益を獲得する超高速取引（High Frequency Trading：HFT）が支配的になっている。

　都内にある東京証券取引所（東証）のデータセンター内には，証券会社からの売買注文をさばく東証のコンピュータだけでなく，超高速取引をする海外投資家のコンピュータが数百台も設置されている。これらのコンピュータには，自動的に株式を売買するプログラムが仕組まれている。物理的に東証のコンピュータに近いために，データセンターの外から一般投資家が証券会社を介して注文を出す場合よりも，HFT業者は100倍以上も速く執行できる。そして，売買の速度は数万分の1秒の速度でおこなわれる。

　東証の2010年の「アローヘッド」改革，大阪証券取引所（大証）の2011年の新取引システム（G-GATE）の導入によって日本でも超高速取引が可能になり，海外のヘッジファンド，証券会社の自己売買部門，自己勘定取引業者などの大商いに道が開かれた。

　ほぼ100年前，ヒルファディング『金融資本論』は，「取引所に特有な活動はむしろ投機である」こと，「投機は価格変動の利用にある」こと，「投機業者

たちは相互に利得をうばいあうだけである。一人の損失が他人の利得」にほかならないこと,「取引所の投機はバクチの性格をもつ。だが,このバクチはその道の玄人(くろうと)たちには,きっとあたるバクチとなる」[2]といった指摘をしていた。日本の株式市場に参入しているHFT業者は数十社であるが,この数十社の日々の株式売買高は1兆円前後に達している。だから,225の銘柄からなる日経平均株価ですら,わずか数分で数百円も乱高下するわけである。株式市場は一大投機の場になり,値幅取りをねらった超高速の短期売買が頻繁におこなわれ,HFT業者など海外勢のシェアは,2015年の年間ベースで68％,乱高下の続く2015年初来2月2週までの平均で74％に達している[3]。

東証はHFT業者を積極的に受け入れる。「HFTの拡大で東証はようやく世界と伍する売買量に復活した」[4]と,当時の日本取引所グループの斉藤惇最高経営責任者（CEO）はいう。ニューヨーク・ロンドン・東京の証券（株式・国債）売買市場で,HFTの占める売買シェアは6割以上に達している。HFT業者と各国の証券取引所と証券会社は,三位一体的な利害関係をもつ。

HFT業者の市場支配

ニューヨークやロンドンでは,超高速取引を活用する投資家の「勝ちすぎ」が注目された。HFTは,「株価情報が一般投資家へ伝達する前に出し抜いて売買をおこなうことで,市場の信頼を失墜させ,取引所はHFTに優位性を与えている疑いがある」[5]として当局の調査を受けた。

ニューヨークでHFTを手がける投資会社「バーチュー・ファイナンシャル」社が開示した資料によれば,2009年から2013年末の5年間に1238日の取引をおこなったが,損失の出た日はたった1日だけであった。通常の取引では考えられない異常な勝率の高さには何かカラクリがある,との疑念を呼び起こしたのである[6]。

『ウォールストリート・ジャーナル』紙によれば[7],2015年8月,中国のバブル崩壊に端を発した世界同時株安で株価が大暴落する市場で,会社設立以来最高の利益を手にした「バーチュー・ファイナンシャル」社のCEOダグラス・

シフは,「落ちるナイフをつかんだ」(落ちるナイフとは投資用語で,下落中の株を買うことは,落ちるナイフをつかむほど危険な取引という意味)「わが社はこの種の市場のために設立されている」と語っている。別のHFT業者も,「今週は株式市場の歴史にとって類のない週であるが,それはアルゴリズムが市場を支配したからである。株式市場は,まさにターミネータ市場〔コンピュータープログラムを駆使する機械化された市場—引用者〕である」[8]と豪語する。

　HFT業者の支配は株式市場だけでない。ブルームバーグ社によれば,米国債市場の売買高の51％は,わずか3社の大手HFT業者に独占されている。「ウォール街の主要銀行がかつて支配した12兆7000億ドル(約1530兆円)規模の米国債市場の取引は,いまや大抵の人が聞いたこともない事業者に牛耳られる傾向が強まっている。……米国債のインターディーラー(業者間)トレーダー番付リストによれば,電子債券トレーディングプラットホーム『ブローカーテック』で上位10社が執行した売買高のうち,ジャンプ・トレーディングとシタデル・セキュリティーズ,テザ・テクノロジーというシカゴに拠点を置く3社で全体の51％を占めた」[9]。

　世界の主要な証券売買市場は,大手HFT業者に支配され,その草刈り場になっている。とくに「日本はHFT天国」[10]であり,HFTに何の疑念ももっていない世界で唯一の主要市場であり,何の規制も検討されていない。海外の投資家からは,日本はHFTを野放しにし,市場参加者を守る気がないようだが,すでに規制に動きはじめた欧米を見習ってもっと規制を強化すべきであるとの指摘が発せられている。

ウォール街の巨額報酬

　市場の表舞台で立ち回るHFT業者の背後にあって,彼らに巨額のマネーの運用を依頼し[11],空前の利益を獲得しているのは,大手ファンド・金融機関・企業,そして富裕層である。彼らの報酬もまた驚くほど巨額である。

　世界全体のヘッジファンドの運用資産総額は,2015年3月末時点で2兆9300億ドル(約355兆円)にのぼるが,ヘッジファンドが手にする基本報酬は毎年

その2％，したがって今期は586億ドル（約7兆円）であり，運用成績次第で20％もの成功報酬を受け取る。ウォール街のヘッジファンド業界誌の報酬ランキングによれば，上位25人の2014年の報酬総額は116億ドル（約1兆2300億円）であり，首位はシカゴのシタデル・セキュリティーズ創業者ケネス・グリフィンの13億ドル（約1380億円）であった[12]。

このようなファンド役員への「天下り」が急増している。FRBのバーナンキ前議長はファンドとして最高報酬を獲得したシタデル・セキュリティーズの顧問に着任し，FRBの元議長のグリーンスパンはサブプライム証券の空売りを仕掛けたファンドの顧問になり，米証券取引委員会（SEC）のシャピロ前委員長は「物言う株主」ハドソン・エグゼクティブ・キャピタルの顧問に着任している。

高額報酬はヘッジファンドだけでなく，ヘッジファンドやHFT業者と資金運用で深い関係をもつウォール街の大手金融機関も同様である。米ゴールドマン・サックスとモルガン・スタンレーは，CEOの2015年の報酬総額を前年に比べてそれぞれ引き下げたが，ゴールドマン・サックスのロイド・ブランクファインCEOの報酬は2300万ドル（約27億3200万円），モルガン・スタンレーのジェームズ・ゴーマンCEOの報酬は2100万ドル（約24億9400万円）であった[13]。

こうした巨額報酬は，何か役に立つもの（使用価値）を世界に提供した報酬ではなく，最新の情報通信技術（ICT）を利用しマネーを動かすだけの，いわばマネーゲームの勝ち組として，私腹を肥やす報酬にすぎない。対極には，破産の憂き目に遭う無数の負け組がいるだけでなく，リストラと失業，生活苦などの貧困がグローバルに蓄積される。

2　政府債務の累積と金融収奪

戦後，各国政府は国債を増発した資金で大規模な経済対策をおこなってきたため，自国の経済規模（GDP）を超えて政府債務が積み上がり，さまざまな問

題を引き起こした。

　国債発行の歴史は古く，戦前のように各国の軍資金調達の目的だけでなく，そもそも資本主義の生成・本源的蓄積の梃子となって機能し，さらに近年では，世界の投機資金と金融機関に対して金融投機の一大市場を提供し，天文学的な規模にまで膨張している。

国債の本質と機能

　すでにマルクスは『資本論』において，国債の本質，国債が果たしてきた役割について，今日に通じる先駆的な分析をおこなっている。それは，たとえば以下のような指摘から窺うことができる。

　国債は，①「将来の生産にたいする蓄積された請求権，権利名義のほかにはなにも表していない」[14]こと，②「国債という資本の蓄積が意味するものは……租税のうちからある金額を先取りする権利を与えられた国家の債権者という一階級の増大以外のなにものでもない」[15]こと，③「国債も株式やその他各種の有価証券も，貸付可能な資本，すなわち利子を生むように予定されている資本にとっての投下部面である。これらの有価証券は，この資本を貸し出す形態である」[16]こと，④「国債は，株式会社や各種有価証券の取引や株式売買を，一口で言えば，証券投機と近代的銀行支配とを，興隆させた」[17]こと，⑤「国家の負債は必然的に国債取引の支配，国家の債権者の，銀行家や両替業者や取引所オオカミの支配を，ともなう」[18]ことなどである。

　このようなマルクスの指摘は，累積した国債に押し潰されつつある日本のような政府債務大国では，ともすると財政赤字や政府債務の返済だけに目が奪われがちになり，増税はやむを得ないのではないかといった風潮が，いかに一面的で誤った見方であるかを再認識させてくれる。

　そうではなくて，国債の累積が意味しているのは「租税のうちからある金額を先取りする権利を与えられた国家の債権者という一階級の増大以外のなにものでもない」のであって，国民諸階層は，このような国家の債権者（国債の投資家・保有者）に，納税というやり方で利益（国債の元利払い）を提供している

のである。むしろ，近代的な租税制度は，国家の債権者に利益を支払うための制度に変質してしまっている問題点こそ注目されるべきである。

この点について，マルクスは次のように指摘する。「国債は国庫収入を後ろだてとするものであって，この国庫収入によって年々の利子などの支払がまかなわれなければならないのだから，近代的租税制度は国債制度の必然的な補足物になったのである」[19]と。

大投機市場の国債市場

現代日本は，世界に冠たる政府債務大国であり，国債発行残高だけでも，経済規模の2倍に相当する910兆8097億円（2016年3月末）に達する。国債の投資家・保有者に支払われる国債の元利払い費は2016年度予算で23兆6121億円（一般会計歳出の24.4％）に達している。予算の配分にあたっては，国家の債権者が最優先されるので，まず国債の元利払い費（国債費）が支払われ，それ以外の社会保障関連予算など他の歳出項目はその分しわ寄せされ，削減される。

国債元利払い費が増大するにつれて，国家は新しい財源を求め，たとえば消費税が新規に導入され，さらに消費税率が引き上げられてきた。これは，現代日本の租税制度が国債制度を補完する存在に変質してきたことを意味し，マルクスの指摘の先見性と正当性を裏づけている。

そのうえ，株式と同じように，数万分の1秒の超高速取引で国債が売買され，日本銀行によれば，国債の売買高（先物を除く）は1京250兆円（2015年度）という天文学的な規模にまで膨張し，一大投機市場になっている。ちなみに同年の株式売買高は，日本取引所グループによれば696兆円にすぎない。1京円に達する国債売買高がいかに巨大な投機市場に膨張しているか，この数値から判断できる。ヒルファディングによれば，「投機は容易にこれを支配することのできない一大市場をこそ前提とする」[20]ので，毎年30〜40兆円の新規国債が増発され，発行残高も902兆円に達する日本国債市場は，内外のファンド・金融機関・大口投資家などからなる膨大な投機マネーにとって理想的な投機市場になる。

図表 補章-1　3メガバンクFGの国債売買差益の推移（単位：百万円，％）

FG名	2011年3月期決算			2012年3月期決算		
	国債売買差益(A)	当期純利益(B)	A/B	国債売買差益(A)	当期純利益(B)	A/B
三菱UFG-FG	133,785	583,079	22.9	135,577	981,331	13.8
みずほFG	61,814	413,228	15.0	43,359	484,519	8.9
三井住友FG	37,883	475,895	8.0	36,089	518,536	7.0
合計	233,482	1,472,202	15.9	215,025	1,984,386	10.8

（出所）各FGの連結財務諸表（各年）より筆者作成

　この天文学的な国債投機市場から，わが国の3メガバンク，三菱UFJ・みずほ・三井住友の各FGが稼ぎ出す国債売買差益は，各年によって変動するが，直近の5年間でみると，2011年3月期の国債売買差益は3メガバンクFG合計で2334億8200万円に達し，当期純利益の15.9％を占め，有力な利益源泉になっていることがわかる（図表 補章-1）。中でも最大のメガバンク三菱UFJ-FGは，当期純利益の22.9％を国債売買差益に依存している。

債務の政治経済学

　現代の経済社会では，債務を抱えこむのは政府だけではない。企業は銀行からの借入金や社債の発行などによって巨額の債務を抱えこんでいる。個人も住宅ローン・教育ローン・車のローンなどさまざまな債務を抱えこむ。

　債務を抱えこむことは何を意味するのか，この点についてマルクスは，国家の負債を引き合いに出して，国家の債権者にとって「国家が負債に陥ることは，むしろ直接の利益になった。国庫の赤字，これこそまさに彼らの投機の本来の対象であって，彼らの致富の主源泉であった」[21]と指摘している。

　この指摘を敷衍し，国家を企業や個人に置き換えると，企業や家計の債務とは，企業や個人にマネーを貸し出した債権者（金融機関・ファンドなど）の「致富の主源泉」であることになる。したがって企業や個人は，この債権者たちに利子や元本の返済というやり方でマネーを支払いつづけなければならない。つまり，一方は金銭を合法的に取り立てる権利（債権）をもち，もう一方は金銭

2013年3月期決算			2014年3月期決算			2015年3月期決算		
国債売買差益(A)	当期純利益(B)	A/B	国債売買差益(A)	当期純利益(B)	A/B	国債売買差益(A)	当期純利益(B)	A/B
168,987	852,623	19.8	85,878	984,845	8.7	59,162	1,033,759	5.7
88,069	560,516	15.7	38,975	688,415	5.7	48,713	611,935	8.0
51,741	794,059	6.5	5,604	835,357	0.7	3,346	753,610	0.4
308,797	2,207,198	14.0	130,457	2,508,617	5.2	111,221	2,399,304	4.6

を支払わなければならない義務（債務）を負う。社会は，債権者と債務者に分裂し，多数の債務者たちは，少数の債権者の支配のもとに置かれる。

　最近，このような債権債務関係に着目し，多くの債務者たちは，労働現場での搾取だけでなく24時間，就寝中ですら債権者の取り立てのもとにあり，マネーを支払いつづけている，と指摘するのは，フランスの社会学者マウリツィオ・ラッツァラートである。

　たとえば，①「私たちは，借金しているのではなく，金融資本主義によって，借金させられているのだ！『経済的人間』とは〈借金人間〉である。……"債権者／債務者"関係は，搾取と支配のメカニズムやさまざまな関係性を横断して強化する。なぜならこの関係は，労働者／失業者，消費者／生産者，就業者／非就業者，年金生活者／生活保護の受給者などの間に，いかなる区別も設けないからである。すべての人が〈債務者〉であり，資本に対して責任があり負い目があるのであって，資本はゆるぎなき債権者，普遍的な債権者として立ち現れる」(22)，②「"利子"という単純なメカニズムを通して，巨大な額のお金が，人々・企業・福祉国家から債権者の方に移転する」(23)，③「債務は普遍的な権力関係である。なぜなら全員がそのなかに組み込まれるからだ。貧しすぎてクレジットにアクセスできない人々すらも，公的債務の返済を通して債権者に利子を払わねばならないのだ。福祉国家になりえない貧しい国々さえもが，負債を返済しなければならない。債権者／債務者の関係は，現在の全人口のみならず，来るべき未来の人々にもかかわる」(24)，④「〈負債経済〉は，賃金労働者

の雇用時間のみならず，人々の使う全体の時間をわが物とする。それだけでなく負債は，非-時系列的な時間，一人一人の未来の時間，そして社会全体の時間をも先買いするのである」[25]などである。

これらの指摘は，国家の予算配分が債権者に優先配分される背景，企業経営では，従業員の賃金よりも株主の配当金が優先される背景，住宅ローンを組んだ多数の人々の日常行動を債権者が縛り，過酷な長時間労働に駆り立て，企業人間を生み出し，地域と切り離された生活，社会活動に参加できない・参加しない人々を再生産し，全体的に保守化する現代社会の背景を解明しているようでもある。

3 金融資本と金融寡頭制の時代

現代資本主義の基本的なしくみを理解する上で，レーニンの『帝国主義論』は無視できない古典である。20世紀は，イギリスで誕生し，産業革命を経て世界中に広がった自由競争の資本主義から，独占的な少数の金融資本による「支配関係およびそれと関係する強制関係」[26]が支配する独占資本主義の時代への大転換期であった。

独占資本主義の成立と展開

この点について，レーニンは「20世紀は，古い資本主義から新しい資本主義への，資本一般の支配から金融資本の支配への転換点である」[27]と指摘し，この時代の支配的な資本として登場した金融資本について，「生産の集積，それから成長してくる独占体，銀行と産業との融合あるいは癒着，——これが金融資本の発生史であり，金融資本の概念の内容である」[28]と敷衍する。

このような金融資本の支配する独占資本主義の特徴について，レーニンは，①「少数者の手に集積されて事実上の独占を享有している金融資本は，会社の創立，有価証券の発行，国債，等々から，巨額の，しかもますます増大する利

潤を引きだし，金融寡頭制の支配をうちかため，社会全体に独占者への貢ぎ物を課している」[29]，②「金融資本の重要な業務の一つである有価証券の発行がもつ異常に高い収益性は，金融寡頭制の発展と強化において非常に重大な役割を演じる」[30]，③「金融資本が他のすべての形態の資本に優越することは，金利生活者と金融寡頭制が支配的地位にあることを意味し，金融上の『力』をもつ少数の国家が他のすべての国家からぬきんでることを意味する」[31]と指摘する。

そして，近年の経済の金融化現象と少数のメガバンクの登場を先読みするかのように，④「銀行は控えめな仲介者的企業から金融資本の独占者に転化した。最もすすんだ資本主義的民族のどれ一つをとってみても，三つか五つほどの巨大銀行が産業と銀行資本との『人的結合』を実現し，全国の資本と貨幣収入との大部分をなす幾十億の金の処理権をその手に集中した。現代ブルジョア社会の例外なくすべての経済機関と政治機関のうえに，従属関係の細かな網の目を張りめぐらしている金融寡頭制——これがこの独占の最もきわだった現れである」[32]と指摘する。

グローバル市場と金融寡頭制

このようなレーニンの指摘は，いま目前に展開するさまざまな金融経済現象によって日々確認できる。

産業と銀行資本との『人的結合』は，わが国では，3メガバンクグループ内での役員兼任に象徴されるが，日米ともに，経済界・金融界から莫大な政治献金が国会議員に提供され，政策が買収されていることは周知の事実である。

公的機関からファンド・民間金融機関への「天下り」がある一方で，大手民間金融機関から金融政策を展開する中央銀行への「天上がり」も進展している。

ブルームバーグ社によれば[33]，アメリカでは，ウォール街トップで，そのCEOがたびたび財務長官（ロバート・ルービン，ヘンリー・ポールソンなど）に就任するゴールドマン・サックス社の「卒業生」が米連銀の3分の1を率いており，「金融危機が世界を揺るがせバンカーが公的部門に転職するのが難し

くなってから10年もたたないうちに，中銀が金融政策決定でウォール街の助けを借りる構図が復活しつつある。……米ミネアポリス連銀は先週，ニール・カシュカリ氏を次期総裁に指名したが，これで来年1月から12の米地区連銀の3分の1がゴールドマン・サックス・グループと関係がある人物に率いられることになる。カシュカリ氏はパシフィック・インベストメント・マネジメント（PIMCO）での勤務経験もあり，金融危機時には米財務省で問題債権購入計画（TARP）責任者として銀行支援に従事した」と指摘する。

　グローバルな国際資本市場は，債券発行市場，株式発行市場，融資市場，そしてM&A市場などからなるが，これらのすべての市場において，ウォール街を中心にしたごく少数の巨大金融機関の独占的な支配が確立されている。

　トムソン・ロイター社によれば，2014年，国際資本市場から世界中の金融機関が稼ぎ出した手数料収入は901億2000万ドル（約9兆5500億円）に達する[34]。この莫大な手数料は，ごく少数の巨大金融機関が独占し，獅子の分け前として享受している（図表 補章-2）。

　トップ5は，いずれもウォール街の覇者，JPモルガン（米），バンク・オブ・アメリカ・メリルリンチ（米），ゴールドマン・サックス（米），モルガン・スタンレー（米），シティ（米）であり，この5社だけで全体の30.1％を独占する。これにヨーロッパ勢のドイツ銀行（独），クレディ・スイス（スイス），バークレイズ（英），ウエルズ・ファーゴ（米），UBS（スイス）と続き，これらトップ10社で全体の半分に近い48.1％を占める。表中の25社なら67.1％である。

　ちなみに日本勢は，日本市場では優位にあるが，グローバル市場のトップ10からは脱落し，野村HD15位，みずほFG16位，といったランキングにある。国際資本市場は，アメリカ・ウォール街の金融寡頭制のもとにある。

　国際資本市場の債券・株式発行引受額でみると（図表 補章-3），2014年，過去最高の6兆6293億ドル（702兆7058億円円）に達したが，ここでもほぼ同じ顔ぶれのトップ10社が，その53.8％にあたる3兆5633億ドル（377兆7100億円）を独占している[35]。

　内外の株式会社の株式を買い占め，「資本家による資本家からの収奪であり，

図表 補章-2　国際資本市場と巨大金融機関の独占（2014年）

(単位：100万ドル，%)

①グローバル市場全体

	金融機関名	手数料収入／シェア
1	JPモルガン（米）	6,342 / 7.0
2	バンク・オブ・アメリカ・メリルリンチ（米）	5,583 / 6.2
3	ゴールドマン・サックス（米）	5,507 / 6.1
4	モルガン・スタンレー（米）	5,293 / 5.9
5	シティ（米）	4,454 / 4.9
6	ドイツ銀行（独）	4,219 / 4.7
7	クレディ・スイス（スイス）	3,765 / 4.2
8	バークレイズ（英）	3,719 / 4.1
9	ウエルズ・ファーゴ（米）	2,355 / 2.6
10	UBS（スイス）	2,177 / 2.4
11	RBCキャピタルマーケッツ（英）	2,154 / 2.4
12	HSBC（英）	1,783 / 2.0
13	BNPパリバ（仏）	1,600 / 1.8
14	ジェフリーズ（米）	1,336 / 1.5
15	野村HD（日）	1,299 / 1.4
16	みずほFG（日）	1,083 / 1.2
17	RBS（英）	1,042 / 1.2
18	三井住友FG（日）	1,011 / 1.1
19	BMOキャピタルマーケッツ（カナダ）	923 / 1.0
20	三菱UFJ-FG（日）	922 / 1.0
21	ラザード（米）	878 / 1.0
22	クレディ・アグリコール（仏）	847 / 0.9
23	ソシエティ・ジェネラル（仏）	806 / 0.9
24	スコティア・バンク（英）	789 / 0.9
25	TDセキュリティーズ（カナダ）	669 / 0.7
	グローバル市場合計	90,120 / 100.0

②日本市場

	金融機関名	手数料収入／シェア
1	野村HD（日）	740 / 18.5
2	みずほFG（日）	640 / 16.0
3	三井住友FG（日）	579 / 14.5
4	モルガン・スタンレー（米）	446 / 11.1
5	大和証券（日）	374 / 9.3
6	三菱UFJ-FG（日）	210 / 5.2
7	ゴールドマン・サックス（米）	126 / 3.1
8	バンク・オブ・アメリカ・メリルリンチ（米）	119 / 3.0
9	JPモルガン（米）	75 / 1.9
10	シティ（米）	72 / 1.8
11	ドイツ銀行（独）	49 / 1.2
12	三井住友トラストHD（日）	40 / 1.0
13	GCAサヴィアンGC（米）	35 / 0.9
14	UBS（スイス）	24 / 0.6
15	バークレイズ（英）	24 / 0.6
16	BNPパリバ（仏）	20 / 0.5
17	クレディ・スイス（スイス）	18 / 0.4
18	東海東京FH（日）	17 / 0.4
19	日本政策投資銀行（日）	17 / 0.4
20	岡三証券（日）	160.4
	日本市場合計	4,006 / 100.0

（注）手数料収入は，グローバルな債券・株式の引受業務，ローン，M&Aアドバイザリー業務全体の合計額。
（出所）Thomson Reuters, *Global Investment Banking Review*, full year 2014, より作成

図表 補章-3　国際債券・株式市場のトップ10金融機関のシェア（2014年）

（単位：百万円，%）

金融機関	証券引受額 / シェア	手数料収入 / シェア
JPモルガン（米）	493,392 / 7.4	3,298 / 7.5
シティ（米）	418,910 / 6.3	2,553 / 5.8
ドイツ銀行（独）	414,544 / 6.3	2263 / 5.1
バークレイズ（英）	383,029 / 5.8	1,877 / 4.3
バンク・オブ・アメリカ・メリルリンチ（米）	382,256 / 5.8	2,741 / 6.2
モルガン・スタンレー（米）	355,269 / 5.4	3,003 / 6.8
ゴールドマン・サックス（米）	351,975 / 5.3	2,777 / 6.3
HSBC（英）	293,045 / 4.4	1,080 / 2.5
クレディ・スイス（スイス）	277,584 / 4.2	2,079 / 4.7
BNP・パリバ（仏）	193,314 / 2.9	754 / 1.7
トップ10合計額/シェア	3,563,319 / 53.8	22,427 / 50.9
全金融機関の合計/シェア	6,629,281 / 100.0	44,082 / 100.0

（注）手数料収入は，グローバルな債券・株式の引受業務，ローン，M&Aアドバイザリー業務全体の合計額。
（出所）Thomson Reuters, *Debt Capital Markets Review, Managing Underwriters*, full year 2014, より作成

少数のより大きな資本への多数のより小さな資本の転化」[36]を意味する現代のグローバルなM&A市場においても，このトップ10社は，順位が入れ替わるだけで同じ顔ぶれが並ぶ。トップ5はすべてウォール街のゴールドマン・サックス（米），モルガン・スタンレー（米），JPモルガン（米），バンク・オブ・アメリカ・メリルリンチ（米），シティ（米）の順である[37]。

　現代のグローバルな国際金融市場全体は，これらトップ10社による金融寡頭制の下におかれている。莫大なマネーに支えられた金融寡頭制の支配力は，政治献金やロビイストを使って利害関係者を買収することによって，各国の予算・政策・法律すら自分たちに都合の良いように誘導するようになると，各国の国民生活だけでなく，人権や民主主義の破壊すら横行する社会をもたらしてしまう。

「カジノ型金融独占資本主義」

　現代の資本主義は，金融資本と金融寡頭制のもとにある独占資本主義であり，その特徴は，価格や金利の変動を利用し，数万分の1秒の速度で濡れ手に粟の利益を追求する寄生的で腐朽的な性格をもつ「カジノ型金融独占資本主

義」といえるであろう。価格が上がろうと下がろうと，価格が変動すること，変動させることが重要であり，この変動がなければ売買差益が発生せず，ビジネスが成立しない。

　売買差益の追求は，金融機関の業務内容の変化にあらわれている。大手金融機関では，銀行・証券会社の本来的な業務よりも，短期的な売買差益を追求する自己売買（ディーリングやトレーディング）業務が拡大しているからである。

　経済が発展するにつれ，産業構造が高度化し，製造業より非製造業の割合が高くなった先進資本主義国では，物的な商品の生産をともなうG―W―‘Gの運動よりも，手っ取り早く利益だけを追求するG―‘Gの運動が活発化する。つまり，額に汗する製造業の割合は低下し，すでに生産された内外の利益（剰余価値）を，さまざまな取引手法を駆使して自分に有利なように収奪する金融取引が活発化する。モノづくりをともなわない金融ビジネスによって，より効率的かつ広範囲に利益を獲得する傾向が支配的になる。

　情報通信技術（ICT）をビジネスに組み込んだ現代では，経済活動がグローバル化すると，その利益追求は，ICTの性能を最大限引き出したグローバルな金融ビジネスとして展開される。その先頭を走るアメリカでは，目下の大統領選挙で，民主党の候補も共和党の候補も，一様にウォール街と大手金融機関への批判を強めているが[38]，それほど格差が拡大し，無視できないほど深刻化しているからである。

　こうした現状こそ，「ウォール街を占拠せよ」「富裕層に課税を」「私たちは99％である」「民主主義をみよ This is what democracy looks like!」といった運動が広がった背景にほかならない[39]。

　「カジノ型金融独占資本主義」のもとでは，財・サービスの生産・販売にともなう時間と空間の制限が突破され，地球を舞台に一瞬で巨額の取引が実行され，信じられないほど巨額の利益を短時間で実現し，急激に貧困格差を拡大する。

まとめ——1％対99％

「カジノ型金融独占資本主義」は、21世紀初頭の現代の到達点から見ると、わずか1％の利益のための資本主義であり、99％の主権者たちにとって搾取と収奪のシステムであることが判明した。しかも、最近の調査によれば、1％の頂点のわずか62人（男性53人と女性9人）の最富裕層が保有する金融資産が、世界人口の半分に当たる低所得層36億人の金融資産に等しいまでに富の一極集中が進んだ[40]。

マルクスの『資本論』で解明された資本主義的蓄積の基本問題が、150年後の今日、誰の目にもわかるような劇的な事実として目前に示されている。

富と貧困との敵対的な蓄積の問題は、1％の富裕層の資産を単純に99％の人々に分け与えることでは解決しない。なぜなら、問題は人と人との関係としてあらわれているが、それは、現代の資本主義のシステムそのものから発生し再生産される問題なので、このシステムを改革しないかぎり同じ問題がくりかえされるからである。

現代日本の経済社会で、問題解決の糸口を探ると、さしあたって憲法第25条で保障された「健康で文化的な最低限の生活」を実現するためのシステム改革が求められている。主権者の国民も、立憲主義のもと、そのようなシステム改革を実行する議会を実現することが求められているといえよう。

(1) マルクスは、大著『資本論』（第1巻第7篇「資本の蓄積過程」第23章「資本主義的蓄積の一般的法則」、大月書店・国民文庫③、1972年）において、「資本の蓄積に対応する貧困の蓄積」が「資本主義的蓄積の一般的法則」であり、「蓄積の大きさは独立変数であり賃金の大きさは従属変数であって、その逆ではないので」（201ページ）、「一方の極での富の蓄積は、同時に反対の極での……貧困、労働苦、奴隷状態、無知、粗暴、道徳的堕落の蓄積である。このような資本主義的蓄積の敵対的性格」（241ページ）を解明した。

(2) ルドルフ・ヒルファディング『金融資本論』第2篇「資本の動員。擬制資本」第8章「証

券取引所」「一　取引所証券。投機」(大月書店・国民文庫①, 1964 年, 262—268 ページ) なお, レーニンは,『帝国主義論』の本文冒頭において, ヒルファディング『金融資本論』について, 貨幣理論の誤りなどを指摘しつつも,「『資本主義の発展における最新の局面』──ヒルファディングの本の副題はこういっている──のいちじるしく貴重な理論的分析の書である」と指摘し, 本文中でくりかえし『金融資本論』を引用している。

(3)　『日本経済新聞』2016 年 2 月 19 日。
(4)　『日本経済新聞』2014 年 4 月 6 日。
(5)　『エコノミスト』2014 年 4 月 29 日号, 81 ページ。
(6)　『日本経済新聞』2014 年 4 月 6 日。
(7)　Bradley Hope "Histric profits for Virtu as HFTs' 'catch falling knives'," *Wall Street Journal*, 25 August 2015.
(8)　Anita Balakrishnan "Cuban takes another jab at high-frequency trading," *CNBC*, 25 August 2015.
(9)　Bloomberg.co.jp「フラッシュ・ボーイズに占拠された米国債──秘密主義が牛耳る」2015 年 9 月 28 日。
(10)　Bloomberg.co.jp「日本は HFT 天国, 海外倣い規制導入が必要──米リクイドネット CEO」2015 年 11 月 19 日。
(11)　高田太久吉氏の研究によれば, ヘッジファンドとマネーセンターバンクといわれる大手金融機関とは密接な関係をもち, 大手金融機関にとってヘッジファンドは莫大な利益をもたらす最重要の顧客であり, ヘッジファンドにとって大手金融機関は投機に必要な資金を提供してくれる不可欠の取引先である。同氏『金融グローバル化を読み解く』「Ⅳ　ヘッジファンドと金融市場の投機市場化」, および同氏『金融恐慌を読み解く』「第Ⅴ章　ヘッジファンドと国際金融危機」(いずれも新日本出版社, 2000 年 7 月, および 2009 年 10 月) を参照されたい。
(12)　『日本経済新聞』2015 年 6 月 23 日夕刊。
(13)　Bloomberg.co.jp「米ゴールドマンとモルガン S, 15 年の CEO 報酬の引き下げ」2016 年 1 月 23 日。
(14)　マルクス『資本論』第 3 巻第 5 編「利子生み資本」第 29 章「銀行資本の諸成分」大月書店・国民文庫⑦, 1972 年, 247 ページ。
(15)　マルクス, 同上, 284-285 ページ。
(16)　マルクス, 前掲書, 288 ページ。
(17)　マルクス『資本論』第 1 巻第 7 編「資本の蓄積過程」第 24 章「いわゆる本源的蓄積」大月書店・国民文庫③, 425 ページ。

(18) マルクス『フランスにおける階級闘争』大月書店・国民文庫, 1967 年, 126 ページ。
(19) マルクス『資本論』第 1 巻第 7 篇「資本の蓄積過程」第 24 章「いわゆる本源的蓄積」大月書店・国民文庫③, 427 ページ。
(20) ヒルファディング, 前掲書, 285 ページ。現代の国債市場の解明については, 山田博文『国債がわかる本』(大月書店, 2013 年) を参照されたい。
(21) マルクス『フランスにおける階級闘争』大月書店・国民文庫, 33 ページ。
(22) マウリツィオ・ラッツァラート・杉村昌明訳『〈借金人間〉製造工場』作品社, 2012 年, 17-18 ページ。
(23) ラッツァラート, 同上書, 34 ページ。
(24) ラッツァラート, 前掲書, 48 ページ。
(25) ラッツァラート, 前掲書, 65 ページ。
(26)「支配関係およびそれと関係する強制関係――これこそ,『資本主義の発展における最新の局面』にとって典型的なことであり, これこそ, 万能の経済的独占体の形成から不可避的に生じなければならなかったことであり, 実際にも生じたことである」レーニン『帝国主義論』大月書店・国民文庫, 1967 年, 36 ページ。なお, このレーニンの『帝国主義論』(正確には『資本主義の最高の段階としての帝国主義――平易な概説』) は,「文字通り『資本論』の続巻たるものであり, その創造的発展というべきもの」(横山正彦「マルクスの経済学の基本的性格と方法」『マルクス主義経済学講座 (上)』新日本出版社, 1971 年, 17 ページ) である。
(27) レーニン, 同上書, 60 ページ。
(28) レーニン, 前掲書, 61 ページ。
(29) レーニン, 前掲書, 70 ページ。
(30) レーニン, 前掲書, 72 ページ。
(31) レーニン, 前掲書, 77-78 ページ。
(32) レーニン, 前掲書, 160 ページ。
(33) Bloomberg.co.jp「ゴールドマン『卒業生』が米連銀の 3 分の 1 を率いる, その意味合いは?」2015 年 11 月 18 日。
(34) Thomson Reuters, *Global Investment Banking Review*, full year 2014, p.5.
(35) Thomson Reuters, *Debt Capital Markets Review, Managing Underwriters*, full year 2014, p.1.
(36) マルクス『資本論』第 1 巻第 7 篇「資本の蓄積過程」第 23 章「資本主義的蓄積の一般的法則」大月書店・国民文庫③, 210 ページ。
(37) Thomson Reuters, *Merger and Acquisitions Review*, Financial Advisors, full year 2014, p.3.

(38) Bloomberg.co.jp「ウォール街が用心すべき『大手銀行解体論』」2016年2月17日。
(39) ライターズ・フォー・ザ・99％著『ウォール街を占拠せよ』大月書店，2012年。
(40) Ray Offenheiser, *The 62 richest people, and you*, 08 Feb.2016. (https://www.devex.com/news/the-62-richest-people-and-you-87693)

この補章は，山田博文「現代の資本主義と金融寡頭制」(『経済』2016年5月号）に加筆したものである。

あとがき

　世紀単位の激動の渦中にある現代経済は，次々に新しい経済事象を生み出し，それを表現する経済用語もあらわれる。こんな状況にあって，若者たちに経済学を教える仕事を始めて久しい。日々，試行錯誤の連続であったといってよい。ふり返ってみて，どれだけ成果が残せたのか，いささか心許ない。

　経済学を学ぶ機会の少ない若者たちを相手に，彼ら彼女らの目を見て話をしていって，その瞳がキラリと輝いた瞬間をつなぎ合わせていってできあがったのが，本書のようなテーマと切り口であったといえるかも知れない。瞳の輝きに期待をかけているのは，名実ともにこの国の主人公・主権者になってほしいからである。

　同時代をともに過ごし，同じ社会的な体験をする若者たちのアンテナにヒットする経済学の話にしたいため，新聞などのメディアで話題になった内外のできごとを積極的にとりあげた。ビジュアルな世代にはビジュアルなアプローチも有効と思い，図表も多数掲載した。

　したがって本書は，従来の経済学の教科書のような理論や学説を優先させていない。生きた経済と生きた知識を身につけ，主権者として国のあり方に参加できるような経済学の入門書をめざしている。この国の未来を担う若者たちの瞳の輝きを信じたい。瞳の輝きにこそ，何ごとかの始まりがあるに違いない，と考えるからだ。

　そんな著者の願いを受け入れ，その上，若者の立場に立った丁寧なコメントも頂戴した大月書店編集部の岩下結氏に，深く感謝したい。

2016年7月　利根川河畔・越風山房にて

山田博文

参考資料一覧

■ウェブサイト

Bloomberg（www.bloomberg.co.jp）
OECD（www.oecd.org）
Reuters（jp.reuters.com）
金融広報中央委員会（www.shiruporuto.jp）
金融庁（www.fsa.go.jp）
経済産業省（www.meti.go.jp）
国連開発計画（www.beta.undp.org）
財務省（www.mof.go.jp）
JETRO（www.jetro.go.jp）
世界銀行（worldbank.org）
東京証券取引所（www.tse.or.jp）
日本銀行（www.boj.or.jp）

■内外の経済紙誌

『日本経済新聞』
『朝日新聞』
『エコノミスト』（毎日新聞社）
『金融経済統計月報』（日本銀行調査統計局）
『金融財政事情』（金融財政事情研究会）
『経済』（新日本出版社）
『財政金融統計月報』（財務省）
『週刊東洋経済』（東洋経済新報社）
『Business Week』
『Financial Times』
『News Week』
『The Economist』

■書籍・論文など

朝日新聞「変転経済」取材班編『失われた〈20年〉』（岩波書店，2009年）
『オキュパイ！　ガゼット』編集部編『私たちは"99％"だ』（岩波書店，2012年）
角田修一編『社会経済学入門』（大月書店，2005年）
金子勝『粉飾国家』（講談社現代新書，2004年）
カール・マルクス『資本論』（大月書店・国民文庫①〜⑨，1972年）
久留間健・山口義行・小西一雄編『現代経済と金融の空洞化』（有斐閣，1987年）
国連開発計画（UNDP）『人間開発報告書2005概要』（2005年）
『最新政治・経済資料集2011』（第一学習社，2011年）
シドニー・レンズ『軍産複合体制』（岩波新書，1971年）
自治体問題研究所編集部『社会保障の経済効果は公共事業より大きい』（自治体研究所，1998年）
ジャック・アタリ『国家債務危機』（作品社，2011年）
『新政治・経済資料2010』（実教出版，2010年）

スーザン・ストレンジ『国家の退場』（岩波書店，1998年）
『世界経済危機と東アジア』（別冊『世界』No.790，2009年4月）
高田太久吉『金融恐慌を読み解く』（新日本出版社，2009年）
谷口誠『東アジア共同体』（岩波新書，2007年）
堤未果『ルポ 貧困大国アメリカ』（岩波新書，2008年）
鶴田満彦『21世紀日本の経済と社会』（桜井書店，2014年）
デヴィッド・ハーヴェイ『資本の〈謎〉』（作品社，2012年）
ドネラ・H・メドウズほか『成長の限界』（ダイヤモンド社，1972年）
内閣府『世界経済の潮流 2010 Ⅰ』（2010年）
林直道『現代の日本経済』（青木書店，1976年）
広瀬隆『アメリカの巨大軍事産業』（集英社新書，2001年）
ヒルファデング『金融資本論』（大月書店・国民文庫，1964年）
藤岡惇『グローバリゼーションと戦争』（大月書店，2004年）
マウリツィオ・ラッツァラート『〈借金人間〉製造工場』（作品社，2012年）
水野和夫『資本主義の終焉と歴史の危機』（集英社新書，2014年）
森岡孝二『就職とは何か』（岩波新書，2011年）
森嶋通夫『日本にできることは何か』（岩波書店，2001年）
山口義行編『バブル・リレー』（岩波書店，2009年）
山田博文『これならわかる金融経済（第3版）』（大月書店，2013年）
山田博文『国債がわかる本』（大月書店，2013年）
湯浅誠『反貧困』（岩波新書，2009年）
レーニン『帝国主義論』（大月書店・国民文庫，1967年）
ロナルド・ドーア『日本型資本主義と市場主義の衝突』（東洋経済新報社，2001年）
"A Game of Catch-up", Special Report The World Economy, *The Economist*, Sep. 24 2011.
"Dreaming With BRICs : The Path to 2050", Goldman Sachs, *Global Economics Paper No. 99*, Oct. 1 2003.
"Japan and China-Prospect for Commerce, Collaboration and Conflict between Asia's two Giants", A Special Series of Exclusive Interviews and Reports, Sponsored by CLSA, *Financial Times*, 2004.

"The N-11: More Than an Acronym", Goldman Sachs, *Global Economics Paper No.153*. Mar. 28 2007.

Thomson Reuters, *Global Investment Banking Review,* full year 2014.

索 引

(fは該当頁と次の頁, ffは該当頁以下を表す)

英数字

BRICs 172ff, 185
ETF 105
HFT業者 44, 210ff
NAFTA 182f, 186
NIE 20
NIEs 52, 177, 186
NTT株式 123f
The Next Eleven 173ff
TOB（株式公開買付） 100
TPP（環太平洋戦略的経済連携協定） 184f

ア行

悪魔の循環 200f
アジア経済圏 173ff, 188
アベノミクス 104ff, 125, 196
天下り 127, 160, 191, 213, 219
アメリカ一極支配 185
アメリカ型モデル 94f, 97f, 137, 140
アメリカ・ドル 131, 137, 200
安全神話 72, 203, 207

域内貿易比率 182f
イコール・パートナー 182
いざなみ景気 45, 72, 78f, 102
異次元金融緩和政策 104ff, 125
衣食住 18ff, 26, 29, 32, 35, 40, 46
委託売買（ブローキング） 94
1億総中流社会 75, 129
1億総投資家 124
一般会計 113ff, 156, 159
一方通行型経済 62
インカムゲイン（利子所得） 98, 107f, 192
インターネット証券 94f, 101
インフラストラクチャー（インフラ） 61, 120

ウォール街（ウォールストリート） 5, 21, 41, 52, 140, 143ff, 154, 212ff
失われた歳月 67ff, 204
宇宙基本法 163
宇宙船「地球号」 201f
宇宙の軍事利用 163f

売りさばき（セリング） 94

円相場の推移 66
円高圧力 138
円高ドル安 139f, 200f
円高不況 63ff, 138, 201
円建て比率 138

オーバー・ボローイング 61
オーバー・ローン 61
卸売物価 64

カ行

海外現地法人 176, 180
外貨準備高 139, 142, 179
外国人投資家 134ff
外国人持ち株比率 135ff
外需依存 95, 137, 190, 198ff
価格の度量標準 92
価格変動 30, 44, 97, 112, 209f
格付会社 147
確定利付債券 115
家計部門 53f, 61, 107
貸し渋り 68, 126, 153, 198
貸出 66ff, 93, 96f
貸出金利 66f, 104
カジノ型金融独占資本主義 44, 51f, 94, 222ff
貸し剥がし 69
過剰生産 47, 50f
過剰マネー 147f
可処分所得 50, 76, 176, 199
価値尺度 92
合併・買収（M&A） 47ff, 100, 144f, 198
金持ち減税 129, 189
株価 66ff, 79, 103, 124, 199f, 211
株価連動型財政 124
株式 51f, 54, 66f, 79, 92ff, 100, 123f, 132f, 192f, 210f
株式ゲーム 16
株式投機 68
株式売却代金 124

索引　231

株式保有比率　134ff
株主重視　79, 102
過労死　28, 30f, 201
為替介入　139
為替差損　139, 200
為替相場　65, 95, 137, 200
環境破壊　61, 181, 201
環境問題　201f
完全失業者　20, 181
環太平洋経済共同体　185
元本保証　94
官僚　191, 204

企業国家　54f, 88ff, 114, 198, 204f
企業集団　60, 63, 133
企業戦士　88
企業倒産　50, 69
企業の社会的責任　57, 84
企業部門　53f, 61, 107, 119
基軸通貨　131, 200
規制緩和　45, 70ff, 102, 148ff, 190ff
キャピタルゲイン（売買差益）　52, 98, 109, 193, 210, 216f, 223
給与（賃金）　19, 29ff, 71, 135, 199
教育格差・学力格差　84
恐慌　48f, 50f, 140, 174, 177
狂乱物価　63
銀行救済　125f
銀行の基本業務　93f
金融開国　94, 122
金融寡頭制　218ff
金融緩和　103ff, 123ff, 154
金融危機　109, 144ff, 148, 152f
金融コングロマリット　95, 149f
金融資産　51f, 76, 104f
金融システム不安　103
金融資本　49, 217ff
『金融資本論』　110, 210ff
金融収奪　213ff
金融商品　33, 68, 92ff, 121ff, 145ff, 192
金融政策　103f, 154, 219
金融投機　95, 98, 214
金融のグローバル化　44, 97f, 131ff
金融のしくみ　91ff
金融の自由化・国際化　94, 122, 184
金融の循環　93

金融の証券化　151
金融番犬　94, 96
金融ビジネス　39f, 44, 94ff, 112, 146ff, 210ff
金融肥大　50
金融ビッグバン　44, 76, 94ff, 123, 133, 154, 184
金融持ち株会社　94f, 150, 184
金利収入　96ff, 148f
金利生活者　219

空洞化　95, 139, 180, 199f
くたばれGNP　63, 119
グラス・スティーガル法　150
グローバリゼーション（グローバル化）　21, 37ff, 98ff, 131ff, 150ff, 183
グローバル・スタンダード　44, 132
軍産（学）複合体　164f, 170
軍事国家　55, 114
軍事費　159f, 170
軍縮　167f
軍需経済　155f, 205
軍需産業　155ff, 170
軍事予算　55, 114, 155ff, 167f
軍事利権　161, 164

経営者　30ff, 47, 78f, 199
景気　45ff, 60ff, 78f, 102, 120ff, 194ff
景気循環　50f, 61
景気対策　51, 120f, 194f
経済界　23, 27, 32, 190, 219
経済学　15ff, 23, 209ff
経済教育　15ff
経済成長　55, 59ff, 112, 114, 118f, 177ff, 198f
経済の金融化　112, 150f, 174
経済の情報化　151, 173
経済民主化　59f, 75
経済モデル　53ff
傾斜生産方式　60
経世済民　17, 22, 41
現金通貨　92
健康格差　84
原発　202f, 207
憲法第9条　155f
憲法第25条　74, 90, 120ff, 224

公害　61ff, 119
公共事業　55, 61, 69, 114f, 120f, 194f
構造改革　70ff, 75ff, 102, 194ff
公定歩合　69
公的金融システム　122
公的資金　69, 135, 144ff, 154, 190
高度経済成長　59ff, 119, 177ff
購買力　50f, 61
公民教育　15f
ゴールドマン・サックス　102, 124, 132ff, 143ff, 154, 213, 219ff
国債　55, 60, 69, 93, 98ff, 104ff, 113ff, 201, 211ff
国際化　37ff
国債買いオペレーション　104ff, 125f
国債管理政策　109
国際金融センター　131f, 143ff, 152
国際資本市場　220f
国債残高　114
国債増発メカニズム　104, 108
国債売買市場　98f, 122
国債売買高　98, 122, 215
国債バブル　113, 117f
国債費　115f, 215
国際兵器市場　156ff
国債流通利回り　115f
国際労働機関（ILO）　30f, 86f
国内需要　61, 125, 190ff, 194, 198ff
国民経済　38ff, 53f, 194
国民主権　16, 20
五重の排除　83
個人需要　186, 199f
個人消費　194ff
国家独占資本主義　48f
国家の信認　109
国家の債権者　214ff
雇用機会の創出　121
雇用システム　25ff
雇用者　25, 70, 80
雇用創出効果　195
雇用の空洞化　95, 139

サ行

産業廃棄物　62
債権債務関係　92, 217
債権者　214ff

債券ディーラー　98
最高税率　74, 127, 129, 192f
財・サービス　18, 46, 51f, 93, 112
財政赤字　56, 98, 109, 113ff, 165ff, 193, 214
財政危機　109, 167
財政のしくみ　116
財政破綻　113ff, 126f
財政法第5条　108
最低賃金　77, 167, 206
再配分　55, 192
財閥　48, 59ff
債務者　217
財務省証券　139
債務担保証券　146
サブプライムローン　146ff, 193
産業革命　45ff, 173, 188

ジェンダーフリー　88
志願兵制　165ff
自己売買（ディーリング）　94, 210, 223
市場　20, 29, 40, 45ff, 70, 79, 96ff, 145ff, 211ff
市場価格　29
市場原理主義　23, 35, 74, 78, 119, 190f
市場支配　48f, 64, 211
市場占拠率　100, 132, 140, 149
持続可能な経済社会　207
実物経済　51f, 174
ジニ係数　76, 89
支払決済　92f, 96, 132
資本　26, 35, 38, 45ff, 53ff, 58, 92, 95, 210ff
資本主義経済　45ff, 58, 209ff
資本の回転　61
『資本論』　210, 214, 224
社会主義　49, 58, 179
社会保険　54, 78, 83, 86
社会保障　46, 53ff, 78, 84ff, 90, 114ff, 119, 194ff
就業者　25, 121
自由競争　47, 88, 184, 218
就職活動（就活）　25, 28
終身雇用　26ff, 70f, 79, 133
住宅バブル　146f
住宅ローン金利　107
集団就職　61
集中豪雨的輸出　64f, 198

主権者　16, 21, 31, 53, 90, 189, 204ff
証券会社の基本業務　94
証券化金融商品　145f
証券取引委員会（SEC）　96, 110, 213
証券取引等監視委員会　96
証券ビジネス　94f, 132, 140
証券投機　214
少子高齢社会　57, 73, 89f, 114, 127, 158, 185, 194
消費者　18ff, 32f, 62ff
消費者委員会　33
消費者教育　33
消費者金融　33
消費生活　29, 32f, 53f, 166, 202
消費者庁　33
消費者物価　64
消費者問題　33, 62
消費税　42, 115ff, 123, 125, 129, 192
消費不況　125
商品価格　29f, 112
商品投機　64
商品の需給関係　29f
情報開示　34, 63, 191
情報通信技術（ICT）　21, 38, 97, 213, 223
食料自給率　184
女性役員の比率　88
所得格差　20, 41f, 72, 77, 102, 192
ジョブレス・リカバリー　71
信用創造　93, 96

スタグフレーション　63f
スタンダード・アンド・プアーズ（S&P）　147

生活時間　30ff
生活保護制度　86
税金　53, 114, 160
生産手段　26, 46, 53, 58
生産と消費の矛盾　51
正社員　20, 31, 71, 79ff, 167
製造業　40, 78, 120, 149f, 180, 199, 223
成長信仰　72f
政府債務　56, 114f, 117, 213ff
政府短期証券残高　114
政府部門　53ff, 170
生命保険　94, 124
政冷経熱　171f, 182

セーフティネット　80, 85, 86
世界貨幣　92
世界金融恐慌　140
世界経済地図　142, 171, 174, 177, 188
世界の市場　142, 174, 177ff
世界貿易　177
ゼロ金利政策　103, 111
ゼロ・サム・ゲーム　97

想定元本　98f
ソブリンリスク　115ff
損害保険　94

タ行
第一次石油危機　63f
対外資産　139f, 200f
対外純債権国　65
待遇格差　80f
対米従属　65, 94, 137
竹の子生活　60
多国籍企業　38ff, 44, 95, 176, 184f
脱原発・自然エネルギー　203, 207
男女の賃金格差　86ff
男女平等度　88

地域経済　191, 196ff
地域再投資法（CRA）197f
地域循環型経済　185, 196, 198
地域の金融ニーズ　196ff
蓄蔵手段　92
中国経済　175ff
中小零細企業　48, 73f, 191
超高速取引（HFT）　44, 98, 209ff
超低金利政策　66f, 98, 103, 107
貯蓄率　61
賃金所得　70, 185, 196

通貨膨張　109

ディーセント・ワーク 87
デイトレーダー　100
手数料収入　97, 110, 148, 220ff
デフォルト　117
デフレ不況　125
デリバティブ取引　97ff, 149, 152

同一価値労働同一賃金　31, 87f
投機　30, 51, 64ff, 95, 112, 145ff, 210ff
東京一極集中　196, 209
投資家　69, 93ff, 100, 104, 113ff, 122ff, 133ff, 210ff
投資教育　15f, 22
投資銀行　102, 132, 140, 143ff, 149ff, 154
投資立国　192
独占価格　48
独占禁止法　48f, 72
独占資本主義　47ff, 218ff
特定秘密保護法　161
年越し派遣村　80
土地投機　65, 68
富の集中　41, 192
トリクルダウン経済　74, 192
取引所　99f, 210ff
ドル売り円買い　138, 201
ドルの過剰流通　149
トレーディング業務　148, 223

ナ行
内需拡大型のマネー循環　197
内需不足　194
内部留保　39, 71, 78, 102, 136

二重構造　61, 63
日銀信用の膨張　107f
日銀当座預金残高　103ff, 108
日銀の公債引受　108
日米関係　131, 138ff
日米構造協議　66, 79, 120
日米相互防衛援助協定　161
日米貿易関係　138
日経平均株価　67f, 103, 211
日中関係　172, 182
ニッポン州　123, 131
日本銀行　61, 66, 93, 103ff, 125ff
日本経済団体連合会（日本経団連）　27, 156f, 184, 204, 207
日本的経営　71, 79, 133, 136, 179

値上がり益　68f, 112
ネットカフェ難民　191
年功序列　71, 79, 133, 136
年金積立金　116, 199

ハ行
配当金　71, 78ff, 133, 135ff, 192
ハイパーインフレーション　59f, 108f, 127
ハイリスク・ハイリターン　94ff, 132, 140, 148ff, 183f
波及効果　61, 121, 195
派遣労働者　27, 70, 81ff
パックス・アメリカーナ　143
バブル経済　30, 67ff, 103, 145ff
バブル崩壊　68ff, 135, 177, 211
反日感情　182

東アジア経済　171ff, 180ff
東アジア経済共同体　181ff, 185
引受（アンダーライティング）　94, 149, 220ff
非金利収入　98, 147f
非正（規）社員　20, 27f, 69f, 79ff, 167
貧困・格差社会　70, 75f, 184, 196
貧困率　75ff

付加価値　50, 53f, 78
武器輸出三原則　157
不況　39, 45ff, 60ff, 63ff, 68ff, 113, 125, 152f, 190f, 200f
福祉関連事業　195
福祉国家　55f, 114, 217
福祉の経済効果　120
不買運動　33
富裕層増税　129, 191f
プラザ合意　65ff
フリーター　27f
不良債権　69, 103, 107, 126, 134f, 144, 190

平均年収　71, 78
平和憲法　61, 206
ヘッジファンド　49, 151f, 192, 210ff

防衛関係費　114, 156, 159ff
防衛省　157, 160ff
貿易黒字　65, 137f, 197, 200f
貿易立国　65, 179f
法人税　42, 74, 118f, 127
保険会社の基本業務　94
本源的蓄積　26, 214

マ行

マイナス金利　105f
マネー（貨幣）　19f, 40, 46, 51, 91ff, 104ff, 125ff, 144ff, 196ff
マネーゲーム　97f, 118, 121f, 140
マネーサプライ　63, 111

ミサイル防衛（MD）　163f
民営化株式　123f

ムーディーズ　147

モーゲージ担保証券　146
モノづくり国家　199

ヤ行

靖国神社　182

郵貯・年金　122

ヨーロッパ連合（EU）　42, 173ff, 181ff
預金　91ff, 105ff, 148, 192, 197f
預金通貨　92f
預金取扱機関　93
予算配分　55, 192, 196, 218
預貸金利ザヤ　96
預貸率　197
預貯金金利　103ff
四大公害訴訟　62

ラ行

ライセンス国産　162

リーマン・ショック　44, 80, 82, 109, 143ff, 154, 177
利益相反　95, 149
利子　91f, 105ff, 115ff, 166, 214ff
利子所得　98, 107f, 192
利潤追求　32, 35, 45ff, 55, 62
リスケジュール　117
リストラ　26f, 47, 69ff, 125
流通手段　92
量的金融緩和政策　103ff, 125f

労働　19, 25ff, 35, 47
労働組合　31, 47, 60

労働三権　31, 57
労働時間　29ff, 189
労働市場　27
労働者　19, 25ff, 31f, 35, 47ff, 78ff
労働力　26, 47, 53f
労働力商品　47

ワ行

ワーカホリック　89
ワーキングプア（働く貧困層）　70, 77, 165, 167, 191
ワシントン・コンセンサス　183
われわれは99%だ　5, 20f, 143

著者
山田博文（やまだ　ひろふみ）
群馬大学名誉教授。商学博士。1949年，新潟県生まれ。中央大学大学院商学研究科博士課程満期退学（単位取得）。以後，(財)日本証券経済研究所，八戸大学，群馬大学で研究教育に勤しみ，2015年3月定年退職。以後，各大学の非常勤講師や講演，社会貢献活動を展開。
著書　『国債管理の構造分析』（日本経済評論社，1990年）
　　　『金融大国日本の構造』（みずち書房，1991年）
　　　『金融自由化の経済学』（大月書店，1993年）
　　　『これならわかる金融経済（第1版〜第3版）』（大月書店，2000－2013年）
　　　『国債がわかる本』（大月書店，2013年）
　　　『現代日本の経済論』（共編著，日本経済評論社，1997年）
　　　『グローバリゼーションと多国籍企業』（共著，中央大学出版部，2003年）
　　　『現代経済システム論』（共著，日本経済評論社，2005年）
　　　『サスティナブル社会とアメニティ』（共著，日本経済評論社，2008年）
　　　『戦後70年の日本資本主義』（共著，新日本出版社，2016年）
　　　ほか
E-mail：yamada058@gmail.com
HP：Netizen 越風山房 http://econ-yamada.edu.gunma-u.ac.jp/

装幀　森裕昌
DTP　編集工房一生社

シリーズ 大学生の学びをつくる
99％のための経済学入門〔第2版〕マネーがわかれば社会が見える

2016年7月20日　第1刷発行
2021年2月15日　第4刷発行

定価はカバーに表示してあります

著　者　　山田博文
発行者　　中川　進

〒113-0033　東京都文京区本郷2-27-16
発行所　株式会社　大月書店
印刷　三晃印刷
製本　中永製本
電話（代表）03-3813-4651　FAX 03-3813-4656　振替00130-7-16387
http://www.otsukishoten.co.jp/

©Hirofumi Yamada 2016

本書の内容の一部あるいは全部を無断で複写複製（コピー）することは法律で認められた場合を除き，著作者および出版社の権利の侵害となりますので，その場合にはあらかじめ小社あて許諾を求めてください

ISBN978-4-272-11121-3　C0033　Printed in Japan

これならわかる金融経済 第3版
グローバル時代の日本経済入門
山田博文 著
A5判 二八八頁
本体二四〇〇円

国債がわかる本
政府保証の金融ビジネスと債務危機
山田博文 著
四六判 一七六頁
本体一五〇〇円

SEALDs 民主主義ってこれだ!
SEALDs 編著
A5判 一六〇頁
本体一五〇〇円

バーニー・サンダース自伝
バーニー・サンダース 著
萩原伸次郎 監訳
四六判 四一六頁
本体二三〇〇円

大月書店刊
価格税別